음식의 미래

지은이 라리사 짐버로프
옮긴이 제효영

음식의 미래

제로 슈거, 곰팡이로 만든 단백질, 닭 없는 닭고기, 배양육…
입맛과 건강, 지구를 구할 현대의 연금술은 가능할까?

MILK

지은이 라리사 짐버로프
옮긴이 제효영

갈라파고스

차례

일러두기

○ 원주는 각주로 달고 '— 지은이'로 표시했다. 표시되지 않은 각주는 옮긴이 주이다.

○ 단행본 제목은 한국에 번역 출간되지 않은 경우에만 병기했다. 번역된 단행본의 경우,
한국에서 출간된 제목을 따랐다.

머리말

왜 내가?

음식에 들어 있는 다량 영양소Macronutrients*에 관해 처음 인지하게 된 건 열두 살 때 학교에서 바지에 오줌을 싼 이후부터였다. 나는 항상 목이 말랐지만 왜 그런지도 몰랐다. 그러다 귓병이 나서 병원에 간 날, 엄마는 의사에게 최근 내가 겪은 문제들을 털어놓았다. 소변 검사 결과 제1형 당뇨병이 정체를 드러냈다. 바로 입원했고, 이름 모를 당뇨 교육 담당자가 밥 먹을 때마다 탄수화물이 몇 그램 들어 있는지 계산하는 방법을 가르쳐주었다.(정말 어렵겠다는 생각이 들 텐데, 해보면 진짜 어렵다.)

머릿속에서 힘겹게 계산을 끝내면 그 결과에 따라 식사 때마다 맞아야 하는 인슐린 주사량이 정해졌다.(예상할 수 있겠지만 정말 괴로운 일이다.) 계산을 잘못하면 온몸이 땀에 푹 젖거나 발이 푹푹 파묻히는 모래밭에서 겨우 걷는 듯한 기분이 들었고 그 밖에도 몸에 다양한 영향이 나타났다. 생일 파티에서 먹는 컵케이크, 하누카**에 먹는 감자 팬케이크, 주말에 즐겨 먹던 맛 좋은 전통 할라빵 프렌치토스트 같은 소소한 즐거움도 내게는 괴로운 계산을 요하는 일이 되었다.

---

*   동물이 다량으로 필요로 하는 영양소, 즉 탄수화물, 단백질, 지방을 뜻한다.
**   유대인들이 예루살렘 성전을 되찾아 다시 봉헌한 날을 기념하는 이스라엘 전통 축제.

그때부터 내게 음식은 곧 음식을 이루는 기초단위인 탄수화물, 단백질, 지방, 섬유질과 같은 의미가 되었다. 사과를 먹을 때도 사과에 들어 있는 다량 영양소를 생각한다. 나는 빨간 사과보다 초록색 사과를 좋아하는데, 초록색 사과가 덜 달기 때문이고 덜 달면 탄수화물이 적다는 공식이 내 머릿속에 입력되어 있기 때문이다.

내 병을 더 많이 이해하게 될수록 절대 풀 수 없을 것 같았던 극심한 경계를 어느 정도 풀고 살 수 있게 되었다. 블랙커피와 다크초콜릿에 익숙해졌고 운동은 필수가 되었다. 그리고 지식은 나의 강점이 되었다. 나는 음식을 분자 단위로 이해한다. 이것이 내게는 막강한 힘이 되고, 생과 사를 가르는 경계가 된다. 나는 음식의 속을 꿰뚫어 본다.

내 생활은 마트료시카 인형처럼 겹겹이 이어지는 질문들로 지탱된다. 하루가 얼마나 흘렀지? 이 음식이 혈당에 얼마나 영향을 줄까? 먹고 나서 좀 걸으러 나가야겠지? 내가 먹을 음식 중에 가공식품이나 레토르트식품의 비중은 얼마나 되나? 나는 라벨을 정말 많이 읽는다.

장을 보러 가서 새로운 식품이 보이면 일단 영양 성분표부터 유심히 확인한다. 영양 성분표는 아마도 세상에서 제일 흔한 표일 테지만, 이 표에 나만큼 관심을 기울이면서 사는 사람은 별로 없다. 2018년 《영양 및 식이요법 학회지Journal of the Academy of Nutrition and Dietetics》에 실린 한 연구에서 성인 약 2000명을 조사한 결과, 장을 볼 때 식품 라벨을 '자주' 확인한다고 답한 사람은 31.4퍼센트에 불과했다. 식품 라벨에 공개된 정보 외에 숨겨진 사실도 많지만, 그래도 라벨에 적힌 정보는 입으로 들어갈 음식을 선택할 때 참고할 만한 가장 귀중한 자료다.

30대가 된 뒤, 세상 사람들 대부분은 나처럼 번거롭게 따져가면서 음식을 먹지 않는다는 사실을 깨달았다. 어쩌면 그런 점 덕분에 첨단식품기술food tech* 산업을 취재하면서 내가 특별한 역할을 할 수도 있겠다는 생각이 들었다. 기본적으로 식품을 그 식품의 성분으로 보는 관점에 10년 이상 첨단기술업계에서 일했던 경력이 더해져서, 나는 첨단식품기술 분야 스타트업들의 행보를 신속하게 추적할 수 있었다. 현재 식품 산업에 부는 투자 광풍은 인터넷이 처음 등장했을 때와 소름 끼칠 만큼 비슷하다.

첨단식품기술 분야의 스타트업을 취재하다 보면 "더 좋은 세상을 만들 수 있다"고 확신하는 (대체로) 젊은 사업가들과 무수히 만나게 된다. 이들이 확보한 투자금의 규모가 수백만 달러라는 것을 생각하면, 그러한 자신감이 이해가 간다. 이 사업가들이 정말로 똑똑하거나 이들이 하는 일이 굉장하기에 그런 돈을 모을 수 있었을 것이다. 이들에게 바라는 것은 세 가지다. 몸에 좋고, 환경에 좋고, 사업에도 좋은 결과를 창출해내는 것이다. 이 책은 다음과 같은 질문을 떠올리며 시작됐다. "실험실에서 만들어진 식품을 우리의 미래로 받아들인다면, 무엇을 얻고 무엇을 잃게 될까?"

최근에 등장한 식품업체들은 사명감이 사업의 동력이라고 말한다. 이들은 초현대적인 공정으로 더 나은 세상을 만들고 기후 변화도 되돌리려고 한다. 동물들을 더 이상 고통받지 않게 하고, 산업형 농업으로

---

*   식품과 식품 관련 산업에 인공지능과 같은 산업 기술을 적용하는 기법을 일컫는 말.

지구에 피해가 생기는 일을 막으려 한다. 하지만 동시에 돈도 벌고 싶어 한다. 자본주의가 레버를 당기고 있다. 타이슨Tyson, 네슬레Nestle, 제너럴 밀스General Mills(이 세 곳은 "거대 식품 기업"이라고 불리는 유서 깊은 업체들 가운데 극히 일부) 같은 기업들은 수익 감소로 어려움을 겪고 있다. 이들이 내세우던 제품들은 시대에 뒤떨어져서 더 이상 새로운 세대를 고객으로 끌어당기지 못하는 상황인데, 그렇다고 가만히 뒤처질 기업들은 아니다. 나는 '신생 식품업체'(이 책에서 첨단식품기술 분야의 스타트업을 통칭하는 표현)의 주장을 전부 믿고 싶지만, 이들이 실은 거대 식품 기업들과 같은 길을 가는 건 아닌가, 하는 의혹이 든다. 수십 년 동안 비만율을 높이고 질병의 가짓수를 늘리는 먹거리를 제공하고 돈을 긁어모은 그 기업들과 같은 길 말이다.

내 건강이 더 큰 수익을 노리는 자본주의 기업들 손에 좌우되고 있다는 불안감은 날로 커지고 있다. 나 같은 당뇨병 환자들, 우리 가족 중에도 있는 셀리악병 환자들, 나와 가장 절친한 친구의 세 살배기 아이처럼 단 음식을 사랑하는 사람들, 식량이 부족한 지역에 사는 사람들, 노년층, 집 없는 사람들 모두에게 해당하는 문제다. 식품은 모두에게 영향을 준다. 세계 인구가 수십억 명에 육박하고 천연자원은 바닥날 조짐이 보이는 지금, 이런 의문이 든다. 식생활의 전통을 존중하고 환경도 보호하면서 건강하게 살아가는 방법이 있을까? 이 모든 걸 다 충족하면서? 따지고 보면 그리 엄청난 희망 사항도 아닌데 말이다.

왜 지금?

오랜 세월 소비자 운동가로 활동한 랠프 네이더Ralph Nader는 자동차에 안전띠를 도입하게 만든 인물로 유명하지만 1970년대에 유아용 식품을 대대적으로 개혁한 일로도 잘 알려져 있다. 그가 문제 삼은 건 식품업계가 영유아 분유에 변성전분*이나 MSG(글루탐산나트륨) 같은 첨가물을 넣는다는 사실이었다. 업체들이 아기의 건강을 생각했다면, 과량 섭취 시 건강에 해가 될 수 있는 글루탐산(MSG에 포함된 주요 아미노산)을 첨가하지는 않았을 것이다. 이들은 아이들의 건강보다는 엄마들 입맛에 더 맞고, 유통 기한이 보다 넉넉하며, 용해도를 높여 제조 시 더 쉽게 녹는 분유를 만드는 것이 목적이었다. 네이더는 일이 생기기 전에 미리 대비하지 않고 사후에야 대응하는 미국 식품의약국FDA의 방식을 지적했다. 또한 식품 공급망의 문제점을 찾아내야 하는 부담스러운 임무를 식품업계와 무관한 외부 연구자들에게 맡기는 것에도 문제가 있다고 보았다. 네이더는 "일단 팔고 검사는 나중에 다른 사람들더러 하라는 식의 태도는 식품업계의 고질적인 특징 중 하나"라고 설명했다.

이 문제를 끝낼 규정을 마련하기 위한 싸움이 시작된 지도 50여 년이 흘렀다. FDA는 결국 유아용 식품의 MSG 사용을 금지했지만, 업계에 실망만을 안겨주고 싶지 않았는지 어느 한쪽의 손을 분명하게 들지 않고 MGS는 "사람이 섭취해도 되지만 영유아가 반드시 섭취할 필요는 없는" 물질이라고 밝혔다. 이 사례가 우리에게 주는 교훈은, 현재 신생

＊　　밀, 옥수수, 감자 등 곡류와 채소에 함유된 전분을 다양한 방식으로 변형시켜 특성을 바꾼 것. 식품첨가물로 많이 쓰인다.

식품업계에서도 같은 일이 벌어지고 있다는 것이다. FDA는 여전히 사후 대응에 급급하고, 식품업계는 식품의 안전을 사전에 확인하는 절차 없이 요리조리 잘 빠져나가고 있다.

　최근에는 분유 판매가 저조해지자 '유아용 우유'라는 새로운 종류의 식품이 등장했다. 이 새로운 제품들의 성분 목록은 정말 길 뿐만 아니라 보기만 해도 눈살을 찌푸리게 되는 옥수수 시럽과 팜유, 식감을 향상시키는 식이섬유의 일종인 폴리덱스트로스 같은 성분들이 포함되어 있다. 유아용 식품은 가공식품의 작은 일부일 뿐이다. 다른 가공식품에는 합성 식용색소부터 사카린, 피리딘 등 더 해롭고 지저분한 성분들이 쓰인다. 심지어 발암물질로 밝혀져 FDA가 식품에서 없애야 하는 성분으로 분류한 물질이 여전히 사용되기도 한다. 어떻게 그런 일이 가능한지 의아할 것이다. 그런 성분이 계속 쓰일 수 있는 건, FDA가 사용 금지된 성분을 제품에서 빼고 성분을 재조정할 수 있게끔 몇 년씩 시간을 주기 때문이다. 그 기간에 회수가 진행되는 것도 아니다. 문제의 성분이 들어간 유아용 우유를 아마존에서 얼마든지 구매할 수 있다.

　우리는 우리가 먹는 식품이 과거 어느 때보다도 안전하길 바란다. 여러 면에서 과거보다 안전해진 건 사실이다. 규제 체계의 기본적인 기능이 잘 돌아가고 있다는 점까지 부인할 생각은 없다. 하지만 전 세계적으로 사람들의 건강은 엉망이 되었고 그 원인에는 광범위하게 퍼진 미국식 식생활이 큰 부분을 차지한다. 소의 젖에서 짜내지 않은 우유, 닭이 낳지 않은 달걀, 바다에서 헤엄치다 잡힌 것이 아닌 새우 등 첨단기술을 통해 만들어진 식품을 접하게 된 지금이야말로 우리의 오랜 식습관을 엄격히 점검해야 할 때다. 미래의 식품은 숙련된 과학자들 손에 달려 있고, 이들 중에는 의학계에 몸담았던 사람들이 많다. 생체 조직과 세포를 다루는 생물학자, 분석화학자, 식품과학자와 식품공학자가 손을 잡고 세상에 유익한 식품을 만들어낼 방법을 찾고 있다. 하지만 수십억 명을 먹여 살리려면 그만한 규모의 공급망이 갖추어져야 한다. 효모, 세균, 단세포 생물, 탄소 배출 등을 출발점으로 삼아 그야말로 무에서 유를 창조하듯 식품을 만들어내려면 사탕수수, 옥수수 같은 작물에 의존하는 산업 체계(지금과 같은 체계)와 인슐린, 성장호르몬, 아미노산 같은 화학적인 영양소가 필요하다. 하지만 현재의 산업적인 방식이 우리 건강을 위태롭게 만들고 있다면, 같은 일이 반복되지 않도록 다른 방법을 찾아야 하지 않을까?

20세기 전반에 걸쳐 식품의 생산지가 농장에서 공장으로 바뀌면서, '소시지가 어떻게 만들어지는지'는 모르는 게 낫다는 통념이 생겼다. 사람이 먹기 위해 동물을 도축하는 건 필요악이라 여겨졌고, 이에 대해 더는 생각하지 않으려 했다. 그러다 2000년대 초부터 투명성이 강조되면서 이 가림막도 젖혀지기 시작했다. 셰프 댄 바버Dan Barber와 저술가 마이클 폴란Michael Pollan은 음식의 질은 매우 중요하며 각각의 맛에는 자연의 풍성한 유산이 담겨 있다는 사실을 알려주었다. 밀레니얼 세대는 특별한 사명을 내건 기업들이 만든 음식을 선호하고 그런 음식을 택함으로써 스스로 만족감을 느낀다는 사실도 밝혀졌다. 식품 체계food system *

＊   식품이 생산되어 최종 소비 또는 폐기되기까지 거치는 일련의 과정으로, 식품의 생산 및 수확, 저장, 가공, 포장, 운송, 소비, 폐기 등을 포괄하는 하나의 시스템.

에서는 책임감이 더욱 강조되었고, 특수한 식단이 늘어났으며, 사람들이 신체 건강에 지대한 관심을 쏟기 시작했고, 영양학계에서는 새로운 연구 결과가 나왔다. 모두 반가운 변화였다.

이런 문제는 사실 오래전부터 여러 책에서 다루어졌지만, 마이클 폴란의 『잡식동물의 딜레마』(2006)만큼 큰 파장을 일으킨 책은 없을 것이다. 이 책을 읽은 기술업계 사람들은 회사를 그만두고 농사를 짓기 시작했고 소비자들은 자신이 구매하는 제품에 더욱 관심을 기울였다. 거대 식품 기업들도 그 열기를 감지했다. 폴란이 혼자의 힘으로만 이 같은 영향력을 발휘한 건 아니다. 이런 논의를 본격적으로 시작한 책은 프랜시스 무어 라페Frances Moore Lappé의 『작은 행성을 위한 식생활Diet for a Small Planet』(1971)이다. "가장 헛되고 비효율적인 식품 체계는 소수가 통제하고 소수가 이익을 얻는 시스템이다." 라페의 이 말은 지금도 유효하다.

나는 2015년부터 식품과 기술이 교차하는 분야를 찾아다니며 취재를 시작했다. 식품계라는 우주 공간에 빠르게 등장하는 기업들을 열심히 쫓으면서 앞서 소개한 저술가나 그들의 이야기를 언급하는 창업자가 나타나길 기다렸다. 하지만 그런 사람은 아무도 없었다. 폴란도 네이더처럼 우리가 잘 알지도 못하는 식품 체계에 의존하는 상황을 깊이 우려하며 다음과 같이 말했다. "식품업계는 우리가 먹거리에 느끼는 불안감을 극대화하는 일에 아주 관심이 많다. 그래야 자신들의 신제품으로 안심시킬 수 있기 때문이다." 폴란은 각종 식품이 넘쳐나는 슈퍼마켓 진열대와 끝없이 등장하는 새로운 식품들 앞에서 우리가 느끼는 '당혹감'에 관해서도 언급했다. 그게 2006년의 일인데, 지금도 달라진 건 별로 없는 것 같다.

입에 들어가는 음식을 늘 경계하며 살아온 나는 당뇨병에 따르는 정신적인 부담을 줄일 수 있을 만한 방법을 열심히 찾는다. '홀30 Whole30' 다이어트*나 간헐적 단식, 채식 위주의 저탄수화물 식단 등 다양한 식단 관리 프로그램도 시도해보았다. 그러면서 가공식품을 덜 먹을수록 혈당 조절에 들여야 하는 노력이 줄어든다는 사실을 알게 됐다. 이 간단한 규칙을 깨닫는 데 수십 년이 걸렸다. 현재 우리는 대규모 식품 실험의 한가운데에 놓여 있다. 신소재 식품들은 온전한 식물을 가공된 식물로, 전통적인 단백질을 단백질 유사물질로 대체하고 있다. 우리 몸과 위장, 건강에는 어느 쪽이 더 이로울까? 그런 식품은 알려진 것만큼 몸에 좋을까? 나는 수수께끼 같은 이 새로운 식품들의 근원을 찾아 나섰다. 그리고 『음식의 미래』에 그 여정에서 내가 밝혀낸 사실들을 담았다. 앞으로도 나는 여러분을 위해 얼마든지 자진해서 식품을 실험해보고 유효한 사실을 밝혀낼 것이다.

내가 이 책을 쓴 이유는 나처럼 먹는 걸 좋아하는 사람들이 과학적인 지식을 조금 더 갖출 수 있도록 돕기 위해서다. 내가 조사한 미래의 식품들은 우리 코앞까지 다가온 환경의 종말을 뒤집는 데 도움이 될 수도 있고 그렇지 않을 수도 있다. 이 식품들로 우리 식생활이 더 완전해지고 즐거워질지도 지켜봐야 할 일이다. 식생활이 동물 대신 식물 위주로, 단순한 방식이 과학적인 방식으로 대체되는 이 변화의 순간에 우리

---

* 30일 동안 설탕, 알코올, 곡류, 유제품을 완전히 끊고 육류와 견과류, 해산물, 채소, 과일 등 자연식품 위주로 먹는 식단 조절법.

가 해야 할 일은 힘들게 얻은 명료함을 잃지 않는 것이다. 모쪼록 이 책을 계기로 더 많은 대화가 오가고, 사람들이 소시지가 어떻게 만들어지는지에 관심을 더 기울이게 되길 바란다. 그러다 덜컥 그 소시지가 식물과 곰팡이로 만들어진 소시지라는 진실과 마주하게 되더라도, 그건 꼭 필요한 일이다.

1. 조류

언제나 미래 식품이었던 미래 식품

선사시대의 식물

공상 과학 소설가들은 미래에 우리가 기괴하고 역겨운 무언가를 먹게 될지도 모른다는 상상을 즐긴다. 조류*는 이들이 떠올리는 그런 음식의 후보에서 늘 상위권을 차지하며 디스토피아에 어울리는 비릿한 분위기를 풍긴다. 1950년대와 1960년대에 공상 과학 장르에 등장한 음식만 봐도 그렇다. 『사람 덫The People Trap』이 그리는 세상에서 인간은 "말린 생선가루로 만든 빵 사이에 가공된 조류를 끼워 먹는" 음식으로 연명한다. 『우주의 장사꾼들The Space Merchants』에는 뉴욕시에서 나온 폐기물을 먹고 자란 다시마와 티에라델푸에고 제도의 플랑크톤, 코스타리카의 클로렐라를 조합해서 만든 육류 대체품이 등장한다. 『비켜! 비켜!Make Room! Make Room!』에서는 인간의 식단이 마가린과 고래기름, 클로렐라를 아주 얇게 펴 바른 크래커로 대체된 세상이 나온다. 이 소설은 1973년에 나

---

*   물속에 살면서 엽록소로 동화작용을 하는 식물.

온 영화 〈소일렌트 그린Soylent Green〉의 바탕이 되었는데, 영화에서 그려진 미래의 환경은 죽어가는 바다와 고갈된 자원, 일 년 내내 습한 기후가 특징이다. 현재 우리가 매일 뉴스로 접하는 실제 상황과 크게 다르지 않다. 그로부터 40년이 지나 정말로 '소일렌트'라는 식품이 출시됐다. 해조류의 오일로 만든 소일렌트는 실제로 출시된 최초의 기이한 식품이었다. 밥을 꼬박꼬박 챙겨 먹는 것을 시간 아깝고 성가신 일로 여기던 사람이 개발한 이 결과물은 질릴 만큼 단맛이 강한 식사 대용 셰이크 제품으로 판매됐고 컴퓨터 프로그래머가 함부로 음식에 손대면 안 되는 이유를 정확히 알 수 있는 사례로 남았다.*

조류가(그리고 크기가 훨씬 큰 사촌 격인 다시마도) 그러한 소설에 소재로 쓰인 이유는 공급량이 넘치고 영양이 풍부하기 때문이다. 나도 오메가 지방산을 섭취하려고 스피룰리나 보충제를 먹고, 다시마를 육포처럼 만든 제품도 먹는다. 레스토랑에서도 미역과 톳이 들어가는 해초 샐러드가 있으면 꼭 주문한다. 조류가 선사시대부터 존재한 식물이라는 사실은 특히 흥미롭다. 조류는 바다에서 얼마든지 구할 수 있고, 해양 생물의 단백질을 이루는 탄소의 주요 원천이다. 생선을 먹을 때 우리는 간접적으로 조류도 먹게 된다.** 생선은 에이코사테트라엔산ETA와 도코사헥사

---

*   롭 라인하트Rob Rhinehart라는 소프트웨어 엔지니어는 매 끼니를 챙겨 먹는 게 너무 귀찮아서 생존에 꼭 필요한 영양을 몸에 공급할 수 있도록 수십 가지 화학물질을 물에 섞어 몇 개월 동안 그것만 먹고 살았다. 라인하트의 이 자가 실험이 소일렌트 개발의 출발점이었다.

**   어류 양식업에 미세조류를 사료로 쓸 방법을 연구 중인 기업들이 있다. 아직은 비용이 많이 들어서 양식업계에서 널리 활용하기에는 무리가 있지만, 이것이 조류를 식품으로 활용하는 가장 현실적인 방법일 수도 있다. ─지은이

엔산DHA 같은 오메가-3 지방산의 훌륭한 공급원인데, 어류는 조류로부터 그러한 성분을 얻는다. 생선을 별로 안 좋아한다면 인체에 중요한 지방산으로 꼽히는 ETA나 DHA를 조류에서 얻을 수도 있다는 소리다.

조류는 10억 년 이상 존재해온 해양 생물이다.* 조류가 수천 년 동안 인간의 먹거리였다는 사실은 고고학적인 증거로도 확인할 수 있다. 흔히 볼 수 있는 남조류인 스피룰리나는 중앙아프리카에서 수 세기 동안 식품으로 활용됐다. 차드에서는 스피룰리나를 '디헤dihé'라고 부르며, 코소롬 호수에서 이 작은 생물을 채취한 후 햇볕에 말려 고기와 채소로 육수를 만들 때 함께 넣는다. 멕시코에서는 400여 년 전부터 스피룰리나를 말려서 테쿠이틀라틀tecuitlatl이라는 납작하고 얇은 케이크의 재료로 활용했다.

조류가 우주로 떠나는 우주비행사들의 식량으로 활용된 적도 있지만 그리 큰 성공은 거두지 못했다. 아이들이 시금치를 싫어하듯 우주비행사들이 조류를 싫어했기 때문이다. 조류를 이들의 식량으로 쓰겠다는 미 항공우주국NASA의 아이디어는 좋았지만, 요리법에도 좀 신경을 썼어야 했다. 조류는 집약적인 농업과 어업으로 발생하는 환경 피해 없이 인간과 동물이 이용할 수 있는 식량이 될 수도 있다. 그러나 공상 과학 소설에서 그려지는 것처럼 조류를 먹고살 가능성을 진지하게 받아들이는 사람은 별로 없다.

그래도 스타트업들은 대부분 실현되지 못한 조류의 활용 가능성을

＊   저자는 조류algae를 해양 생물이라고 설명하지만, 조류는 크게 해조류와 담수조류로 나뉜다. 따라서 이 책에 나오는 조류는 대체로 해조류를 일컫는다고 볼 수 있다.

현실로 만들기 위해 계속해서 방법을 찾고 있다. 조류는 엄청난 단백질 생산 공장이다. 조류 중에는 육류와 우유, 달걀, 대두는 명함도 못 내밀 정도로 단백질 함량이 굉장한 종류도 있다. 또한 조류의 성장 가능성은 무한하다. 인공적으로 키우든 자연에서 자라든 물만 있으면 자라고, 성장에 필요한 영양소도 별로 없다. 사탕을 파란색이나 초록색으로 물들이는 색소로도 쓸 수 있고, 자동차 연료로도 쓸 수 있다. 이 모든 가능성 때문에 조류는 오랫동안 기적의 산물로 여겨지며 산업계와 과학계를 모두 매료시켰다. 하지만 성공적으로 상품화되어 나온 사례는 거의 없다. 조류는 오래전부터 세상의 연료가 될 물질로 알려졌지만, 인간이 조류의 잠재성을 현실로 만드는 일은 늘 손에 닿을 듯 말 듯 하다.

조류, 판을 뒤집을 존재

식물의 왕국을 크다고 한다면, 조류의 왕국은 광활하다. 정확히 무엇을 조류로 봐야 하는지는 아직 합의가 이루어지지 않았지만, 과학계가 지금까지 찾아낸 조류는 약 10만 종이다. 분류는 시작도 못 했다. 그중에 우리 식생활에 도입된 건 200여 종에 불과하다. 조류는 단순한 생물이다. 태양에너지를 이용해서 빠른 속도로 증식하며 지방과 단백질, 탄수화물을 만들어내는 생산성이 비슷한 다른 어떤 수생 생물보다 우수하다. 그래서 생물연료, 식품, 비료, 천연염료를 비롯해 현대 사회가 필요로 하는 거의 모든 것을 얻을 수 있는 원천으로 알려져 있다. 생산량을 유연하게 조절할 수 있고 지속 가능성이 상대적으로 높아서 가장 효율적인 미생물로도 여겨진다.*

나는 조류를 믿어보고 싶었다.

식품으로서 조류가 어떤 잠재성이 있는지 확인하기 위해 조사를 벌이면서 갖가지 흥미로운 사실들을 알게 됐다. 홍조류는 대형조류, 이름 그대로 큰 조류에 속하며 바다에서 볼 수 있다. 현재까지 알려진 종류는 7000여 종이지만 이 숫자는 계속 늘어나고 있다. 파란색과 녹색을 띠는 클로렐라, 스피룰리나 같은 남조류는 아마 대다수가 식이보충제로 가장 많이 접하는 종류일 텐데 그리 큰 주목은 받지 못하고 있다. 식물과 동물의 특징을 모두 가진 단세포 미생물인 유글레나는 조류와 비슷하지만, 엄밀히 따지면 조류가 아니다. 좀개구리밥 역시 조류는 아니지만 영양학적으로 엄청난 잠재력이 있다. 이렇듯 분류하기에 애매한 부분은 있지만, 넓게는 모두 빛에너지를 이용하는 집광集光성 수생 생물에 해당한다.

과학 저술가인 루스 카싱어Ruth Kassinger는 저서 『슬라임Slime』(2019)에서 "바다에 사는 조류의 종류는 모든 은하계에 있는 별보다 더 많다"고 설명했다. 지구 생물의 생존에 조류가 기여하는 몫은 엄청나다. 우리가 마시는 산소의 50퍼센트는 조류에서 나온다. 그래서 조류에게 해가 되는 건 무조건 나쁜 일이다. 2019년은 최고 기온이 역사상 두 번째로 높았던 해였다. 대기 중에 이산화탄소가 차지하는 비율은 수백 년 동안 일

---

*   저자가 이번 장에서 조류를 미생물이라고 칭하는 건 크기가 아주 작다는 의미로 해석할 수 있다. 조류는 식물이며 세균, 바이러스 같은 미생물과는 다르다. 조류의 하나인 미세조류는 단세포 생물에 육안으로는 볼 수 없다는 점과 같이 미생물과 동일한 특징이 있지만 미생물은 아니다.

정했고 바다에서의 농도는 더 오랫동안 일정하게 유지됐는데, 2015년부터 2019년 사이에 거의 20퍼센트 상승했다. 이산화탄소 농도가 증가하면 pH(수소 이온 농도. 용액의 산성 또는 알칼리성을 나타내는 단위이다)가 바뀌면서 해양 산성화로 불리는 현상이 일어난다. 바다에 사는 수많은 생물에게 해가 될 수 있는 문제다. 하지만 이산화탄소의 비율이 높아지는 것이 조류에게는 더 이롭게 작용할 수 있다.* 이에 따라 해초를 키워서 해양 pH 농도가 변화하는 속도를 늦추는 방법을 찾는 연구들도 진행되고 있다.

"미세조류는 전망이 매우 밝다고 생각합니다." 아사프 차코르Asaf Tzachor는 전화로 이렇게 설명했다. 영국 케임브리지대학교 실존위험연구센터Centre for the Study of Existential Risk의 연구자인 차코르는 미세조류가 식품으로서의 가능성을 넘어 인체의 생명 유지 시스템과도 관련이 있다고 보고 특정한 스트레스 요인이 발생했을 때 미세조류가 어떤 기능을 할 수 있는지 연구하고 있다. 미세조류는 안전하고 영양도 풍부하면서 저렴하게 이용할 수 있는 물질이 될 수 있을까? 미세조류 양식장을 다른 나라에서도 쉽게 이용할 수 있는 플러그 앤드 플레이plug-and-play** 시스템으로 만들 수 있을까? 기존 기술 중에 미세조류에 적용할 수 있는 기술이 있을까? 차코르는 이 모든 조건을 충족하기는 어렵다고 말했다.

*　　담수나 바다에서 조류가 통제 불가능한 수준으로 늘어나는 유해성 대량 증식 현상은 환경 변화로 일어날 수 있는 문제로 여겨지지만, 일반적으로 조류의 이러한 대량 증식을 가속화하는 영양소는 인과 질소다. ― 지은이

**　　컴퓨터에 주변 기기나 새로운 시스템을 연결하기만 하면 사용자의 특별한 개입이 없어도 그 즉시 기기 인식과 설정이 자동으로 이루어져서 모든 장치를 바로 사용할 수 있게 하는 방식.

그는 조류를 유일무이한 작물로 여긴다. 기술을 통해 특정한 자연 성분을 더 강화된 인공 성분으로 바꾸는 것이 가능하고, 태양광을 LED 로 대체해도 잘 자란다. 농사지을 땅도 필요 없다. 염수로도 재배할 수 있다. 위로 쌓아 올리는 구조로도 재배 환경을 마련할 수 있으므로 도시 에서도 기를 수 있다. LED 스펙트럼을 조절하면 성장 속도도 최적화할 수 있다. 또한 조류에는 빈곤 문제를 해결하고 서로 다른 문화 간 경계 를 약화시킬 가능성이 포함되어 있다. 전부 아직은 실현되지 않은 가능 성이다. 조류의 이런 다양한 잠재성이 지금도 조류에 계속해서 열광적 인 관심이 쏟아지는 이유이자, 우리의 식품 체계를 개편해야 한다는 논 의마다 이 녹색의 끈적한 존재가 빠짐없이 등장하는 이유이다.

조류도 맛있게 먹을 수 있을까?

아시아에서는 해초*로 만든 간식이 인기가 좋다. 하지만 미국에서 는 개방적인 밀레니얼 세대가 김을 얇게 튀긴 바삭한 과자로 즐기는 정 도가 전부라서 아직 갈 길이 멀다. 디트로이트의 '논푸드Nonfood'는 조류 를 맛있게 만들기 위해 노력하는 몇 안 되는 스타트업 중 한 곳이다. 개 념예술 프로젝트를 몇 건 진행하다 소규모로 식품 사업을 시작한 논푸드 는 조류가 들어간 '논바Nonbar'라는 스낵을 만들고 있다. 나도 주문해보 았다. '4.0 버전'이라는 논바 제품은 은색 포장지에 싸여 있어, 꼭 우주 식품이나 배낭여행용 비상식량 같았다. 포장을 열어보면 자그마한 짙은

---

*   해초는 바다에 사는 식물의 하나로, 해조류와는 종류가 다르고 번식 방법에도 차 이가 있다.

녹색 바에 구운 누에콩이 콕콕 박혀 있다. 좀개구리밥과 클로렐라, 스피룰리나까지 장래가 유망한 성분들로 만들어진 논바 하나에는 단백질 7그램과 함께 철분이 일일 권장 섭취량의 27퍼센트만큼 들어 있고 비타민 A도 일일 권장량의 100퍼센트가 들어 있다. 그 밖에도 알파리놀렌산 ALA, DHA, ETA 등 오메가-3 지방산 438밀리그램이 함유되어 있다.

나는 도서관으로 걸어가면서 논바를 한 입 베어 물고 천천히 씹어 보았다. 약간 꽃향기도 나고 짭짤하기도 한 독특한 맛이었다. 많이 달지 않았다. 아주 맛있진 않았지만, 그래도 계속 먹었다. 처음 만난 사람과 데이트할 때와 좀 비슷한 느낌이었다. 세 번째로 베어 먹을 때부터는 꽤 마음에 들어서 즐기기 시작했고, 다 먹고 나니 아쉽기까지 했다.

논푸드의 창립자 숀 래스펫Sean Raspet은 소일렌트에서 몇 년간 식품 향료 전문가로 일한 예술가다. "제가 하는 예술은 우리가 흔히 생각하는 예술과 대량생산 경제와의 경계를 재정립하는 일입니다. 논푸드는 그 목표와 잘 맞죠." 나는 논바가 마음에 들었지만, 과연 세상 사람들이 이런 맞춤형 식품을, 즉 몸에 좋은 음식인 건 분명하지만 앤디 워홀식 예술적 감각이 가미된 이런 식품을 얼마나 선호할지는 확신이 들지 않았다.

엘리엇 로스Elliot Roth도 조류를 우리 식생활에 활용할 방법을 찾는 일에 스스로 인정하기 힘들 만큼 오랫동안 매달려 온 사업가다. 로스가 버지니아에 설립한 스타트업 '스피라Spira'는 2016년에 문을 열었다. 스피라의 첫 제품은 가정에서 조류를 만들어서 먹을 수 있는 일종의 커피메이커 같은 주방 가전이었고 결과는 그다지 좋지 않았다. 로스가 다음으로 만든 건 "살아 있는" 스피룰리나 차였다. 내가 뉴욕으로 하나 보내줄 수 있느냐고 묻자, 그는 안 된다고 했다. "보관 기간이 짧아서요." 이 제품도 판매가 부진했다. 결국 로스는 연구실로 돌아와서 스피룰리나를 활용할 다른 아이디어를 고심했다.

조류를 재배하는 '가장 손쉬운' 방법은 소형 경마장 형태로 거대한 개방형 못을 만들어서 키우는 것이다. 이때 조류의 성장이 정체되지 않도록 바퀴로 물을 순환시키면서 영양소를 공급한다. 이틀 정도면 조류에 포함된 물질이 포화 상태에 이르므로 그때 수확한다. "전 세계의 스피룰리나 농장 수천 곳이 경영난을 겪고 있습니다." 로스의 설명이다. 대부분 접근성이 나쁜 시골에 있고, 고객을 찾기가 쉽지 않다. 스피라는 재배 농장들과 좋은 가격에 공급 계약을 체결해서 농장이 안정적으로 운영되도록 기회를 제공한다. 인도네시아, 인도, 태국, 몽골에 있는 농장들이 그의 회사와 협력하고 있다. "우리는 네트워크 효과를 활용할 계획입니다." 로스는 이렇게 밝혔다. 농장들을 잘 활용해서 계속 늘고 있는 고객의 수요를 채울 수 있을 만큼 원료를 충분히 생산하겠다는 의미다.

하지만 개방형 못은 대기오염과 날씨의 영향을 받는다는 문제가 있으므로, 생산자들은 다른 방법들을 실험하고 있다. 조류를 키우는 대형 발효 탱크와 밀폐된 유리관을 미로 형태로 만들어서 일정한 생물량이 만들어지도록 영양소를 계속 공급하는 광 생물 반응기*도 등장했다. 둘 다 전기에너지에 의존하므로 태양광을 이용할 때보다 지속 가능성이 떨

---

*   생물에서 일어나는 반응을 인위적으로 일으키기 위해 반응 환경을 공학적으로 조성한 기계 장치.

어진다. 또한 생산 공정이 가동되려면 상당한 돈이 필요하다.

로스는 결국 스피룰리나 차 제품을 완전히 포기하기로 했다. 하지만 이런 결단을 내린 건 녹색 스피룰리나로 식품 제조업계가 활용할 수 있는 생동감 있는 청색 물질을 만들어낼 방법을 찾아냈기 때문이다. 조류 자체를 식품으로 만들 방법을 3년간 찾아 헤맨 끝에, 어쩌면 식품보다 더 큰 영향력을 발휘할 식품첨가물인 색소를 만든 것이다.

식품 말고 색소로는 어떨까?

나는 2019년에 샌프란시스코 미션 지구 중심에 있는 '스톤밀 말차Stonemill Matcha'라는 멋진 카페에서 로스와 만났다. 직접 만난 건 그날이 처음이었다. 카페 문이 열리는 소리와 함께 들어선 로스는 자리에 앉아 니트 모자를 벗고 머리카락이 삐죽 튀어나온 채로 주머니에 손을 넣더니 투명한 통 하나를 꺼냈다. 돌려 닫는 뚜껑 아래에는 밝은 파란색의 고운 가루가 들어 있었다. "'일렉트릭 스카이'라고 부르기로 했어요." 로스는 내게 통을 건네면서 알려주었다. "치즈 냄새가 나요."

나는 코를 대고 냄새를 맡다가 미세한 가루를 손가락으로 눌러보았다. 정말이었다. 분명 치토스와 비슷한 냄새가 나는데, 색은 눈에 확 띄는 파란색이라 혼란스러웠다. 하인즈Heinz에서 보라색 케첩을 만들었을 때처럼 내 앞에 놓인 것의 정체를 완전히 받아들일 수가 없었다. 로스는 앞에 놓인 말차라테에 통에 든 가루를 톡톡 뿌렸다. 나도 따라 했다. "상관없겠죠? 폴리페놀이니까?" 나는 초록색 음료에 뿌린 파란 가루를 휘저으면서 두 가지 색이 섞이는 모습을 감탄하며 바라보았다. 문득 비싼 음료를 괜히 망친 건 아닐까, 하는 생각이 들었다.

그 파란색은 고급 중국 도자기에 칠해진 코발트처럼 멋졌다. 코발트는 다량으로 쓰면 몸에 해롭다. 현재 식품 제조에 널리 쓰이는, 석유로 만든 청색 색소도 마찬가지다. 로스가 다소 부자연스럽게 느껴지는 이 색깔에 주력하게 된 것도 그래서다. "사람들은 석유로 만든 성분이 식품에 쓰이는 걸 원치 않습니다." 로스의 말이다. 미국의 소비자 단체인 공익과학센터Center for Science in the Public Interest는 2008년부터 FDA에 몇 가지 식용색소의 사용을 금지하라고 촉구해왔다. 엠앤엠M&M 초콜릿 제조사인 마스Mars는 스피룰리나에서 청색 천연색소를 추출하기 위해 오랜 시간 많은 돈을 투자했다. 2016년 《뉴욕 타임스 매거진The New York Times Magazine》에는 "대형 식품업계도 변할 수 있을까?"라는 제목의 기사가 실렸다. 식품과 농업 분야 전문 기자인 말리아 울런Malia Wollan은 이 기사에서 마스가 스피룰리나에서 얻을 수 있는 청색 색소를 활용할 방법을 찾고 있으며, 조류업계도 기존에 쓰이던 식용색소를 대체할 새로운 제품 개발에 기대를 품고 있다는 소식을 전했다.

울런의 기사에는 이런 내용이 나온다. "식품업계의 연구자들이 채도가 높은 천연색소를 개발하려고 엄청난 돈과 노력을 들이는 이유 중 하나는 현상 유지, 즉 역사가 깊은 자사 제품이 시간이 흘러도 계속 지금처럼 기억되기를 바라기 때문이다. 하지만 생물학적인 관점에서 볼 때 사람들이 특정 사탕을 좋아하는 건 오래되어 정이 들어서라기보다는 색 대비가 클수록 더 매력적이라고 느끼기 때문이다. 업계도 이런 사실을 잘 알고 있다."

2016년, 마스는 5년 내로 전 제품에서 인공색소를 없애겠다고 발표했다. 하지만 천연색소로 색을 낸 엠앤엠 초콜릿은 아직 나오지 않았다. 엠앤엠을 한 봉지 사서 라벨을 읽어보면, 식용 청색 제1호로 알려진 E133이 여전히 쓰이고 있다.(이렇게 숫자로 된 성분이 들어간 식품에 대해서는 항상 의구심을 가질 필요가 있다.) 나는 마스에 직접 연락해보았지만, 아무 답변도 듣지 못했다. "마스는 조류에 손댔다가 제대로 데었습니다." 로스는 마스가 조류 연구에 쏟은 돈을 언급하면서 이렇게 설명했다. "그래서 우리는 아주 신중하게 접근하려고 합니다." 내 손에 들린 파란색 가루는 정말 경이로웠다. 스피라가 결국 해낸 것이다. 일단 그래 보였다. 스피라는 스피룰리나에서 그토록 생동감 넘치는 청색 색소를 정말로 만들어냈다.

식이보충제 제조업체들은 오래전부터 스피룰리나와 클로렐라를 활용해왔다. 건강에 유익한 물질이기 때문이다. 그런데도 사람들은 이 성분들을 여전히 낯설게 여긴다. 차코르는 미세조류를 대단히 긍정적으로 평가했지만, 조류에 실제로 기술을 적용하려면 돈이 많이 든다는 문제가 있다. 게다가 조류는 크기가 아주 작고 재배하려면 손이 많이 간다. 온도, 빛의 양, 영양소 등 여러 조건 중에 안 맞는 게 하나라도 있으면 죽고 만다.

내가 말차라테에 파란 가루를 넣고 섞는 동안 로스는 백팩에서 다른 샘플이 들어 있는 병을 하나 꺼냈다. 내게 건넨 그 유리병 안에는 지저분한 흰 분필처럼 보이는 물질이 불규칙한 덩어리 모양으로 담겨 있었다. "스피룰리나에서 분리한 단백질 같은 건가요?" 내가 묻자 그는 고개를 끄덕이며 단백질의 비중이 48퍼센트가 되도록 조작한 조류라고 설명했다. 스피라가 조류에서 파란색과 다량의 단백질을 얻기 위해 선택한 방법은 실험적인 조작이었다. 유전공학GE 또는 유전자 변형GM 기술을 적용했다는 뜻이다. 미국 농무부는 2018년에 이러한 기술로 만들어낸 성분이 들어간 식품에는 '생물공학식품'이라는 표기를 명시해야 한다는 내용의 식품 라벨 표시법을 제정했다. 라벨에는 줄여서 'GE'라고 표시되기도 한다.*

로스의 회사는 2019년에 캘리포니아 롱비치와 가까운 항구 도시인 샌페드로로 이전했다. 총 다섯 명인 스피라 팀은 그곳 주차장에 설치된 모듈형 수출용 컨테이너 하나를 얻어서 연구실을 차렸다. 이로써 로스의 스타트업은 '알타시AltaSea'라는 대규모 해양 기술 육성 사업의 한 부분이 되었다. 로스앤젤레스시가 블루이코노미blue economy로도 불리는 해양 경제 산업을 지원하기 위해 시작한 알타시 사업은 전 세계의 바다를 경제 성장에 활용할 방안을 찾고 있다.

스피라는 작은 회사지만 전망이 밝다. 로스는 계속 늘어나고 있는 고객층을 더 확실하게 다지기 위해 2021년에 투자자를 모집하기로 했다. 스피라의 고객사 중 한 곳인 젬Gem은 씹어 먹는 비타민 제품에 스피룰리나를 사용하고 있으며 101사이다하우스101 Cider House가 만드는 사이다** 제품 2종에도 스피라의 색소가 사용되고 있다. 로주서리Raw Juicery

---

* 아쿠아바운티AquaBounty는 2021년부터 해산물 유통업체에 GE 연어를 최초로 공급할 예정이다. 이 GE 연어가 FDA에서 판매 승인을 얻기까지 거의 30년이 걸렸다. ─ 지은이
** 우리에게 익숙한 탄산음료가 아니라 과일즙을 발효한 알코올 음료를 일컫는다.

의 '인어 레모네이드mermaid lemonade' 제품에도 사용된다. 세계 최고의 레스토랑 중 한 곳으로 널리 알려진 덴마크의 노마Noma도 스피라의 제품을 실험적으로 사용했다. 코로나바이러스감염증-19(이하 코로나19) 대유행으로 많은 업체들이 문을 닫았을 때도 스피라의 자그마한 연구실은 샘플을 계속 만들어내느라 분주했다. "새로운 걸 찾는 사람들이 우리 제품을 실험해보려고 할 겁니다." 로스의 이야기다. "이젠 우리도 판로가 생겼고요."

로스는 화이자Pfizer의 비아그라 알약에 들어가는 청색이나 블루맨그룹Blue Man Group*이 사용하는 파란색 라텍스 페인트처럼 정말 유명한 청색을 만들겠다는 원대한 목표를 세웠다. 하지만 "대기업들은 새로운 기술을 활용해볼 기회를 잡기 전에 기술에 내포된 위험성부터 낮추려고 한다"고 설명했다. 스피라의 색소는 아직 조리하거나 가열·냉각해도 청색이 또렷하게 유지되는 단계에 이르지 못했는데, 이 문제도 거의 해결되기 직전이다. 최근에는 붉은색을 띠는 홍조류에서 적색을 추출하는 연구도 시작했다.

이처럼 조류의 색에 초점을 맞춘 사업들이 활성화되고 있다. 샌디에이고의 '트리톤앨지Triton Algae'라는 스타트업은 시험 시설에서 일반적인 녹조류의 하나인 클라미도모나스 레인하티Chlamydomonas reinhardtii를 키우고 있다. 트리톤은 이 녹조류의 철분 함량, 구체적으로는 헴**의 함

---

*   세 명의 남성 예술가들로 구성된 행위 예술 그룹. 피부에 새파란 페인트를 칠한 독특한 모습으로 악기 연주나 연극 등 다양한 공연을 시도한다.

**   혈액의 산소 운반 물질인 헤모글로빈은 붉은색을 내는 색소와 단백질로 구성된다. 그중 철이 함유된 색소가 헴이다.

량을 인위적으로 늘려서 붉은색과 육류의 풍미가 나도록 만든다고 설명한다. 식물성 재료로 대체육을 만드는 업체들은 트리톤이 조류로 만들어낸 이런 색과 향에 흥미를 느낄 것이다. 조류는 색소와 결합하는 수용체를 지니고 있는데, 원래는 엽록소 같은 녹색 색소와 결합해 녹색을 띠게 된다. 트리톤은 발효 공정에서 그러한 수용체를 다르게 자극하는 기술을 활용한다. 그 이상은 밝히지 않은 이 공정을 거치고 나면 헴 전구체 성분이 만들어지고 녹조류가 붉은색을 띠게 된다고 한다. 일반적인 적색육에서 나는 특유의 맛은 바로 이 헴 철분에서 비롯된다. 이러한 빛깔과 풍미가 모든 식품에 다 어울리는 건 아니므로, 트리톤은 무색, 무향 성분도 함께 개발하고 있다.

조류의 미래는 해조류에 달려 있을까?

미세조류가 단시간 내에 세상을 먹여 살리지는 못할 것 같지만, 해조류(대형조류)는 그럴 가능성이 미세조류보다는 커 보인다. 조류가 슈퍼마켓 선반에 등장하는 가장 빠른 길이기도 하다. 아시아에서는 해조류가 주식으로 쓰이는 데 반해 미국의 일상적인 식생활에서는 거의 결합제나 증점제, 젤로만 사용된다. 해조류에서 얻는 첨가물 중 가장 많이 쓰이는 카라기난은 아이스크림과 식물성 우유, 요거트, 사탕 그리고 유아용 식품의 성분표에서 흔히 볼 수 있다.*

---

*   유럽연합에서는 영유아 조제식에 카라기난을 사용하는 것이 법적으로 금지되어 있으나 미국에서는 지금도 조제식 성분으로 사용할 수 있다. 미국 공익과학센터는 카라기난 섭취를 '주의'하라고 권고한다. ― 지은이

해조류가 귀중한 단백질원이라는 것은 흔히 간과되는 사실 중 하나다. 홍조류, 갈조류, 녹조류 중에서 단백질 함량이 가장 높은 홍조류는 건조 중량의 47퍼센트가량이 단백질이다. 재배 비용이 가장 저렴한 작물의 하나인 대두와 비교해보면 홍조류로 생산되는 단백질의 양이 1에이커 기준 5배 더 많다. 대두보다 해조류가 가치와 지속 가능성의 측면에서 더 우수하다는 의미다. 식량을 재배할 수 있는 땅인 경작지의 토대는 건강한 생태계다. 이 생태계가 산업적인 농업에 의해 고갈되자, 발빠른 기업들은 바다로 눈을 돌려 이미 마련되어 있는 해조류 공급망을 새롭게 활용할 방법을 찾고 있다.

상업적인 남획으로 수많은 해양 생물이 감소하는 추세지만, 해조류는 바다가 오염되지 않고 수온이 너무 높지만 않으면 재배하기가 수월하고 수확 후 다시 재배하는 일도 상대적으로 수월하다. 또한 토양에서 이루어지는 산업적인 농업이 비료에 의존해야 하는 것과 달리 바다에서는 단백질의 핵심 기초단위 중 하나인 질소를 포함해 해조류에게 필요한 영양소가 꾸준히 공급된다. 식물이 살아가려면 움직임이 필요한데, 바다에서는 바람과 파도가 물을 계속 휘젓는다. 해조류에는 글루탐산과 글라이신, 비타민 B_{12}, 그리고 우리의 생존에 꼭 필요한 필수 아미노산이 전부 들어 있다. 하지만 해조류의 가치를 크게 높일 수 있는 건 바로 단백질이다.

'해조류 사업'이란 말이 그다지 매력적으로 들리지 않을 수 있겠지만, 이 산업 규모는 엄청나다. 2019년에 전 세계 해조류 시장의 가치는 590억 달러 이상이었고 2020년에는 60억 달러가 더 늘어날 것으로 보인다. 이런 전망에 솔깃한 베스 조터Beth Zotter와 어맨다 스타일스Amanda Stiles도 캘리포니아 버클리에 식품기술 스타트업 '트로픽Trophic'을 설립했다. 나는 어느 흐린 날에 두 사람의 실험실을 찾아갔다. 주차장 너머로 석호와 그 뒤로 펼쳐진 샌프란시스코만이 보였다. 사무실로 들어가 창문이 없는 회의실에 모두 함께 앉았다. 스타일스가 평가가 진행 중인 해조류를 쟁반에 담아 가지고 왔다. 꼬불꼬불하고 뾰족한, 붉은색과 분홍빛이 나는 해조류였다. 작은 그릇마다 코를 대보니 짭짜름한 냄새가 났다.

"우리는 그동안 해조류가 제대로 인정받지 못하고 저평가되어 왔다고 생각합니다." 조터가 말했다. 트로픽 측의 설명에 따르면 해조류의 단백질과 단단히 결합한 붉은색 분자에서는 진하고 짭짤한 감칠맛이 난다. 조터는 홍조류 중에 베이컨과 비슷한 맛이 나는 종류가 있는데, 특히 덜스가 그렇다고 설명했다. 홍조류의 높은 단백질 함량과 특유의 색은 식물성 육류 생산에 요긴하게 쓰일 수 있다. "게다가 해조류는 저렴합니다. 10센트에서 50센트만 내면 1킬로그램을 살 수 있어요." 조터가 강조했다.

조터는 트로픽을 설립하기 전에 대형조류로 생물연료를 생산할 방법을 연구하던 일본 기업에서 일했다. 하지만 생물연료 개발 사업은 무수한 스타트업을 꿀꺽 삼켜버린 밑 빠진 독이었다. 해조류를 비롯한 여러 조류를 투자자를 충분히 확보할 수 있을 만큼 대규모로 재배할 수 있는 경제적인 방안은 (아직) 찾지 못한 상황이다. 조터와 함께 트로픽을 공동 설립한 스타일스는 리플푸드Ripple Foods에서 식물 단백질을 대량으로 분리하는 공정을 개발했다. 단백질을 분리하는 이유는 식품에 넣기 위해서였다. "리플푸드에서는 단백질을 완벽하게 정제하는 일에 몰두했지만, 여기선 단백질과 함께 얻을 수 있는 모든 것에 관심을 기울이고 있습니다." 스타일스의 설명이다.

트로픽이 중점을 두는 건 식품이다. "가격이나 규모 면에서 대두를 사용하는 것보다 낮은 비용으로 단백질을 만드는 것이 우리의 목표입니다." 조터가 말했다. 대두는 킬로그램당 2달러 수준이므로 경쟁이 거의 불가능할 만큼 저렴하다. 트로픽이 이걸 따라잡으려면 해야 할 일이 많다. 코로나19 대유행이 시작된 초기였음에도 직원이라곤 이 두 사람이 전부였던 트로픽의 사업은 몇 달간 진척이 있었다. 스타일스는 차고에 원심분리기가 설치된 실험실을 마련했고, 조터는 연구비 신청서를 제출하고 트로픽의 첫 번째 제품이 뭐가 되면 좋을지 고심했다.

2020년 1월에 두 사람은 단백질을 50퍼센트까지 추출할 수 있는 방법을 찾아냈고 두 번째 원심분리기도 주문했다. 캘리포니아 올버니에 있는 농무부 시설에서 홍조류 1톤을 가공할 예정인데, 이 단계가 완료되면 단백질 추출량을 늘리고 새로운 건조 기술을 시험해볼 수 있을 것이다. 바이러스로 멈춘 이 시설이 다시 가동되면 식물성 제품에 트로픽의 단백질을 시험해보고자 하는 수십 군데 업체에 샘플을 보낼 수 있을 것이다. "얼른 시작하고 싶어서 몸이 근질근질합니다. 자택 대기 조치가 해제되기만을 기다리고 있어요." 2020년 7월에 조터가 한 말이다.

해조류 식단

처방약은 어쩌다 한 번 복용하지만, 음식은 하루에 여러 번 먹는다. 약의 안전성은 세세한 부분까지 전부 확인할 수 있는 것과 달리 식품업계는 업체가 자체적으로 고용한 전문가가 안전성을 입증한 성분이라면 식품에 첨가할 수 있다. 첨단식품기술 분야의 스타트업들은 자사 제품의 존재 이유를 단계적 개념을 들어 설명하는 경향이 있다. 지구에 이롭고, 동물을 살리고, 사람에게도 유익하다는 것이 그것이다.

자연식품, 지중해 식단, 채식 등 무엇이 몸에 좋은 식생활인지는 광범위하게나마 의견이 모이고 있지만, 지방, 적색육, 탄수화물 같은 중요한 요소가 건강에 어떤 영향을 주는지에 관한 영양학적인 견해는 계속해서 엇갈리고 있다. 전 세계 여러 나라의 식생활 지침에 조류가 포함된 경우는 거의 없다. 그렇다면 조류는 건강에 좋을까? 대답하기 힘든 질문이다. 2017년에 학술지 《조류학Journal of Phycology》(조류학은 조류를 연구하는 학문이다)에 실린 한 논문에는 조류가 인체 건강에 이로운지 평가하기에는 "근거가 너무 빈약하다"는 의견이 실렸다. 조류가 유익한지를 조사한 연구가 너무 적다는 것이다. 하지만 지난 수 세기 동안 해조류를 꾸준히 섭취해온 문화권 사람들의 건강과 수명을 보면, 나는 치아가 녹색으로 물드는 한이 있더라도 논푸드의 조류 바를 열심히 먹어야겠다는 생각이 든다.

해조류 섭취가 암 예방에 도움이 된다는 것은 아시아에서 수행된 여러 연구로 밝혀진 사실이다. 미국의 프랜시스 J. 필즈Francis J. Fields 연구진은 2019년 《기능성 식품 저널Journal of Functional Foods》에 소개된 연구에서 미세조류가 위장 건강에 어떤 영향을 주는지를 조사했다. 연구는 샌디에이고 캘리포니아대학교의 스티브 메이필드Steve Mayfield의 실험실에서 진행됐다. 메이필드는 조류 산업에 정통한 인물로, 대학 실험실을 운영하면서 트리톤을 포함한 조류 관련 업체 두 곳을 설립했다. 이 연구의 참가자들은 미세조류 섭취 시 위와 장의 불편한 증상이 감소했다고 밝혔지만, 표본이 적은 데다 참가자가 자가 보고한 결과라 확실한 검증을 위해서는 더 큰 규모의 연구가 필요하다.

시장에서 판매할 식품은 일관성이 핵심이다. 그러나 일관성은 자연에서는 찾기 힘든 특징이다. 바다에서 자라는 조류는 종마다, 그리고 계절과 해안의 환경에 따라 자연적으로 다양한 차이가 나타난다. 조류의 생물학적 이용도, 즉 조류에서 비롯된 다량 영양소가 우리 몸에서 얼마나 잘 흡수되는지, 조류의 영양 성분이 인체 대사 과정에 어떤 영향을 주는지에 관해 현재 우리가 밝혀낸 내용은 한정적이다. 우리는 조류가 건강에 좋다고 생각하면서도 정확히 어떻게 좋은지는 모른다.

그에 비해 지속 가능성이 조류의 중요한 특징임을 뒷받침하는 근거는 명확하다. 2017년 10월에 《산업 생물공학Industrial Biotechnology》에는 차코르가 공동 저자로 참여한 논문이 한 편 실렸다. "어류를 중간 매개체로 쓰지 않기: 오메가-3 지방산과 단백질의 지속 가능한 공급원이 될 해양 미세조류"라는 제목으로, 이 논문은 우리가 먹는 다양한 표준 식품의 필수 아미노산을 동량 생산하려면 토지와 물이 각각 얼마나 필요한지 비교한 결과, 해양 미세조류가 닭고기, 쇠고기, 완두콩보다 우수함을 밝혔다. 즉 미세조류 생산 과정에서는 "비옥한 땅이 필요하지 않으므로 토지 이용도가 75배 이상 줄고 담수 이용도는 7400배 감소"했다.

위의 논문에서는 다루지 않았지만, 땅을 (아마도) 가장 적게 이용하여 단백질을 생산하는 또 다른 방법이 있다. 100년도 더 전에 쥘 베른 Jules Verne의 공상 과학 소설에 등장한, 공기에 포함된 단백질을 추출하는 방법이다. 캘리포니아 서니베일의 '노보뉴트리언츠NovoNutrients'는 오존층 파괴를 최소화하기 위해 배출량을 줄이려고 애쓰는 물질인 메탄가스에서 이산화탄소를 얻어 양식 어류 사료용 단백질을 생산하고 있다. 이와 함께 노보뉴트리언츠는 셰브론Chevron과의 시범 사업도 시작했다. '에어프로틴Air Protein'이라는 스타트업은 공기를 단백질로 바꾼 다음, 그 단백질 분말을 식용 식품에 사용하겠다는 목표를 정했다. 이게 무슨 이상한 소린가 싶겠지만, 이미 공기에서 얻은 단백질로 '닭고기'와 유사한 것을 만들어냈다고 한다. 맛이 어떤지는 알려지지 않았다. 버클리에서 시작한 에어프로틴은 2021년 1월에 3200만 달러의 투자금을 모았다. 세 번째로 소개할 업체인 아이슬란드의 '솔라푸드Solar Foods'는 재생에너지인 수력에너지로 앞서 소개한 두 업체와 같은 목표를 달성하려 한다.

이 '별난' 아이디어가 어떤 평가를 받고 있는지는 쉽게 확인할 수 있다. 스탠퍼드대학교의 기후학자 마크 제이콥슨Mark Jacobson은 대기 중의 이산화탄소로 식품을 생산하는 건 에너지 집약도가 너무 높다고 설명했다. "식품은 탄소로만 이루어지지 않습니다. 수소와 질소도 포함되죠." 그의 설명이다. "식품이 만들어지려면 에너지가 필요합니다. 그런 사업은 굉장한 일처럼 보여도 눈길을 끌려는 속임수일 뿐입니다. 공기에서 탄소를 얻으려고 할 게 아니라, 애초에 이산화탄소가 더 이상 공기로 배출되지 않도록 해야 합니다." 제이콥슨은 전 세계 화력 발전소를 재생에너지원을 쓰는 발전소로 대체할 방법을 찾는 일에 평생을 바친 사람이다. 화력 발전으로 식품을 만드는 건 그렇지 않아도 해로운 화력 발전소의 탄소 배출량을 더 늘리는 일이다. 농경지에서 식량을 재배하고 동물을 키우며 살다가 공장에서 생산되는 식품의 비중을 늘리려면 거기에 맞는 기반 시설을 지어야 한다는 것, 식량을 재배하려면 물을 공급해야 하고 공장을 가동하려면 에너지가 공급되어야 한다는 사실을 잊지 말아야 한다.

조류에는 지구를 먹여 살릴 잠재력이 있다. 단, 조류를 기꺼이 먹게끔 소비자를 유도하거나, 이 분야에 뛰어든 스타트업들이 식품에 적합한 형태나 기능을 성공적으로 구현해내야 할 것이다. 조류의 쓰임새는 무엇일까? 단백질이나 향미료, 색소일까? 아니면 아직 발견되지 않은 다른 것일까? 스피라의 로스는 조류의 응용성과 가능성이 거의 무한하다는 점에 동의했다. "조류 분야에 몸담은 사람들에겐 그게 신조입니다. 조류는 정말 많은 일을 할 수 있습니다." 로스의 말이다. 이 뜨거운 믿음이 최대한 실현되어 이 작은 식물에서 단백질을 성공적으로 추출하는 날이 정말로 올지도 모른다.

작은 것의 장래성

"비스듬하게 서 있는 하얀 우편함을 찾으세요." 토니 마르턴스Tony Martens는 이메일로 이렇게 일러주었다. 여기저기 움푹 파인 흙길로 접어들어 트레일러로 된 이동식 사무실 근처에 차를 댔다. 멀리 샌디에이고 북부의 산들이 보였다. 사무실 뒤로는 너덜너덜해진 비닐하우스 몇 채가 있었다. 마르턴스가 반갑게 웃으며 사무실 문을 열고는 새 사무실로 안내했다. "임대한 지 얼마 안 됐어요." 키가 나보다 훨씬 큰 이 회사의 창립자는 청바지를 추켜올리며 말했다. 신난 기색이 역력했다. 공동 창립자인 마우리츠 판 더 펜Maurits van de Ven도 밖으로 나왔다. 젖은 머리에 손에는 브로콜리와 대체육이 담긴 접시를 들고 있었다. 어느 쪽이 과학 담당이고 어느 쪽이 사업 담당인지 맞춰보려고 했지만, 도무지 알 수가 없었다. 마르턴스가 자신들이 어쩌다 암스테르담에서 미국 캘리포니아 샌디에이고 북부의 이 흙길까지 오게 됐는지 이야기하는 동안 판 더 펜은 점심을 마저 먹었다.

플랜터블푸드Plantible Foods에서 키우는 건 좀개구리밥이다. 물에 떠 있는 자그만 식물인 좀개구리밥은 조류가 아니며* 루비스코RuBisCO라는 효소를 풍부하게 얻을 수 있는 자원이다. 루비스코는 광합성 식물에서 탄소가 고정되는 과정, 즉 식물이 대기의 탄소를 포도당이나 단백질 같은 다른 형태의 에너지로 변환하는 과정의 첫 단계에 쓰이는 효소다. 래스펫이 만든 논바의 재료 중 하나이기도 한 좀개구리밥은 단백질의 비율이 40~45퍼센트다. 루비스코의 특징은 세상에서 가장 흔한 단백질원이라는 점이다. 일반적으로 좀개구리밥은 새와 수생 동물의 먹이가 되지만, 일부 지역에서는 야생에서 자라는 좀개구리밥이 수체를 완전히 덮고 다른 식물의 성장을 저해한다는 이유로 칡덩굴처럼 해로운 잡초로

---

*   좀개구리밥은 개구리밥과에 속하는 식물이다.

여겨진다. 마르턴스와 판 더 펜은 단백질을 얻는 등 사람에게 필요한 용도로 쓸 수 있도록 이 식물을 재배하는 사업에 잠재성이 있다고 보았다.

"루비스코가 정말 굉장한 이유는 달걀흰자나 유청, 카세인*과 비슷하다는 점입니다." 마르턴스가 설명했다. "치즈, 유제품, 고기의 식감을 더 효율적으로 구현할 수 있어요. 심지어 대두나 완두콩, 밀, 쌀… 뭐든 다른 재료보다 훨씬 적게 써도 그게 가능해요." 케일, 시금치, 상추 등 '우리가 생으로 씹어 먹는 잎채소'에서 루비스코를 더 쉽게 얻을 수 있지만, 그런 채소는 이미 잘 팔리고 있어서 재배업체들은 특정 분자를 분리해내는 사업에 별로 관심이 없었다. 어떤 상황인지 이해가 되기 시작했다. 브로콜리 잎이나 당근 줄기 등 농장에서 잔뜩 나오는 폐기물도 루비스코를 얻을 훌륭한 재료가 될 수 있지만 이런 재료를 계절과 상관없이 꾸준히, 깨끗한 상태로 공급받는 건 쉬운 일이 아니었다.

서른 살 동갑내기인 두 기업가가 (물에 둘러싸인) 암스테르담을 떠나 (대부분이 모래인) 샌디에이고 북부로 와서 (물이 꼭 필요한) 작은 수생 식물을 키우고, 그걸로 빵과 과자에 들어가는 달걀이나 요거트에 들어가는 우유를 대체할 물질을 만드는 사업을 계획했다는 것만으로 이 분야에 얼마나 뜨거운 관심이 쏠리고 있는지 짐작할 수 있다. 골드러시**를 떠올리게 하는 열의와 활동가들의 땀이 더해져 식품업계에 조성된 이 들뜬 분위기의 바탕에는 두 가지가 있다. 새로운 유니콘을 물색 중인 실리콘

* 포유류의 젖에 함유된 주요 단백질.
** 19세기 미국 캘리포니아 등지에서 사금이 발견되면서 금이 발견된 지역으로 노동자들이 대거 이주했던 현상을 일컫는 말.

밸리 투자자들의 두둑한 지갑, 그리고 지구를 살리겠다는 진심 어린 열망이다. 정보력과 연구 시설, 경제적 능력을 두루 갖춘 기존 식품 체계에서 대기업들은 굳이 대안을 찾아 나설 동기가 없었다. 전통적인 농업이나 산업형 농업의 중요성을 굳게 믿는 사람들은 지구의 자원이 무한하다고 생각한다. 트럼프 전 대통령은 기후 변화를 존재하지도 않는 일이라고 여겼다. 다행히 기후 변화가 진짜 현실임을 아는 사람들이 더 많고, 이런 사람들이 끊임없이 발생하는 산불과 해빙 현상, 바다의 수온 상승에 관심을 기울인 덕분에 식품업계도 전반적으로 기존과는 다른 목표를 세우게 되었다. 주목해야 할 변화는 이제 거대 식품 기업도 상황을 예의 주시하며 신생 식품업체들을 사들이고 있다는 것이다. 이는 신생 업체들의 독창성이 전부 뭉개지는 공연한 참견이 될 수도 있고, 새로운 시도가 더욱 번성하는 계기가 될 수도 있다.

풋사과

좀개구리밥은 반들반들하게 잘 닦은 그래니스미스Granny Smith 사과와 비슷한 녹색을 띤다. 플랜터블의 비닐하우스로 가보니 타원형 연못에 수레바퀴 하나가 빙글빙글 돌며 물을 순환시키고 공기를 불어 넣고 있었다. 좀개구리밥은 거기에 가만히 떠 있었다. 벽은 비닐로 되어 있어서 내부는 따뜻한 온도와 습도가 유지되고 있었다. 어딘가에서 물이 똑, 똑 떨어지는 소리까지 더해져서, 비닐하우스 내부를 가득 채운 잎 두 개짜리 식물 수만 개를 응시하고 있자니 꼭 명상하는 기분이 들었다. "최면에 걸린 것 같네요." 내가 두 사람에게 말하자 둘은 웃음을 터뜨렸다.

그렇게 느낀 사람이 내가 처음은 아니었던 모양이다. "먹어봐도 되나요?" "물론이죠." 나는 집게손가락을 못에 담가 물기가 묻은 작은 초록색 잎을 건져 올렸다. 모양이 꼭 으스러진 풋콩 같았다. 입에 넣고 먹어보았다. 양상추나 튤립 줄기와 비슷한 맛이 났다. 튤립 줄기도 먹어봤다는 소리냐고? 맞다. 그것도 먹어봤다. 둘 다 공통적으로 수분이 많고, 아삭했다.

"우리는 세상에 존재하는 녹색 잎이란 잎은 전부 조사했습니다." 판 더 펜이 말했다. "알팔파부터 엽록소가 있는, 그러니까 루비스코가 있는 조류까지 샅샅이요. 그러다가 좀개구리밥의 세계를 알게 됐습니다." 나는 잠시 '좀개구리밥의 세계'란 뭘까, 생각했다. 좀개구리밥은 일단 증식이 시작되면 알아서 잘 자라므로, 플랜터블은 쉬지 않고 돌아가는 공장처럼 원료가 자체적으로 계속 생산되는 공급망을 갖게 된 셈이었다. 우리는 다른 비닐하우스도 몇 곳 둘러보았다. 조류를 상업적인 규모로 키워보려다 폭삭 망한 어느 회사가 두 사람에게 넘기고 간 시설들이라고 했다.(보고 있나, 조류 신봉자들!) 다 둘러본 후 마르턴스는 단백질 가공이 이루어지는 곳으로 안내했다. 거기서도 바퀴가 돌아가고 있었다.

플랜터블의 검소함은 닷컴 버블이 한창이던 1990년대 말에 내가 일하던 스타트업의 호화로운 분위기와 사뭇 대조됐다. 당시에 우리 회사에는 테이블 축구대가 있었고 다들 값비싼 허먼밀러 에어론 의자에 앉아서 일했다. 플랜터블은 비닐하우스 18채가 들어선 부지를 확보하고 저렴한 조립식 사무실을 임대한 것 외에는 꾸준히 비용을 절약해왔다. 신차 한 대 가격에 맞먹는 고압 분산 유화 장비 대신 가정용 블렌더를 사용하는 것에서도 그런 면을 확인할 수 있었다. "우리 비타믹스 블렌더에 대적하기는 힘들 겁니다." 마르턴스가 블렌더를 정답게 툭툭 치면서 말했다. 블렌더를 돌려서 나온 초록색 슬러리*는 수영장에서 흔히 볼 수 있는, 단 10초만 돌려도 바지 끈을 온데간데없이 삼켜버리는 회전식 건조기와 비슷하게 생긴 장치로 들어간다. 이 장치에서 단백질과 섬유질을 분리한 다음 열을 가해 엽록소(녹색 색소)를 제거하고, 마지막으로 활성탄을 이용해 폴리페놀(특정한 맛이 나는 성분)을 제거한다. 그러면 식품 제조업체에 판매할 수 있는, 흰색의 아무 냄새가 없는 단백질 분말을 최종 산물로 얻게 된다. 플랜터블은 중간에 제거된 폴리페놀과 엽록소도 상품으로 만들 방법을 찾고 있다. 어쩌면 건강기능식품 생산업체에 판매할 수 있을지도 모른다. 좀개구리밥에서 여분으로 발생하는 맛과 색 성분은 아직 활용법이 없어서 폐기물로 처리된다.**

회사의 경제적인 상황이 이렇다 보니 플랜터블이 만든 단백질을 테스트해볼 의향이 있는 업체들이 나타나도 자체 생산이 가능한 범위에서 소량만 보낼 수 있다. 실제로 많은 신생 식품 기업들이 제품을 상업적인 규모로 공급할 것인지, 아니면 소비자 맞춤형 제품을 만들어 판매할 것인지를 놓고 어려운 고민에 빠진다. 플랜터블의 경우엔 단백질 생산량을 늘리는 일에 중점을 두고 있다. "샘플을 요청하는 이메일이 하루에 스무 통씩 옵니다." 마르턴스의 설명이다. "자체 제품을 개발하려면 우

---

*　　녹지 않는 고체 입자가 액체에 높은 밀도로 섞여 있어서, 전체적으로 유동성이 있는 혼합물.

**　　액상 달걀을 생산한 뒤 남는 달걀 껍데기의 칼슘도 이와 비슷하게 식품 제조 과정에서 발생하는 폐기물 중 하나다. — 지은이

리가 쓸 샘플도 있어야 하고요." 플랜터블이 자체 개발 제품으로 우선순위에 둔 건 요거트인데, 사실 슈퍼마켓에 진열된 모든 식품을 통틀어 경쟁이 아주 치열한 식품 중 하나가 요거트다. 차라리 달걀 대체품을 만든다면 운이 더 따라줄지도 모른다.

나는 6개월 뒤에 마르턴스에게 다시 연락해서 근황을 물어보았다. 미국 전역에 코로나19가 번진 2020년 7월이었다. 이런 상황에서도 플랜터블은 4월에 실시한 투자자 모집에서 470만 달러를 확보했다. 두 창립자는 캠핑카를 빌려서 회사에서 생활한다고 했다. 여러 종류의 좀개구리밥을 재배해서 생장률과 단백질 함량을 비교했고, 마르턴스가 아끼던 비타믹스 블렌더와 수영복 건조기를 연상시키던 장비는 다 처분하고 습식 분쇄기와 원심분리기를 들였다고도 전했다. 하지만 플랜터블의 단백질 생산량은 여전히 일주일에 1킬로그램도 안 된다고 했다. 두 사람은 2021년에는 매주 단백질 10킬로그램을 생산할 수 있는 시험 공장이 생기기를 바란다고 말다.

루비스코는 임파서블푸드Impossible Foods의 창립자 팻 브라운Pat Brown이 이제는 유명해진 임파서블의 대체육 버거를 처음 개발할 때 후보로 고려하던 재료 중 하나였다. "루비스코는 다른 어떤 단백질보다 기능 면에서 우수했습니다. 육즙이 풍부한 패티가 나왔죠." 브라운의 설명이다. 그러나 브라운은 《뉴요커The New Yorker》와의 인터뷰에서 루비스코를 대량으로 생산할 사람은 아무도 없을 거라고 말했다. 플랜터블의 열정 넘치는 두 네덜란드인은 브라운이 틀렸다는 걸 증명해 보이겠다고 장담한다. 임파서블푸드의 연구개발팀도 테스트를 해보기 위해 플랜터블의 단백질 분말을 소량 받아갔다고 한다.

플랜터블이 임파서블푸드와 같은 특정 고객사 한 곳에 공급할 만한 수준으로 단백질을 생산하려면 갈 길이 멀다. "예를 들어 [임파서블푸드에서] 필요로 하는 루비스코의 양이 1년에 1000톤이라고 가정해보면, 240에이커*의 재배 면적이 필요해요. 미국 전체 대두 재배지의 0.0003퍼센트에 해당하는 면적입니다." 이런 숫자는 전부 추정치일 뿐이지만, 현재 플랜터블의 농장은 2에이커 면적이고, 최면에 걸린 듯 마음이 차분해지는 좀개구리밥 재배지의 면적은 그중 1에이커에 불과하다.

만약 좀개구리밥이 조류가 아직 이루지 못한 성공을 거둔다면, 그 성공적인 사업 모형은 조류 산업 전체를 발전시키는 동력이 될 수 있을까? 최종 목표가 단백질원이 되든 새로운 식용색소가 되든 조류의 장래는 밝지만 해결해야 할 성가신 문제도 많다. 나는 이 분야의 사업가들이 봉착한 복잡한 상황을 다시 짚어보았다. 투자금이 모이고는 있지만 이 책에서 다루는 다른 첨단식품기술 기업들이 확보하는 규모와는 비교가 안 될 만큼 적은 수준이다. 기후 변화를 막는 일에 동참하겠다고 말하는 투자자들은 많아도 그들의 돈이 물 위에 둥둥 떠 있는 자그마한 초록색 식물로 흘러들어오는 경우는 드물다. 100억 달러 규모로 기후 기금을 조성한 제프 베이조스는 2020년 11월에 이 기금을 받게 될 회사들을 발표했는데, 수혜자 명단에 식품 공급업체는 한 곳도 없었다. 그래도 나는 내가 만난 열정 가득한 창업자들처럼 조류의 미래가 희망적이라고 생각

---

* 240에이커는 축구장 182개, 테니스장 3722개가 들어가는 면적이다. — 지은이

한다. 미국 상원은 조류가 기후 친화적인 해결책이 될 수 있다는 확신으로 '2018 농업법안2018 farm bill'에 조류 농업을 장려하는 내용을 포함시켰다. 이로써 조류는 보충제 성분에서 작물로 승격되어, 조류 재배 농민을 위한 작물 보험부터 농무부가 추진하는 새로운 조류 농업 연구 프로그램에 이르기까지 농산물로써의 활용도를 높이기 위해 농무부가 제공하는 다양한 지원 프로그램들이 생겨났다.

우리가 식생활에서 단백질을 얻는 원천은 익숙한 종류에 머물러 있지만 소의 단백질원과 관련해서는 훨씬 과감한 변화가 시도되고 있다. 캘리포니아대학교 데이비스캠퍼스에서는 소의 식단에 해조류를 도입해서 소가 만들어내는 메탄을 줄이는 시범 사업이 진행되고 있다. 젖소와 육우를 대상으로 한 이 시험에서는 주목할 만한 결과가 나왔다. 예비 시험 결과, 아스파라곱시스 아르마타Asparagopsis armata라는 홍조류를 소 먹이에 소량 첨가하자 소의 장에서 일어나는 장내 발효, 쉽게 말해 소의 트림으로 대기에 배출되는 메탄이 감소했다. 먹이에 아주 소량만 섞어도 효과가 있는 것으로 나타났다. 소가 먹는 먹이의 0.5퍼센트만 해조류로 대체해도 메탄이 26퍼센트 줄었고, 1퍼센트가 대체되면 67퍼센트 감소했다.

캘리포니아주 마린카운티에 있는 유기 낙농장 슈트라우스 패밀리 크리머리Straus Family Creamery의 대표 앨버트 슈트라우스Albert Straus는 '블루 오션반스Blue Ocean Barns'가 개발한 해조류 보충제를 젖소에게 6주간 먹여보는 실험에 참여하기로 했다. 이에 따라 슈트라우스의 낙농장은 농무부의 국가 유기농 인증제 면제 대상으로 지정됐다. 기후 변화 문제를 해결하려면 소로 인해 발생하는 문제도 해결되어야 한다고 생각하는 슈트라우스는 2021년 말까지 자신의 농장과 그곳에서 생산하는 유제품 모두 탄소 중립 기준을 충족하도록 만들어서 이를 증명하고자 한다. 해조류가 들어가 아마도 감칠맛이 풍부해질 먹이를 소에게 먹였을 때 스테이크나 우유 맛에 영향이 생길지는 지켜봐야 할 일이다. 하지만 해조류가 사람의 식량까지는 아직 아니더라도 가축의 먹이가 되는 건 더 이상 공상 과학 소설에나 나올 법한 이야기가 아니다. 가까운 미래에는 현실이 될 것이다.

2. 균류

스테이크 대체품과... 조미료?

농장에서 닭가슴살까지

몇 년 전까지만 해도 '균사체'란 단어는 생소하기만 했지만, 이제 균사체는 시중에 판매되는 대체육 중 대두가 주재료가 아닌 제품의 기본 재료가 되었다. 균사체로 만든 대체육은 퀀Quorn*이라는 이름으로도 알려져 있다. 퀀은 동물의 먹이가 아니라 사람이 섭취할 목적으로는 처음 만들어진 단세포 단백질**이다. 이 새로운 식품의 제조 기술은 세계 인구가 계속 늘어나면 조만간 단백질 섭취가 어려워질 것이라는 불안이 증폭되던 1960년대에 처음 등장했다. 당시에는 세계 인구가 30억 명에 이르는 것도 굉장히 심각한 일로 여겨졌다. 과학자들은 수천 종의 토양 표본을 조사한 끝에 푸사륨 베네나툼Fusarium venenatum이라는 진균류에 주목했다. 이 진균을 반응기에 넣고 탄수화물을 연료로 공급하면, 발효를 거쳐 식용 단백질인 '마이코프로테인(진균 단백질)'으로 변환된다. 단

---

*   영국의 대체육 제조업체명이자 제품명.

**   미생물을 대량 배양하여 세포 그 자체 또는 균사체에서 추출해 가공한 단백질.

며칠 만에 1그램을 1500톤으로 불릴 수 있다. 이렇게 만들어진 단백질을 정말로 사람이 먹어도 되는지 평가하느라 10년이 걸렸고, 퀸은 1985년이 되어서야 영국에서 처음으로 출시됐다. 틈새시장을 노린 이 제품은 출시 후 알레르기 반응을 보이거나 위장에 불편한 증상이 생겼다는 사람들이 나타나는 등(달걀이나 유제품, 대두를 먹고 이런 증상을 겪는 것과 마찬가지로) 수십 년간 고전을 면치 못했지만, 이제는 상황이 달라졌다. 2018년에 퀸의 '치킨' 너겟 제품은 미국에 2700곳이 넘는 매장을 보유한 크로거Kroger 슈퍼마켓의 대체육 중에서 가장 빠른 속도로 판매된 제품이 되었다.

버섯의 친척뻘인 푸사륨 베네나툼은 대략 150만 종으로 추정되는 진균류 중 하나다. 진균은 식물도 아니고 동물도 아니다. 100년 묵은 나무의 뿌리가 얼마나 넓게 뻗어 있을지 머릿속으로 그려보라. 그리고 수많은 뿌리 하나하나가 수천 개의 가느다란 실 가닥처럼 아주 가늘어졌다고 상상해보자. 그 실 같은 구조가 바로 균사체를 이루는 균사다. 숲에서는 나무와 토양, 곤충, 그 밖에 영양소가 균류의 먹이가 된다. 균사체는 죽은 벌레, 낙엽 등 숲의 바닥을 이룬 물질을 분해하므로, 균류는 흔히 자연의 청소부라고 불린다. 1957년에《경제 식물학Economic Botany》이라는 학술지는 균류를 조류보다 더 현실적인 단백질원으로 소개했다. 진균과 조류는 과학자들이 관심을 기울이는 인류의 미래 식재료 후보로 자주 언급됐지만, 퀸의 성공을 제외하면 최근까지도 균사체를 식품으로 상용화하려는 시도에 주목하는 사람은 아무도 없었다.

콜로라도주 볼더에 위치한 에머지푸드Emergy Foods의 창업자들은 균사체가 얼마나 다재다능한 재료인지 잘 알고 있다. 균사체로 '스테이크'를 만들어내기 전 이들은 배터리를 만드는 일에 몰두했었다. 에머지푸드의 타일러 허긴스Tyler Huggins와 공동 창립자인 저스틴 휘틀리Justin Whiteley는 콜로라도대학교에서 만났다. 공학을 전공한 이 두 사람은 처음에 진균으로 초소형 배터리를 만들려고 했다. 지역 양조장에서 나오는 폐수에 영양소가 풍부하다는 점에 착안하여 이 폐수로 몇 가지 진균 균주를 키운 다음, 열을 가해 숯과 비슷한 물질로 만들었다. 그리고 이걸 가공해서 전극을 제작했다. 정말 독창적이다!

구매자가 줄줄이 나타날 줄 알았지만 그런 일은 일어나지 않았고, 허긴스와 휘틀리는 이 연구 결과를 식품에 활용해보기로 했다. 생산에 적합한 종을 찾기 위해 균류 수천 종을 조사했다. "생장 속도, 영양소 함량, 맛, 식감, 탄소 변환 조건에 맞는 종류를 선별했습니다." 허긴스의 설명이다. 무수한 미생물을 샅샅이 조사한 끝에, 마침내 한 가지가 선정됐다. 두 사람은 앞으로 아주 많은 일을 하게 될 이 균류에 '로시타Rosita'라는 이름을 붙였다.

"이 구역에서 제일 잘나가는 건 완두콩 단백질이죠. 하지만 그건 맛이 없잖아요." 허긴스가 말했다. 맞는 말이다. 완두콩 단백질은 완두콩 맛이 너무 강해서 외면하는 사람들이 많다. 그만큼 경쟁자들이 도전해볼 만한 여지가 있다. 에머지푸드는 2019년에 투자금 500만 달러를 유치했다. 창업 직후 최초 투자금으로는 상당한 금액이다. 선진 제조 기술과 세계적인 경쟁력을 확보하는 일에 중점을 두는 미국 에너지부Department of Energy와 지속 가능한 식품 생산을 최우선 과제로 여기는 미국 국립과학재단National Science Foundation의 지원도 받았다.

에머지푸드에서는 양조장에서 흔히 볼 수 있는 발효 탱크로 균사체 단백질을 만든다. 먼저 비커에서 균류를 가느다란 실처럼 키우는 것부터 시작한다. 이들이 활용하는 균류는 당, 질소, 인 등 허긴스가 "모두 안전한 물질"이라고 설명한 여러 영양소의 혼합물에서 자란다. 발효 탱크로 옮기고 나면 균사체가 두꺼워지고 시간이 지나면 탱크 안을 꽉 채울 만큼 자란다. 자라는 속도가 정말 빠르다. 몇 가닥뿐이던 균사체가 18시간이면 1000리터 용량의 발효 탱크를 가득 채운다. 에머지푸드는 이런 탱크 하나 분량의 균사체로 일일 35~45킬로그램에 달하는 완제품을 만든다. 공장식 축산 농장과 비교하면 토지와 물 사용량이 90퍼센트 적다.

식품 발효는 오랜 역사를 거쳐 인류의 식생활에 확실하게 자리 잡은 기술이지만, 균류를 키우려면 발효 탱크에 기본적인 영양소를 던져 넣기만 하면 되는 게 아니라 훨씬 복잡한 과정을 거쳐야 한다. 식품 스타트업을 시작한 사람들은 다들 입이 얼마나 무거운지 자신들이 만들어내는 식품에 정확히 뭐가 들어가느냐고 물으면 대부분 "비법"이라고만 답한다. 허긴스는 내게 에머지푸드의 단백질은 독한 화학물질을 넣지 않고 최소한의 공정으로 만들어진다고 설명했다. "후반 공정은 치즈 생산 공정과 비슷합니다. 물을 제거하고, 닭가슴살이나 스테이크 형태로 만들죠. 제품에 들어가는 기능성 원료는 다섯 가지 미만으로 유지하려고 노력합니다." 몇 달 뒤에 허긴스와 다시 이야기를 나눌 때, 그는 균사체와 색소 약간, 그리고 향신료와 영양 효모 같은 천연 향미료까지 단

세 가지 성분만으로 완제품을 만들었다고 전했다. 놀라운 일이었다. 비욘드 버거Beyond burger와 임파서블 버거Impossible burger에는 각각 15~18가지 성분이 들어가고 그중 몇 가지는 고도로 가공되어 천연 제품을 만들겠다던 이들 회사의 최초 목표와는 상당한 거리감이 느껴지는데, 이와 대조되는 결과였다.

나는 2020년에 에머지푸드의 첫 제품인 균사체 '스테이크'를 맛보았다. 소비자들에게 좀 더 친숙하게 다가가기 위해 소매점에 진열되는 제품에는 업체명을 '미티Meati'로 바꾸어 표기했다. 먹었을 때 육류 스테이크와 아주 흡사한 식감이 느껴지는 대체품은 그것만으로도 칭찬받아 마땅하다. 허긴스의 말을 빌리자면 "스테이크는 다들 빠삭하게 잘 아는 음식"이기 때문이다. 제품의 영양 성분표를 보니 1인분인 약 110그램 분량에 단백질은 22그램, 탄수화물은 10그램이 들어 있고 지방은 거의 없었다. 같은 양의 쇠고기 스테이크에는 지방이 13그램 포함되어 있고 단백질은 26그램이 들어 있다. 균사체 스테이크는 아연 함량도 높고 섬유질도 하루에 섭취해야 하는 양의 30퍼센트 이상을 얻을 수 있다. 누구나 만족할 만한 수치다.(물론 나도!)

내가 받은 미티의 제품 상자에는 '닭고기'와 '스테이크', 그리고 육포 두 봉지가 들어 있었다. 나는 먼저 적갈색이 도는 육포부터 뜯었다. 먹자마자 마음에 들었다. 짭짤하고 쫄깃한, 맛있는 육포였다. '스테이크'는 어느 저녁에 작은 볶음 요리용 팬에 담아 가스레인지에 올려서 익혀보았다. 냉동된 상태일 때는 별로 고기 같아 보이지 않았는데, 곧 노릇하게 익기 시작했다. 올리브유와 버터를 추가하고 지글대며 익는 과정을 지켜보았다. 다 익힌 후 도마로 옮겨서 잘 드는 칼로 썰어보았다. 속은 불그스름하고 겉은 갈색이었다. 한 조각을 입에 넣고 씹어보았다. 일단 식감이 너무 놀라웠고, 맛도 내가 좋아하는 버섯 향이 약간 강하긴 했지만 과하지 않았다. 허긴스는 개선할 점이 아직 많다고 이야기했다. 조금 더 기름지고 좀 덜 반듯한 모양으로 만든다면 굉장한 인기를 얻을 만한 제품이라는 생각이 들었다.

FDA의 기준에 따르면, 1회 섭취량으로 단백질, 지방, 비타민 D와 같은 영양소의 일일 섭취 필요량 중 20퍼센트를 얻을 수 있는 식품은 "훌륭한 영양 공급원"이다. 균사체로 만든 단백질은 이 기준을 충족한다. 균사체에는 단백질과 함께 복합 탄수화물도 들어 있는 반면, 지방은 적다. 또한 항산화 효과가 있는 폴리페놀 함량이 높고 칼슘, 마그네슘과 더불어 성인의 필수 아미노산 아홉 가지가 모두 들어 있다. 단백질 소화율 조정 아미노산 점수Protein Digestibility Corrected Amino Acid Score, PDCAAS는 0.99로, 0.92인 쇠고기보다 우수하다. PDCAAS는 아미노산의 함량과 인체의 소화 능력을 기준으로 단백질의 품질을 평가하는 방식이다. 달걀의 PDCAAS는 1.0이며 닭고기는 0.95다. 단백질 농도가 40~60퍼센트인 조류는 점수가 훨씬 낮다. 균류는 수백 년 전부터 인류 식생활의 한 부분이었으므로 저녁 식탁에 육류를 대체할 단백질원으로 올라오더라도 심리적 거부감이 크지 않다는 특징도 있다.

허긴스는 제품을 시험해보기 위해 요리사들을 찾아다녔다. 제품이 환경에 끼치는 영향이 적다는 점과 들어간 성분이 적다는 점, 요리사들이 각자의 방식에 맞게 요리에 활용하기 쉽다는 점 덕분에 설득하기가 어렵지는 않았다고 전했다. 이 균사체 '스테이크'의 맛이 궁금하다면, 미슐랭 별점 등급을 받은 로스앤젤레스와 뉴욕, 시카고의 여러 레스토랑에서 가장 먼저 맛볼 수 있을 것이다. 요리사들은 주요 성분이 당과 질소, 인 단 세 가지인 이 육류 유사품을 선뜻 써 보겠다고 나섰다. 다들 입맛이 까다로운 채식주의자 손님들에게 얼른 선보이고 싶어 했고, 손님들은 식감이 촉촉하고 맛이 순해서 만족한다는 반응을 보였다. 가공이 최소한으로만 이루어졌다는 점을 높이 평가한 요리사들은 자신의 레스토랑에서 써보는 것에 그치지 않고 투자 의향까지 밝혔다. 시카고에서 얼리니아Alinea를 운영하는 그랜트 애커츠Grant Achatz와 데이비드 바버David Barber(요리사 댄 바버의 형제)는 2020년에 미티의 A 단계 설립 자금 모금에 투자자로 나섰다.* 이 모금에서 미티는 2500만 달러를 유치했다.

허긴스는 다른 대부분의 첨단식품기술 기업 창업자들과 달리 엄격한 채식은 고사하고 일반적인 채식과도 거리가 먼 사람이다. 식물 재료로 스테이크를 생산하는 스타트업에는 경쟁력에 도움이 되는 점이기도 하다. "저는 고기의 품질을 따지는 기준이 높습니다. 몬태나에서 자랐고, 부모님이 들소 농장을 운영하셨거든요. 하지만 저는 지속 가능성을 중요하게 생각하고 육류 섭취를 줄여야 한다고 봅니다." 실제 적색육과 비등한 맛을 내는 건 힘든 일이다. 나는 허긴스에게 경쟁사 제품인 임파서블 버거에 헤모글로빈 색소(유전공학 기술로 만든 헴 분자)가 사용되는

---

*   스타트업이나 벤처기업은 사업 단계별로 투자를 유치해서 회사와 사업을 키운다. 창업을 위한 최초 투자인 '시드 펀딩'을 시작으로 연이어 진행되는 투자 유치 단계를 A, B, C … 라운드로 구분하며, 뒤로 갈수록 투자 규모와 사업 규모가 모두 커진다.

것을 어떻게 생각하는지, 에머지푸드도 GMO를 사용할 생각이 있는지 물었다. "아직은 헴이 필요하지 않다고 생각합니다." 허긴스의 대답이다. 그는 유전학적으로 변형된 성분을 추가하기 전에 "대중의 반응"부터 확인하고 싶다고 설명했다. 그리고 그런 성분이 꼭 필요하다는 주장은 근거가 없다고 보았다. "소비자가 요구하지 않는 한 그런 성분이 필요하지는 않다고 생각합니다."

균사체로 식품 개선하기

에머지푸드에서 겨우 35킬로미터 떨어진 곳에 균사체를 이용하는 또 다른 식품 스타트업이 있다. 마이코테크놀로지MycoTechnology라는 이름의 이 스타트업은 균사체를 먹는 식품으로 만드는 대신 '다른' 단백질을 생산하는 가공 단계에 활용한다. 에머지푸드처럼 자사 제품을 슈퍼마켓에서 판매할 계획도 없다. 이들의 고객은 식품 제조업체들이다. 마이코테크놀로지는 자사가 개발한 기능성 완두콩과 쌀 단백질의 혼합물은 먹었을 때 채소 특유의 뒷맛이 강하게 남지 않고 맛이 더 부드럽다고 홍보한다. 식품 체계의 지속 가능성을 강화하고 더 건강하게 만들겠다는 고결한 목표도 세웠다. 마이코테크놀로지가 만드는 성분이 음식을 더 맛있게 만들 수 있을지, 더 건강한 식품을 만드는 재료로 활용될 수 있을지는 지켜볼 일이다.

진균류를 활용하는 첨단식품기술을 파헤치기 전까지 나와 진균류의 접점이라곤 버섯의 윗부분을 프라이팬에 볶아 먹는 정도가 전부였다. 버섯의 자실체인 줄기와 갓, 주름살이 땅 밑에 묻혀서 안 보이는 버섯의 몸통과 확연히 다르듯, 연구실에서 본 버섯은 또 내가 알던 버섯과는 굉장히 달랐다.

마이코테크놀로지라는 이름이 생소할 수도 있다. 27건의 특허를 보유하고 출원 중인 특허도 47건이나 되며 이러한 기술력에 힘입어 8500만 달러의 사업 자금을 조달한 이 회사는 투자자들, 그리고 거대 식품 기업의 호응에 자신감을 얻어 콜로라도 공항과 덴버 시내 사이 오로라에 있는 약 8000제곱미터 규모의 새로운 식품 제조 시설로 이전했다. 최고 경영자CEO인 앨런 한Alan Hahn은 내게 총 24개의 발효 탱크가 쉼 없이 돌아가며 무언가를 생산하고 있거나, 생산하기 위해 세척되고 있다고 알려주었다. 24개의 거대한 강철 탱크에서 단 한 가지 재료만 만들어진다고 하니, 수제 맥주 제조와는 전혀 다른 산업적인 공정이라는 느낌을 받았다. 우리의 식품 공급망에서 이런 제조 시설의 존재는 드러나지 않는다. 내가 2019년에 마이코테크놀로지의 시설을 방문한 날, 캘리포니아 버클리에 본사가 있는 또 다른 식품 스타트업인 멤피스미트Memphis Meats에도 이곳의 시설을 둘러보고 CEO와 만나기 위해 어느 소규모 팀이 방문했다는 사실을 알게 됐다. 첨단식품기술을 활용하려는 신생 기업들은 대부분 이처럼 살아 있는 세포를 배양하는 대형 생물 반응기를 이용해서 발효와 크게 다르지 않은 공정을 거칠 것이다. 마이코테크놀로지의 제조 시설은 이러한 생산을 위해 지어진 최초의 대규모 공장 중 한 곳이었다.

내가 마이코테크놀로지라는 이름을 처음 접한 건 2015년에 이 회사가 빵과 파스타에서 글루텐을 제거하는 방법을 찾았다고 발표했을 때였다. 균사체가 형성되는 균류를 활용해서 글루텐의 단백질을 분해하는 것이 이들이 찾아낸 기술의 핵심이었다. 즉 파스타를 만들 밀가루와 균사체를 생산하는 균류를 반응기에 함께 넣고 반응 연료가 될 글루텐과 몇 가지 탄수화물을 공급한 다음 배양하는 방식이었다. 마이코테크놀로지는 이렇게 처리된 밀가루로 만든 파스타는 글루텐이 100퍼센트는 아니라도 거의 그런 수준으로 제거된다고 밝혔다. 덴버에서 시작한 마이코테크놀로지는 균사체를 이용해서 클리어아이큐ClearIQ라는 분말도 개발했다. 마이코테크놀로지의 설명에 따르면 클리어아이큐는 발효 공정에서 나오는 부산물이며, 극소량으로도 우리 혀에서 음식의 쓴맛과 강한 맛을 느끼는 18~25개의 수용체에 변화를 일으켜 독한 커피나 다크 초콜릿의 쓴맛을 덜 느끼게 만든다. 시중에 판매되고 있는 거의 100여 종의 음료수에 사용된다는데, 비밀 유지 계약에 따라 구체적으로 어떤 제품에 사용되는지는 알 수 없다. 홍차는 딱히 개선의 필요성이 느껴지지 않는 음료지만, 클리어아이큐를 사용하면 맛이 더 나아진다고 한다. 초콜릿 바와 마사스튜어트Martha Stewart 브랜드로도 판매되는 칸나비디올CBD 식품에도 쓰인다. 마이코테크놀로지의 CEO는 내게 정확한 브랜드명을 알려줄 순 없지만, 클리어아이큐가 들어간 아이스티가 거의 모든 편의점에서 판매되고 있다고 말했다. 들어가는 양이 극미량이라 성분목록에는 나와 있지 않지만, '천연 향료'라는 이름으로 묶일 수 있다는 점을 기억해둘 필요가 있다.

'천연 향료'는 식품의 성분 목록마다 거의 빠짐없이 등장하는 성분이다. 나디아 버렌스타인Nadia Berenstein은 식품 라벨에 적힌 이 알쏭달쏭

한 표현을 식품 산업의 "블랙박스"라고 부른다. 펜실베이니아대학교에서 역사학 박사 학위를 취득한 버렌스타인은 뉴욕대학교에서 '실험적요리공동체Experimental Cuisine Collective'라는 단체를 대상으로 합성 향료에 관한 강의를 한 적이 있다. 나는 그 강의에서 버렌스타인과 처음 만났다. 자그마한 체구의 이 브루클린 출신 박사가 우리가 즐겨 먹는 사탕이 어떤 과정으로 만들어지는지 설명하는 동안 너무 놀라서 눈을 휘둥그레 뜨고 경청했다. 강의실 곳곳에는 알싸한 계피 맛 사탕과 땅콩 모양의 마시멜로 사탕이 놓여 있었다.

"쓴맛 차단제"라고 하면 무슨 첨단기술처럼 들리지만, 사실 일반적인 소금에도 쓴맛을 줄이는 효과가 있다. 자몽을 먹기 좋게 잘라서 소금을 조금 뿌려보라. 정신 나간 소리처럼 들릴 수도 있지만 한번 해보면 효과를 알게 될 것이다. 그렇다면 소금처럼 친숙한 재료를 두고 왜 균사체 발효 공정에서 나오는 부산물을 그런 용도로 쓰게 됐을까? 나는 쓴맛 차단제라는 낯선 성분을 듣자마자 반사적으로 그런 생각을 하게 됐고, 좀 더 자세히 알고 싶었다. 그래서 버렌스타인에게 연락해 이런 "블랙박스" 향료에 관한 이야기를 나누었다. 영양학의 많은 부분이 그렇듯이 문제에 관해서도 의견이 양쪽으로 나뉜다. "음식의 풍미를 바꾸는 물질은 엄청나게 흥미로운 성분입니다. 식품과 풍미의 과학적인 발전을 보여주는 물질이기도 하고요." 버렌스타인은 이렇게 설명했다. 그리고 "몸에 좋지 않은 성분을 덜 쓰면서도 먹었을 때 단맛과 기름진 맛, 짠맛을 느끼게 만드는 것은 식품 분야에서 성배처럼 여겨지는 목표"인데, 풍미를 바꾸는 물질이 바로 그 성배를 찾는 열쇠가 될 수도 있다고 말했다. 그러나 젊은 세대는 식품 제조업계가 추구하는 방식을 호락호락 따르지는 않을 것 같다. "화학적인 것이라면 뭐든 반사적으로 경계하는 시대에는 [이러한 성분의] 작용 방식에 의혹이 제기될 겁니다." 식품업계를 신뢰할 만한 근거가 없는 상황이니 당연한 반응 아닐까? 소비자의 신뢰를 얻는 일에 있어서 그간 식품업계가 썩 잘해왔다고는 말하기 어렵다.

하지만 마이코테크놀로지의 새 시설을 방문했을 때 내가 중점을 둔 건 이와는 전혀 다른 것이었다.

햄버거 경쟁

나는 마이코테크놀로지의 식품 연구실에서 사비타 젠슨Savita Jensen과 만났다. 지금까지 만나본 모든 식품과학자를 통틀어 가장 사교적인 사람이었다. "여기 실험복 받으세요." 젠슨은 네모난 검은 테 안경 너머로 두 눈을 다정하게 반짝이며 말했다. 플라스틱 보안경도 함께 건넸다. 내가 약간 더 크긴 했지만, 우리 둘 다 키가 작은 편이었다. 젠슨은 바쁘게 일하고 있던 동료들을 소개해주었다. 내가 저녁에 갈 만한 식당을 찾고 있다고 젠슨이 말하자 갑자기 사무실에 활기가 돌더니 다들 모여서 덴버에 온 사람은 어디에서 저녁을 먹는 게 옳은지를 주제로 토론을 벌였다. 젠슨은 빵집은 어떠냐고 하면서, 여러 도구가 놓인 곳을 가리켰다. 저울과 볼, 제빵 재료가 높게 쌓여 있었다. 그날 나의 방문 일정에는 젠슨과 함께 한 시간 동안 간단한 채식 버거를 직접 만들고 맛보는 시간도 포함되어 있었다. 굽는 건 다음 날 일정으로 잡혀 있었다. 완벽한 버거를 만들기 위해 젠슨이 수개월간 다듬었다는 레시피는 아주 정밀한 계량이 필요했다. 이를테면 재료로 들어가는 소금의 양은 0.18그램이었다. 젠슨은 내가 맛보게 될 버거가 식료품점에서 흔히 파는 일반 버거 제품의 맛과 비슷하게 느껴질 텐데, 자신의 레시피에는 마이코테크놀로지의 단백질(퍼멘트아이큐FermentIQ)이 들어가며, 재료를 덜 쓰고도 일반 버거와 비슷한 맛을 낼 수 있다고 설명했다.

내가 먹을 채식 버거를 만들기에 앞서 파란색 라텍스 장갑부터 착용했다. 젠슨은 내 앞에 큰 볼을 하나 놓고, 저울의 영점을 어떻게 맞추는지 알려주었다. 나는 플라스틱으로 된 얇은 계량 접시를 이용해서 각 재료의 무게를 달았다. 적색육이 들어가지 않는 버거 패티가 대부분 그렇듯 젠슨의 레시피에서 핵심이 되는 성분도 식물성 조직 단백textured vegetable protein, TVP이었다.* TVP는 일반적인 육류 패티의 분쇄육과 같은 '기본' 재료라고 생각하면 된다. 마이코테크놀로지는 상하이에서 동쪽으로 4시간 거리에 있는 중국 동부 안후이성 추저우시의 한 제조업체로부터 완두콩과 쌀 단백질 농축물**을 수입한다. 완두콩과 쌀 단백질을 혼합해서 사용하는 이유는 단 하나, PDCAAS를 높이기 위해서다.

기술업계에서 일한 적이 있고 음식을 사랑하는 나 같은 사람도 이

---

* 조직화된 식물 단백질TVP은 1960년대에 아처대니얼스미들랜드Archer Daniels Midland라는 기업이 개발했다. TVP라는 명칭은 이 업체가 1991년에 등록한 상표명이다. 식품업계 관계자들에 따르면, 아처대니얼스미들랜드는 다른 업체들도 TVP라는 영문 약자를 사용할 것을 강력하게 요청한다고 한다. TVP에 관해서는 3장에서 더 상세히 설명한다. — 지은이

** 농축 단백질은 분리 단백질보다 단백질 함량이 낮지만, 그만큼 가공을 덜 거친다. 3장에서 다시 설명할 예정이다. — 지은이

책을 쓰기 위해 조사를 시작하기 전까지 PDCAAS에 관해서는 전혀 몰랐다. 그러다 이 점수와 관련해 만점인 1점에 최대한 가까운 제품을 만들어내려는 경쟁이 치열하다는 사실을 알게 됐다.* PDCAAS는 첨단식품기술 기업을 창업하는 사람들이 가장 많이 언급하는 용어이기도 하다. 이에 대적하는 새로운 용어도 나타났다. 바로 '소화 가능 필수 아미노산 점수Digestible Indispensable Amino Acid Score, DIAAS'다. PDCAAS가 식품 전체를 본다면 이 새로운 평가 체계는 개별 아미노산의 소화율에 중점을 둔다. 흥미로운 정보이긴 하지만, 영양실조나 식생활 지침에 관심이 많은 건강 단체가 아닌 이상 이런 점수에 관심을 보이는 사람은 다음 올림픽을 준비하는 역도 선수들밖에 없지 않을까 싶다.

내가 패티에 들어갈 재료들을 계량하는 동안 젠슨은 TVP가 담긴 볼에 따뜻한 물을 붓고 고무 주걱으로 조심스럽게 섞었다. 작은 알갱이 모양의 TVP는 꼭 택배 상자에 채워진 작은 스티로폼을 식용 버전으로 만든 것처럼 생겼다. 내 버거에 들어간 재료를 전부 나열해보면, 마이코테크놀로지에서 사용하는 완두콩과 쌀 단백질 혼합물, 주요 성분인 밀글루텐(또 다른 단백질이다), 메틸셀룰로스(재료를 결합하기 위해 넣는 전분), 쇠고기와 닭고기 맛을 내는 향료와 감칠맛을 내는 향료(진짜 쇠고기나 닭고기가 아닌 효모 추출물로 만든다), 비트 분말(붉은색을 내는 재료), 버거 양념, 소금, 물, 코코넛 지방이다. 처음에는 모든 재료를 숟가락으로 젓다가 젠슨의 지시에 따라 손으로 반죽했다.

＊　　현재 PDCAAS 점수가 1점인 성분은 카세인과 유청, 대두, 달걀이다. — 지은이

한 손으로 반죽을 꽉 쥐자 불그스름하고 끈적한 덩어리가 손가락 사이로 흘러나왔다. "계속하세요, 더 뭉쳐져야 해요." 젠슨이 옆에서 응원했다. 몇 분 더 반죽하자 손바닥 위에 올려놓고 주무를 수 있게 되었고, 누르면 손가락 사이로 섬유질이 쭉 늘어나는 것도 보였다. "보이시죠." 젠슨이 신이 난 목소리로 말했다. 이렇게나 간단하다니, 좀 놀라웠다. 10분쯤 반죽을 치댄 후, 젠슨은 이제 패티 모양으로 만들어보라고 했다. 형태가 잡히자 젠슨은 반죽을 쟁반에 올린 다음 냉장고 하나를 여러 사람과 함께 쓸 때 그러듯이 작게 자른 테이프 위에 내 이름을 쓰고 쟁반에 붙였다. 그리고 차갑게 보관하기 위해 냉장고에 넣었다. "내일 구워보자고요!"

다음 날 정오에 같은 연구실에서 젠슨과 만났다. "햄버거 드실 준비가 됐나요?" 젠슨은 환하게 웃으면서 말했다. 내가 만든 것을 포함해서 세 가지의 버거 패티를 굽기로 했다. 하나는 젠슨이 미리 만들어둔 고지방 버전이고, 다른 하나는 근처 슈퍼마켓에서 사 온 '비욘드 버거' 패티였다. "그럼요, 준비됐습니다." 내가 대답했다. 젠슨이 이번에도 실험복을 건넸다. 내 뒤에는 식감과 베어 물 때의 느낌, 씹는 느낌, 향, 풍미 등 패티의 정성적인 평가를 도와줄 관능 평가자가 서 있었다.

패티 세 장을 모두 구운 후, 우리는 하얀 테이블 앞에 나란히 서서 모든 칸이 비어 있는 평가지를 응시했다. 우리 앞에는 아무런 소스도 얹지 않은 버거 패티 세 장이 놓여 있었다. 관능 평가자가 편향 없이 평가하는 방법을 알려주었다. 대화와 의견 교환은 최소한으로 줄였다. 먼저, 평가를 시작하기 전에 플라스틱 컵을 하나 챙겼다. 배가 너무 부르면 안

되므로 음식을 씹어본 다음에 뱉어낼 용도였다.(채식주의자인 첨단식품기술 분야 창업자들도 동물성 재료로 만든 제품과 자사 제품을 비교해야 할 일이 있으면 이런 방법을 활용한다.) 씹고, 맛을 느끼고, 뱉기. 와인 시음과 비슷했다. 가끔은 삼키지 말고 뱉어야 한다는 걸 잊어버리기도 했다.

우리는 30분 동안 냄새를 맡아보고, 조금 베어 물고, 꼼꼼하게 씹고, 입안에서 덩어리를 굴리고, 가만히 느껴본 후… 컵에 뱉었다. 세 가지 패티는 다르면서도 기본적으로는 같았다. 식감도 거의 비슷했고, 셋 다 지방 성분이 주는 감칠맛이 내 입맛을 자극했다. 모두 적색육으로 만든 패티와 굉장히 흡사했다. 우리가 적색육에 집착하는 건 그게 친숙해서거나 거기에서 느끼는 향수 때문은 아닐까, 하는 의문이 들었다. 햄버거는 개개인의 경험이 녹아 있는 음식이다. 미국에서는 독립기념일 날 먹는 대표적인 음식이기도 하고, 어릴 적 부모님과 함께 일요일 오후에 자주 즐기던 메뉴이기도 하다. 야구장에서도 먹는다. 햄버거 패티에 대해서는 소스와 빵의 맛에 눌리지 않는 정도라면 다들 만족한다. 그래서 식감만 훌륭하면 만점을 받을 수 있다. 물론 지나치게 단순화한 설명이긴 하다. 비욘드미트Beyond Meat는 비욘드 버거에 들어갈 성분의 최종 배합이 확정되기까지 제조에 수백만 달러를 투자했고, 투자자들에게 이는 단순한 식품이 아니라, 육류로 만든 패티를 능가하는 기술임을 설득해야 했다.* 그리고 대중에게는 몸에 좋고 이로운 식품이라는 확신을 주어야

---

*   실리콘밸리 투자자들은 대부분 특정 기업에 투자해야 할 이유를 그 회사의 기술에서 찾는다. 그저 음식을 만드는 일이라면, 즉 볼에 재료를 섞는 일에 불과하다면 기업 가치를 평가해 차별점을 찾아낼 이유도 없고 10억 달러 규모의 사업으로 키워야 할 이유는 더더욱 찾기 힘들 것이다. — 지은이

했다. 젠슨과 함께 만든 패티는 되도록 적은 성분으로 덜 가공하여, 심지어 기술도 덜 사용해서 만들었는데도 그렇게 만들지 않은 패티보다 맛있었다.

"혁신을 모방한 건 아주 많습니다. 그렇지만 진짜 혁신은 많지 않아요." 한은 점심을 먹으면서 말했다. 우리가 식사한 곳은 아웃백 스테이크하우스였다. 한이 고른 곳인데, 내 생각엔 그냥 조용한 칸막이 자리를 원했던 것 같다. 그는 약 10년 전 마이코테크놀로지의 공동 설립자가 된 버섯 연구자와 처음 만났을 즈음에 제2형 당뇨병이라는 진단을 받았다. 그리고 자신이 하려는 연구가 자신과 같은 처지에 있는 사람들에게 희망이 될 수 있다고 보았다. 한은 식생활을 채식 위주로 바꾸었고 병도 나아졌다. "의사가 저더러 자기 조언을 그대로 따르고 약을 끊은 환자는 제가 처음이라고 하더군요." 한의 말이다.

공동 창업자에게서 버섯으로 커피의 쓴맛을 줄일 수 있다는 사실을 알게 된 그는 처음에는 버섯 사업에 뛰어들었다. 하지만 커피는 물류비용 때문에 수익성이 없어서 결국 접었다. 자신이 개발한 가공 성분으로 유익한 식물성 식품을 만드는 일도 그의 관심사였지만, 일차적인 목표는 늘 건강이었다. 물론 돈도 목표였다. 2020년 6월에 두 사람의 회사는 D단계 창업 자금을 모금했고 3900만 달러를 확보했다. CEO인 한의 제안으로 주식 공개 상장도 몇 차례 논의가 진행된 상태다.

아웃백의 메뉴판을 살펴보다가, 나는 애피타이저 메뉴인 방울양배추 요리에 1000칼로리라고 적힌 걸 보고 눈을 떼지 못했다. 이 메뉴를 주문하는 사람은 스스로 건강을 생각한 현명한 선택을 했다고 생각할지도 모를 텐데, 기름에 볶아 베이컨을 곁들인 이 요리를 몸에 좋은 음식이라고 말하기는 어려워 보였다. 제1형 당뇨병과 제2형 당뇨병을 견디며 살고 있는 나와 한은 샐러드를 주문했다. 내가 세상에 너무 과한 바람을 품는 건지도 모르겠지만, 식품업계가 나와 같은 상황에 몰리지 않은 사람들까지도 알아서 보호해주기를 기대하는 건 잘못일까? 나는 이렇게 불확실한 식품 공급망에 더 건강한 식품을 도입하려고 시간과 돈을 투자하는 한과 같은 사람들에게 고마운 마음이 든다. 그러나 인간이 수백 년간 먹어왔고, 그 과정에서 안전성이 확실하게 입증된 것들이 우리의 식품이 됐으면 좋겠다. 한은 괜찮은 사람이었지만, 작물은 미국에서 재배되고 가공은 중국에서 진행되는 등 누가 어디에서 어떻게 만드는지도 모르게 생산되는, 안전성을 도무지 확신할 수 없는 그 회사의 고도로 가공된 균사체 분말에는 의구심이 들 수밖에 없었다. 이 성분 역시 '천연 향료'라는 이름으로 뭉뚱그려진 블랙박스처럼 느껴졌다.

내게 마이코테크놀로지의 시설을 안내해준 사람은 최고 기술 책임자인 릭 베커Rick Becker였다. 시설을 둘러보는 동안, 그는 거대 식품 기업에서 일하던 시절에 다뤄본 적이 있는 식품첨가물을 빠르게 죽 읊었다. 결정과당(옥수수로 만드는 성분이며 고과당 옥수수 시럽보다 단맛이 더 강하다), 덱스트로스, 전분, 음료용 알코올 등이었다. 그는 내게 깊은 인상을 남겼다고 생각한 것 같지만, 그의 입에서 나온 것들은 좋은 성분이 아니었다. 더 정확히 말하면 고도로 가공된, 몸에 해로운 미국식 식생활의 근본이 되는 성분들이었다. 내가 말을 끊고 질문을 할 때마다 베커는 느릿하게 대답했다. "자, 라리사, 제가 설명해줄게요." 백발인 그에게서 물씬 풍겨 나오던 권위적인 분위기만으로도 그가 식품 체계가 돌아가는 현장에 수십 년간 몸담고 살아온 사람임을 충분히 느낄 수 있었다. 그래도 나는 베커가 마음에 들었다.

"우리 제품은 폭발성이 있어요. 방 안에 먼지가 아주 많고 온도 조건이 맞을 때 스파크가 생기면 분진 폭발이 일어납니다." 베커는 히죽 웃으면서 말했다. "곡물도 마찬가지죠." 식품 제조 시설에서 발생한 최초의 분진 폭발로 기록된 건 1758년 이탈리아의 밀가루 공장에서 일어난 사고였다. 불과 3년 전에도 7건의 폭발이 일어나 5명이 사망했다. 이런 생각이 떠오르자, 나는 실험복 단추를 단단히 여미고 안전 헬멧도 더 꽉 눌러서 썼다. 플라스틱 보안경도 똑바로 썼다. 〈호기심 해결사 MythBusters〉*의 애청자로서 비상 상황이 일어나면 어떻게 대처해야 하는지는 익히 잘 알고 있었다. 우리는 계속 시설을 둘러보았다.

마이코테크놀로지가 배양하는 균사체는 대부분 표고버섯에서 얻지만, 한은 "우리가 사용하는 진균류는 60가지가 넘는다"고 설명했다. 마이코테크놀로지의 연구원들은 수년간의 연구 끝에 진균류의 종류마다 균사체가 기능하는 방식도 조금씩 다르다는 사실을 밝혀냈다. 균사체를 얻을 진균은 살아 있는 상태가 유지되도록 영하 80도, 화씨로는 영하 112도에 맞춘 냉동고에 보관하고, 생산에 사용할 때가 되면 실온으로 옮겨 페트리접시에서 글리세롤, 소량의 단백질 혼합물과 함께 배양한다. 이후 배양된 진균을 다시 플라스크로 옮긴 후 온도가 일정하게 유지

* 다양한 궁금증을 과학적인 방법으로 풀어가는 미국의 TV 프로그램.

되는 배양실에서 내용물을 계속 휘저으며 배양한다. 11일이 지나고 균사체가 액체에 떠 있는 타피오카 펄과 비슷한 형태가 되면 3000리터 규모의 발효 탱크로 옮긴다. 이어서 2만 5000리터, 9만 리터 탱크로 계속 천천히 옮기면서 균사체를 최대한 많은 양의 단백질 혼합물과 '반응'시킨다.* 마지막 공정은 분무 건조기로 처리하는 것이다. 이 단계를 마치고 나서 얻는 전체 생산물 중 균사체의 비중은 약 1퍼센트다. 전체 공정은 시작부터 끝까지 약 3주가 걸린다.

내가 덴버의 마이코테크놀로지 시설에서 본 건 형태가 명확하지 않았다. 내 손에 잡히는 무언가로 느껴지지 않았다는 뜻이다. 유리병에 떠 있는 것, 또는 거대한 강철 탱크 안에 있는 것, 안쪽이 비닐로 된 종이봉투 안에 숨겨진 것 정도로만 느껴졌다. 이 회사의 제품을 내 손에 잡히는, 형체가 있는 샘플로 접한 건 켈로그Kellogg의 자회사인 카쉬Kashi의 바 제품이었다. 라벨에는 '완두콩과 쌀 단백질 혼합물'이라고만 적혀 있는데, 이것만 봐서는 이 성분 하나가 만들어지기까지 얼마나 복잡한 생산 공정을 거치는지 아무도 모를 것이다. 게다가 균사체 사업을 하는 회사가 있다는 사실이나, 균사체를 우리가 먹는 식품으로 만들지 않고 다른 식품에 쓰일 식물성 성분을 가공하는 용도로만 활용하고 있다는 사실은 더 생경하게 느껴진다.

우리가 먹는 식품들은 알고 나면 불안해질 만큼 수많은 정제 과정을 거친다. 단백질 대체물도 예외가 아니다. 마이코테크놀로지는 2020

---

*　이렇게 성실히 일을 마친 균사체는 최종 산물인 단백질 혼합물에 극미량만 남는다. ─지은이

년부터 JBS에 단백질 혼합물을 공급하기 시작했다. JBS는 연 매출이 500억 달러 이상인 세계 최대 규모의 쇠고기, 돼지고기 가공업체다. 콜로라도주 볼더의 플랜테라푸드Planterra Foods는 JBS가 소유한 여러 소형 회사 중 한 곳이다. 그러나 플랜테라의 홈페이지에는 JBS와의 관계가 명시되어 있지 않다. 2020년 여름에 플랜테라는 오조Ozo라는 브랜드로 식물성 버거 패티와 분쇄 '쇠고기' 대체품을 출시했다. 회사 대변인은 이러한 제품의 주요 성분이 "발효된 채소 단백질"이라고 소개했는데, 이 성분을 공급한 곳이 바로 마이코테크놀로지다.

JBS는 육류로 돈을 벌어온 기업이지만 식물성 대체육 시장에서 더 많은 돈을 벌어들일 기회를 놓칠 생각이 없어 보인다. 플랜테라푸드의 CEO는 푸드 내비게이터Food Navigator와의 인터뷰에서 "식물성 식품은 단시간에 사라지지 않을 것"이라고 이야기했다. 플랜테라가 판매하는 식품 중 어느 하나를 골라서 어떻게 만들어지는지 추적해보면 이 회사가 만드는 게 어떤 식품인지 감을 잡을 수 있을 것이다. 재료에 포함된 완두콩은 북미에서 재배되고, 혼합물의 재료 중 완두콩보다 비중이 적은 쌀은 인도와 중국산이다. 두 작물 모두 수확 후 배에 실려 중국 추저우시로 옮겨지고 그곳에서 가공된다. 가공된 단백질은 컨테이너에 담겨 다시 배를 통해 미국으로 오고, 화물 기차로 콜로라도까지 옮겨진 다음 마이코테크놀로지의 대형 탱크에서 가공된다. 이렇게 가공된 단백질 성분은 플랜테라에 공급되어 식물성 '고기'로 만들어진 후 포장되고, 상자에 담겨 냉장 트럭으로 미국 전역의 유통 센터로 보내진다. 각 지역의 슈퍼마켓에서 발주가 들어오면, 최종적으로 슈퍼마켓 육류 코너에 진열된다. 물론 이것도 식품이다. 하지만 나라면 이런 식품은 정말 먹을 게 없는 바비큐 파티에서, 또는 아웃백 스테이크하우스에서 식사해야만 하는 일이 생겼을 때에나 어쩔 수 없이 선택할 것이다.

곰팡이도 먹을 수 있을까?

버섯에서 균사체로의 도약은 균사체에서 그… 곰팡이로 넘어가는 것에 비하면 별로 놀랍지 않다. 곰팡이가 뭔지 모르는 사람은 없을 것이다. '곰팡이'라고 하면 보통 메리엄 웹스터 사전에 나와 있는 정의를 떠올린다. "습해지거나 부패가 진행되고 있는 유기물 또는 살아 있는 유기체 표면에서 균류에 의해 자라나는 것. 털과 비슷한 형태가 많다." 사전에 나온 두 번째 뜻은 읽어도 무슨 말인지 알아듣기 힘들다. "곰팡이를 만드는 균류를 가리키는 말."* 캘리포니아 버클리에 프라임루츠Prime Roots라는 스타트업을 차린 스물다섯 살의 CEO 킴벌리 레Kimberlie Le는 곰팡이라는 단어는 가급적 쓰지 않으려고 한다. 그보다는 "슈퍼 단백질"이라는 애정 어린 표현으로 부른다. 레가 이런 별칭으로 부르는 대상은 코지koji라는 곰팡이다.** 코지라는 이름이 생소한 사람도 어쩌면 이걸 먹어본 적이 있을 수도 있다. 아시아에서 코지는 수천 년 전부터 간장과 쌀 식초, 미소된장, 사케 등에 맛을 내는 활성 성분으로 활용됐다.

---

*　　광합성을 하지 않는 곰팡이, 효모, 버섯류를 통틀어 균류라고 하며, 균사체는 균류의 몸체를 형성하는 실 같은 세포다. 균류의 일종인 곰팡이도 균사로 이루어진다.

**　코지는 우리나라의 누룩과 비슷하지만 큰 차이가 있다. 누룩은 누룩곰팡이와 효모, 젖산균 등 다양한 미생물로 구성되고 코지는 만들어진 누룩에 한 가지 곰팡이만 접종한 일종의 개량 누룩이다.

나는 캘리포니아 오클랜드의 잭 런던 광장에 있는 블루보틀커피에서 레와 처음 만났다. 블루보틀은 스위트그린Sweetgreen과 함께 프라임루츠에 투자했다. 블루보틀과 스위트그린은 땅에서 재배한 상추와 남미에서 재배한 커피 원두를 사용하는 등 전통적인 방식으로 식품을 생산하는 업체로 알려졌다.(블루보틀의 지분 대부분이 네슬레 소유이긴 하지만.) 일반적으로 첨단식품기술 기업에 투자하는 곳들은 거대 식품 기업이나 대형 벤처 투자사들인데, 블루보틀과 스위트그린의 사업 방식은 그런 곳들과는 차이가 있다. 레와 프라임루츠의 공동 창업자인 조슈아 닉슨Joshua Nixon은 이러한 새로운 투자자들의 등장에 자신감을 얻어 자연식품에 대적할 만한 모조품을 실험실에서 만들기 시작했다.

레와 닉슨은 캘리포니아대학교 버클리캠퍼스의 연구실에서 만났다. 창업 과정은 뻔한 순서로 전개됐다. 둘 다 음식을 좋아해 음식에 관한 대화를 자연스럽게 나누었고, 그러다 함께 식품을 만들어보자는 계획을 세웠다. 졸업 후, 두 사람은 샌프란시스코의 인디바이오IndieBio에 투자 신청서를 제출했다. 인디바이오는 합성생물학 분야의 창업을 전문적으로 지원하고 투자해온 곳이다. 닉슨은 대학에서 생물공학과 컴퓨터공학으로 학사 학위를 땄다. 레는 분자독성학 학사와 함께 예술 학사를 취득하고 부전공으로는 음악과 식품체계를 이수했다. 두 사람이 처음 만들어보기로 계획한 건 생선 제품이었고, 이 제품이 인디바이오의 여섯 번째 지원 대상으로 선정되어 둘은 '테라미노푸드Terramino Foods'라는 이름으로 첫 사업을 시작했다. 인디바이오의 지원이 종료된 후에도 이들은 간략한 투자 제안서만으로 430만 달러의 투자금을 유치했다. 그 과정에서 두 사람은 코지를 활용해 다른 식품을 만드는 대신, 재료로 들어가는 코지 자체를 내세워 상품화하기로 계획을 바꿨다. 식품업계에서 흔히 쓰이는 방식이었다. '게'살이라며 판매되는 어육도 그런 예다. 미국인들에게 번쩍이는 새하얀 글자 K로 각인된 어육 제품 크랩Krab* 은 판매량이 어마어마하다. 원래 어육은 다양한 생선 살로 만들 수 있지만, 대부분 대구의 살을 발라내고 씻어서 반죽이 되도록 으깬 다음 여러 성분과 섞어서 만든다. 이 반죽에 열을 가하고 압축한 뒤 게 다리 등 게를 연상시키는 모양으로 만든다. 레는 이와 같은 방식을 택하고 싶지 않았지만, 처음 계획했던 생선 대신 육류로 방향을 틀면서 결국 이 방식을 활용하게 되었다.

레는 젊고 자신감에 찬 매력적인 사람이다. 열다섯 살에 부모님이 운영하는 식품 회사에서 '팀장'으로 일한 적이 있다고 말할 때도 그런 매력이 물씬 느껴졌다. 베트남의 유명 인사이자 현재 밴쿠버에서 요리사로 일하고 있는 레의 어머니가 프라임루츠에 요리 자문가로 참여하면서 어떤 면에서는 상황이 역전됐다.

"쇠고기와 비슷한 맛을 내는 데는 꽤 성공한 것 같아요. 그래서 지금은 쇠고기 외에 다른 것에 중점을 두고 있습니다." 레는 내가 퍼붓는 질문들을 가만히 듣더니 지금까지 그녀가 이야기한 것들을 내가 다른 사람들을 통해 이미 많이 듣고 왔음을 간파했다. 그리고 내가 무엇을 우려하는지도 눈치채고, 그런 염려를 얼른 가라앉히려고 했다. "우리 회

＊   '게'를 뜻하는 crab과 발음이 같고 철자도 비슷하다. 우리나라에서 게가 전혀 들어 가지 않은 어육이 '게맛살'로 판매되는 것과 동일한 전략이다.

사가 하는 건 전부 자연스러운 과정입니다. 숨길 게 아무것도 없어요."

"자세히 말해주세요." 나는 재차 물었다. "우리는 완전히 새로운 종류의 단백질을 생산하고 있습니다." 레가 대답했다. "비욘드 버거, 임파서블 버거, 그 외에 다른 업체 어디든 다 단백질을 정제하거나 따로 분리해서 초고도 가공을 거쳐서 식품을 만들잖아요." 이와 달리 프라임루츠는 코지라는 몸에 좋은 재료를 배양해서 고기로 만든다. "일반 가정의 부엌에서도 할 수 있어요. 압출기도 필요 없습니다."*

나는 오클랜드 새벗 우주·과학 센터에서 열린 발효 축제에서 레와 닉슨이 프라임루츠의 제품을 선보였을 때 이 회사의 코지 고기를 처음 맛보았다. 축제 현장 곳곳에 김치와 코지, 콤부차가 놓인 테이블이 있었다. 프라임루츠에서는 배추 잎을 컵처럼 활용해서 그 위에 '고기'를 올려 사람들에게 나누어주었다. 모양은 돼지고기 분쇄육과 비슷했고, 먹어보니 맛도 비슷했다. 씹을 때 오향분과 생강, 마늘, 통후추 양념의 맛이 느껴졌다. 이 고기로 속을 채운 만두가 나온다면 누구나 좋아하겠다는 생각이 들었다. 몇 번을 더 받아서 먹다가 다른 사람들도 먹을 수 있도록 그만 먹기로 했다. 그날 레는 한때 샌프란시스코에서 인터넷업체들의 중심 지구였던 사우스파크에 작은 매장을 낼 계획이며 얼마 전 임대 계약을 마쳤다고 내게 알려주었다.

몇 달 뒤에 확인해보니, 예상대로 매장은 아직 오픈하지 않은 상태

---

*   압출기는 재료에 열을 가하거나 냉각해서 우리가 즐겨 먹는 아침 식사용 시리얼 같은 완제품의 형태로 재료를 성형할 때 쓰는 기계다. 3장에서 압출기에 관해 더 자세히 설명한다. ─ 지은이

였다. 코로나19가 대유행하는 시기였으니 식품 판매점을 열기에 최적기는 아니었다. 경기 침체에도 프라임루츠는 코지 '베이컨' 제품을 계속 개선하면서 웹 사이트를 통해 제품을 판매했다. 레는 버클리에 있는 약 1100제곱미터 면적의 상업 주방 시설에서 제품을 생산한다고 전했다. 그곳을 방문하고 싶다고 여러 번 문의했지만, 레는 허락하지 않았고 생산에 관한 상세한 정보도 알려주지 않았다. 2020년 8월에 다시 연락해보니, 레는 프라임루츠가 A 단계 자금 모금에서 1200만 달러를 유치했다는 소식을 전했다. 이 투자금은 생산 규모를 늘리는 데 도움이 될 것이다. 제품 샘플을 받아볼 날이 곧 올지도 모른다.

"베이컨 이야기 좀 해주세요." 나는 레에게 물었다.

"삼겹살처럼 두툼한 덩어리로 만들어서 훈연기에 넣습니다. 그런 다음 다들 베이컨이라고 느낄 만한 형태로 잘라요." 레는 프라임루츠의 베이컨이 전통적인 베이컨의 '불쾌한 골짜기'*가 되기를 바란다고 말했다. 그만큼 진짜 베이컨과 비슷하다는 의미였다. "우리는 다른 업체들이 베이컨과 비슷한 식감으로 만들기 위해 쓰는 재료를 하나도 쓰지 않아요." 카라기난, 한천, 감자 전분과 같은 결합제나 증점제 또는 젤로 만들 때 사용하는 첨가물을 두고 한 말이었다. "우리 제품은 코지에 자연적으로 들어 있는 성분들 덕분에, 그런 걸 넣지 않아도 이미 독특하고 희한해요." 레가 "독특하고 희한하다"라고 표현한 건 실제 베이컨과 매

---

*   '불쾌한 골짜기'는 인간이 자신과 닮은 로봇에 느끼는 감정을 나타내는 표현으로 처음 쓰였다. 로봇 등의 모습이 인간과 닮으면 매력을 느끼게 되지만 유사성의 정도가 심해지면 불편함을 느끼게 된다는 의미를 담고 있다. — 지은이

우 비슷하고 훌륭하다는 의미로 해석할 수 있을 것이다.

이 책을 쓰기 위해 행한 여러 조사 중에 그나마 쉬웠던 건 다양한 베이컨을 먹어보는 일이었다. 나는 모닝스타팜스MorningStar Farms(켈로그 소유 업체)의 제품과 스위트어스Sweet Earth(네슬레 소유 업체), 라이트라이프Lightlife(메이플리프푸드Maple Leaf Foods 소유 업체)의 제품, 그리고 앳라스트푸드Atlast Foods(균사체로 식품을 만드는 또 한 곳의 뉴욕 기반 스타트업)와 후레이푸드Hooray Foods(샌프란시스코만 지역에 있는 스타트업)의 제품을 다 먹어보았다. 그중에서 스타트업 두 곳이 만든 제품은 맛은 좋아도 완벽히 베이컨이라고 할 수는 없었다. 훈제 느낌이 살아 있고 바삭바삭해서 정말 맛있었지만, 기름기가 부족했다. 프라이팬으로 구우면 너무 금방 익는 것도 바삭한 베이컨을 좋아하는 사람에게는 장점일지 몰라도 천천히 익혀서 기름이 넉넉히 남아 있는 맛을 좋아하는 사람에게는 단점일 것이다.

식품의 지방, 이 문제를 제대로 해결한 스타트업은 거의 없다. 식물성 재료로 식품을 만드는 업체들 대부분은 의사들이 섭취량을 제한하라고 이야기하는, 포화지방 함량이 90퍼센트인 코코넛유를 사용한다. 건강 분야의 글을 써온 소피 이건Sophie Egan은 사람들의 생각과 달리 코코넛유는 건강에 이롭지 않다고 말했다. "실온에서 고체가 되는 지방은 뭐든 좋다고 할 수 없습니다." 지속 가능성의 측면에서도 좋지 않다. 코코넛은 인간의 과도한 식욕을 충족시키느라 망가질 대로 망가진 열대 지역 국가들에서 생산된다. 안타깝게도, 코코넛에서 얻는 지방은 상업적인 식품을 생산하기에 아주 적합하다. 또한 코코넛 지방은 식물에서 얻는 지방 중에 동물성 지방과 가장 흡사하다. 모던메도Modern Meadow를 비롯해 세포를 배양해서 동물성 지방을 생산하려고 시도 중인 업체들이 몇 군데 있지만, 아직 제대로 준비된 곳은 없다.

나는 레가 만들고 있는 베이컨을 먹어보기 전에 샌프란시스코의 한 홀푸드마켓Whole Foods Market* 매장에서 프라임루츠의 간편식 중 하나를 골라 7달러 99센트에 구입했다. 너무 오랫동안 고대했던 제품이라, 마침내 손에 쥐었을 때는 꼭 상이라도 받은 기분이었고 계산대에서 차례를 기다리는 동안에도 포장을 이리저리 살펴보았다. 소비자들은 이 제품에 어떤 차별점이 있는지 알까? 내가 구입한 '채식 코지 쿵파오 치킨 덮밥'은 내용물의 상당 부분이 쌀밥이라서 탄수화물 함량이 아주 높았다. 밥 위에는 내가 1년 전에 처음 알게 된 코지 '치킨'이 뿌려져 있었다. 진짜 닭고기와 아주 비슷하게 생긴 네모난 고기 조각이 땅콩, 당근과 함께 소스에 버무려져 있었다. 며칠 후에 먹어보니, 고기 조각이 내가 예상한 것보다 연했고 형태도 잘 잡혀 있었다. 그렇지만 진짜 닭고기 같은 쫄깃함은 없었다. 이제는 이런 새로운 식품의 맛을 표현할 수 있는 새로운 언어가 필요할지도 모른다. 우선, 닭고기가 아닌 것을 닭고기라고 부르지 않는 것부터 시작했으면 좋겠다.

몇 달 후에 프라임루츠의 베이컨이 종이 상자에 담겨 내게 배달됐다. 레가 설명한 대로 상자 안에는 얇게 자른 베이컨이 담겨 있었다. 진짜 베이컨 같았다. 유일한 차이점은 화려한 색깔의 귀여운 낙인이 찍혀

* 　미국의 대표적인 유기농 식품 전문 슈퍼마켓 체인으로, 아마존 소유 업체다.

있었다는 것이다. 일반 베이컨에서는 보기 힘든 미학적인 요소였다. 베이컨은 맛이 없기가 힘든 식품이다. 나는 제품에 적힌 조리 방법대로 코코넛유를 한 숟가락 첨가해서 구웠다. 다시 말하지만, 건강에 좋은 방법은 아니다. 성분 목록을 보니 레가 약속한 것처럼 들어간 재료의 가짓수는 얼마 되지 않았고 찜찜한 성분은 한 가지도 없었다. 마침내 맛을 본 결과, 일반 베이컨이라고 속이려고 한다면 속을 사람은 아무도 없을 것 같았다. 풍미는 아주 좋았다. 하지만 바짝 익히건 쫄깃하게 익히건 식감이 영 별로였다. 꼭 (스모키한 맛이 나는) 식용 합판을 씹는 느낌이었다. 또는 음료에 푹 젖은 종이 빨대를 씹는 것처럼 젖은 마분지를 씹는 느낌이 났다. 내가 먹은 건 초기 버전이므로 희망을 놓지는 않을 것이다.

  '미래' 식품으로 개발되고 있는 제품을 통틀어, 균사체는 우리 식품 체계를 개선할 가능성이 가장 크고 유력한 후보다. 지속 가능성이 있고 건강에도 유익하며 우리가 잘 아는 동물 단백질(닭고기, 돼지고기, 쇠고기)의 형태로 만들 수 있다는 것도 장점이다. 미래에는 지금은 예상할 수 없는 새로운 식품으로 만들어질 수도 있다. 요리사 댄 바버도 내게 균사체를 활용하는 방식이 마음에 든다고 이야기했다. "정말 흥미로워요. 꼭 배워보고 싶습니다." 하지만 거기까지 말한 후에는 얼버무렸다. "반대하지는 않는다는 뜻입니다." 폴 스테이메츠Paul Stamets는 저서 『균사체가 만드는 변화Mycelium Running』에서 균사체를 "버섯계의 마술사"라고 칭했다. 균류는 유기 분자를 만들고, 늘리고, 분해하고, 더 작은 단위로 쪼개는 생물이므로 마술사라는 이름이 잘 어울린다. 숲에서 일어나는 그 모든 과정이 숲이 아닌 다른 곳에서 일어난다면, 원래 있던 특징

중에 사라지는 것도 있을까? 아니면 원래 없던 다른 무언가가 생겨날 수도 있을까? 균사체 식품을 받아들이기 전에, 이 의문이 확실하게 풀려야 할 것이다.

코로나19가 전 세계를 휩쓴 후, 마이코테크놀로지는 많은 사람이 균사체의 고유한 장점으로 떠올리는 특징을 활용하기 위해 그동안 모은 원료들을 뒤졌다. 앨런 한이 처음 떠올린 건 회사 직원들이 "코로나19에 더 건강하게 대비할 수 있도록" 식이보충제를 소량 만드는 일이었다. "그런 걸 만들고 있다고 했더니 고객들도 꼭 먹어보고 싶다고 하더라고요." 마이코테크놀로지가 동충하초, 노루궁뎅이, 영지, 차가버섯에서 네 가지 균사체를 얻어서 만든 식이보충제가 곧 시중에 나올 예정이다. 마침내 균류 자체가 유익하게 활용된 것이다. 나는 한에게 최대한 빨리 한 통 보내달라고 부탁했다.

3. 완두콩 단백질

거대한 대두 시장을 마침내 무너뜨릴 후보

천연 식품계의 디즈니랜드

나는 식물 성분으로 만든 식품의 시장 규모를 가늠해보기 위해 캘리포니아 오렌지카운티로 향했다. 그곳에서 '미국 서부 천연 제품 박람회Natural Products Expo West'가 열릴 예정이었다. 2019년에 총 3521개 업체가 참가하고 8만 5540명이 방문한 미국 최대 규모의 자연 제품 행사였다. 행사장은 통로마다 인파로 가득했다. 다들 활기가 넘쳤고 머리부터 발끝까지 운동복 차림이었다. 코로나19 대유행이 본격적으로 시작되기 딱 1년 전이었다. 2020년 박람회는 코로나19 대유행으로 개막을 며칠 앞두고 취소됐다.

업체들은 자유롭게 샘플을 나누어주었고 우리도 아무렇지 않게 받아 들고는 우적우적, 바삭바삭, 후루룩 씹고 마셔가며 행사장을 누볐다.

요거트 회사에서 일하는 친구가 미리 일러준 덕분에 나도 스니커즈에 백팩 차림으로 갔다. 쏟아지는 샘플을 받아 들면서, '버거 평가하는 법'을 배울 때 들었던 내용을 상기했다. 한 입 베어 먹고, 맛보고, 씹어

보고, 뱉기. 행사장이 차지하는 면적은 애너하임 컨벤션 센터 전체와 호텔 두 곳, 이 모든 건물의 주차장까지 정말 어마어마했다. 줄지은 부스마다 온갖 종류의 혁신적인 식품들이 진열되어 있었다. 이런 식으로 맛보다가는 배가 터져버리겠다고 걱정될 만큼 다양했다. 식물성 식품의 열기는 나도 덩달아 빠져들 만큼 뜨거웠다. '채식주의 운동'의 열풍은 가라앉고, 식물성 식품으로 '지구를 사랑하자'는 야망이 더욱 뜨거워지는 방향으로 업계 전체의 구조가 바뀌고 있었다.

채식주의자나 고기를 안 먹는 사람, 육식을 피하는 사람들은 오래전부터 늘 우리 주변에 있었다. '완전 채식주의vegan(비건)'라는 용어는 영국을 거쳐서 미국에 처음 들어왔다. 1944년에 영국에서 도널드 왓슨Donald Watson이 '비건협회Vegan Society'를 설립한 것이 시초였다. 왓슨은 어릴 때부터 동물을 해치면 안 된다는 생각에 깊이 사로잡혔다. 열네 살에는 부모님에게 앞으로 고기는 안 먹겠다고 선언했고, 서서히 유제품도 전부 끊었다. 환경 운동가의 기질을 타고난 그는 커서 목공 일을 하면서 살았다. 유제품은 먹는 채식주의자들과 유제품도 일절 먹지 않는 자신을 구분하고 싶었던 왓슨은 자신처럼 급진적인 채식주의를 추구하던 사람들과 함께 작은 모임을 만들고, 자신들의 생활 방식을 설명할 수 있는 표현을 찾기 시작했다. "'유제품을 먹지 않는 채식주의자'는 너무 기니까 간결한 표현이 필요하다." 이들이 남긴 글에는 이런 내용이 있다. 고민 끝에, 채식주의자vegetarian를 뜻하는 단어의 첫 세 글자와 맨 마지막 알파벳 두 글자를 합친 'vegan'이라는 표현을 사용하기로 했다. 도널드 왓슨은 이것이 채식주의의 "시작이자 종말"이라고 설명했다.

비건협회는 "동물을 인간의 음식, 상품, 노동에 쓰는 것, 동물을 사냥하거나 생체를 해부하는 것, 그 밖에 인간이 동물의 생명을 이용하는 모든 행위가 중단되도록 하는 것"을 목표로 정했다. 완전 채식주의자들의 폭넓은 활동 범위가 그대로 반영된 목표다. 한쪽에 동물의 권리를 위해 싸우는 운동가들이 있다면, 다른 쪽에는 건강에 좋고 환경에도 더 이로운 식물성 제품을 찾는 사람들이 있다. 그리고 나처럼 가끔 베이컨을 먹는 사람들이 그들 사이에 끼어 있다. 거대 식품업체들도 새로운 고수익의 원천이 되는 동시에 주주들도 만족시킬 수 있길 기대하면서 양쪽을 모두 쫓고 있다.

분리 단백질의 역사

동물성 식품을 끊고 식물성 식품을 먹어야 한다는 주장에 큰 관심이 쏠리던 때가 있었다. 채소 단백질은 이미 1930년대에 실험실에서 분리되어 처음에는 종이 코팅 등 공업용 재료로 활용되다가 9년이 지나서야 사람이 먹는 음식에 쓰이기 시작했다. 1940년에 글리든컴퍼니Glidden Company는 거품이 유지되도록 하는 용도나 식품과 과자류의 안정제로 사용할 수 있는 '분리 대두 단백'을 특허 번호 2381407로 출원했다. 1950년에는 분리 대두 단백으로 만든 커피용 식물성 크림이 시장에 나왔다. 1956년에 워딩턴푸드Worthington Foods는 분리 대두 단백으로 만든 세계 최초의 대두 '우유'를 출시했다.

미국과 유럽에서 대두는 동물 사료로 쓰려고 19세기부터 중국에서 수입해온 잘 알려지지 않은 특수 작물이었다. 그러다 2차 세계대전이 끝난 후부터 대두에 관심이 쏠리기 시작했고 나중에는 식품 공급망에 혁신을 일으킨 작물이 되었다. 대두가 '단백질 위기'와 인구 증가의 해결책으로 떠올랐기 때문이다. 과학자와 전문가들은 식량 위기가 임박했다고 경고했고 2050년이면 98억 명에 육박할 것으로 추정되는 인구를 어떻게 다 먹여 살릴 것인지 우려를 제기했다. 오늘날에도 쉽게 들을 수 있는 이러한 내용들이 당시에는 신문 1면을 장식했다.

합성비료와 화학 살충제가 널리 쓰이자 농업 생산량이 2~3배로 늘어났다. 대두가 저렴한 소 사료로 공급된 덕분에 축산업의 대규모화에 박차가 가해지고 이를 통해 중산층도 늘어났다. 갑자기 곡물이 넘쳐나는 지경에 이르렀고 걱정했던 식량 부족 사태는 일어나지 않았다. 그러나 1970년대에도 미국 농무부는 농가 소득을 보장할 목적으로 만든 농업 지원 체계에 따라 농민들에게 옥수수와 대두를 두 배 더 많이 심고 재배하라고 설득했다. 정부 지원을 받을 수 있는 데다 수확하고 나면 전 세계 시장에서 판매되리라는 전망까지 더해졌으므로 농민들은 너도나도 옥수수와 대두를 키웠다. 아주 간단하게 압축하고 요약한 것이지만, 이것이 오늘날 밀과 옥수수, 대두를 단일 경작하게 된 배경이자 대두가 식물성 식품의 단백질원으로 자리 잡게 된 배경이다.

견과류로 만든 미트로프와 식물성 육류 증량제를 생산하던 워딩턴 푸드는 식물성 식품 시장의 선두 주자가 되어 저녁 식탁에서 흔히 볼 수 있는 음식들을 채식주의자도 즐길 수 있는 식품으로 만들었다. 그러한

식품에는 프로스트Proast*, 뉴미트Numete**, 테이스텍스Tastex소스, 베타
브로스Beta Broth 육수, 초플릿Choplets*** 같은 미래지향적인 이름이 붙여
졌다. 어떤 맛일지 정말 궁금해지는 이름들이다. 홍보 문구는 "언제든
즐길 수 있는 좋은 음식"이었다. 2차 대전 시기에 미국에서는 전투에 나
가는 남자들은 마땅히 붉은 고기를 먹어야만 한다는 사고방식이 팽배했
고, 여성들은 단백질 대체품으로도 그런 음식을 만들 수 있다고 생각했
다. 1945년에 전쟁이 끝나고 육류 생산이 재개되자 미국인들은 되도록
적은 자원으로 더 많은 것을 만들어내는 고생은 그만두기로 했다. 식품
역사가인 나디아 버렌스타인과 여러 차례 대화를 나누는 과정에서, 나
디아는 "가짜" 고기(그리고 그 밖에 다양한 "모조" 고기)가 현대사에서 대
부분 경시되거나 부적절한 음식으로 여겨졌다고 설명해주었다. 그러한
식품은 자원이 부족한 전시 상황이나 극심한 빈곤을 연상시키기에, 채
식주의자라든지 모종의 이유로 음식을 가려 먹어야 하는 소수의 사람들
만 구입했다고 한다. 종전을 한껏 축하하고 싶었던 미국인들에게 가짜
고기는 더 이상 승리의 맛이 아니었다.

새로운 식품 성분을 찾던 워딩턴푸드는 헨리 포드Henry Ford가 미시간
주 디어본에 설립한 대두 연구센터에서 일하던 로버트 보이어Robert Boyer
라는 화학자와 만났다. 헨리 포드가 대두로 플라스틱 자동차를 만들겠
다는 원대한 계획을 세우고 있을 때, 보이어는 다른 공정에서 추출 찌꺼

---

*   색이 진한 고기를 대체할 수 있는 육류 대체품.
**   색이 연한 고기를 대체할 수 있는 육류 대체품.
***   소스가 곁들여진 스테이크 대체품.

기로 나오는 단백질로 섬유를 생산하는 방법을 개발하고 있었다. 처음에는 플라스틱이나 수지, 윤활유 등 포드 자동차의 산업 재료를 대체할 섬유를 생산하는 것이 보이어의 연구 목표였지만, 나중에는 범위를 넓혀서 식품에 사용할 수 있는 섬유도 연구했다.

1950년대 말, 워딩턴푸드는 로버트 보이어가 개발한, 방사 공법*을 적용한 단백질 섬유로 채식주의자용 육류 제품을 개발했다. 당시에 이미 대두 생산 공장을 소유하고 있는 곳으로는 랠스턴퓨리나Ralston Purina가 있었고, 보이어는 1956년 랠스턴퓨리나에 식용 분리대두단백을 생산할 수 있는 시설에 투자하라고 설득했다. 이에 따라 랠스턴퓨리나는 단백질 함량은 높고 식물 특유의 맛은 줄인 분리 대두 단백을 생산했고, 보이어가 개발한 기술의 라이선스를 사서 단백질 섬유로 만들었다. 워딩턴푸드가 이 원료들로 처음 출시한 제품은 완조리된 대체 패티인 '프리칙FriChik'이었다.** 다른 식품업체들도 이 새로운 식물성 식품 시장에 얼른 뛰어들었다. 제너럴밀스는 대두의 연구개발 사업을 확대해서 '봉트레Bontrae'라는 대체육 제품을 내놓았다. 맛이 좋다는 의미의 '봉bon'과 코스 요리에서 주요리를 뜻하는 '앙트레entrée'가 합쳐져 나온 이름 같다고 버렌스타인은 추측했다.

제너럴밀스만큼 단백질 섬유의 잠재성을 믿고 크게 투자한 업체는 없었다. 보이어가 개발한 기술은 제너럴밀스가 추진한 합성 식품 연구

---

*   단백질을 점도가 매우 높은 상태로 만든 다음 구멍이 극히 미세한 그물망에 통과시켜 실을 잣듯이 섬유로 만드는 공법.

**   지금도 온라인에서 구입이 가능하다. 아마존 제품 평가 점수는 별 4개고, 한 소비자는 "그레이비소스가 풍부하며 고기 맛이 난다"는 후기를 남겼다. ─ 지은이

사업의 중심이 되었다. 1960년대에는 이 '분리 단백 연구 개발 사업'에 50명이 넘는 식품과학자가 채용되어 슈퍼마켓에서 판매될 차세대 식품 개발에 나섰다.

한 식품과학자는 내게 단백질 섬유로 만든 '닭고기'는 맛은 괜찮았지만 제조 공정에 비용이 많이 들고 폐수가 많이 발생했다고 밝혔다. 봉트레는 열띤 마케팅과 성분을 꽁꽁 감추려는 노력에도 불구하고(미국인 대다수는 대두를 동물 사료라고 여겼으므로) 성공을 거두지 못했다. 제너럴밀스는 미네소타의 식품 가공업체 도슨밀스Dawson Mills에 생산 설비를 팔고, 일리노이의 센트럴소야Central Soya에 봉트레 제조 공정의 라이선스를 판매했다. 그러나 두 업체 모두 1980년대에 단백질 섬유 사업을 접었다. 이제는 이 기술로 생산되는 단백질은 거의 없고 있어도 극소량에 불과하지만, 보이어가 육류 유사 식품의 선구자인 건 분명한 사실이다.

워딩턴푸드는 대두박으로 만들던 식물성 조직 단백을 활용해서 생산 비용을 줄이는 방향으로 사업의 목표를 수정했다. 그 결과 1975년에 미국인이라면 누구나 친숙한 모닝스타팜스라는 브랜드가 처음 등장했다. 대두를 주요 원료로 하는 이 브랜드의 모조육 제품은 미국 전역의 슈퍼마켓과 식료품 판매점에서 유통됐다. 오늘날에도 식물성 식품 사업을 계획하는 스타트업의 청사진으로 여겨지는 워딩턴푸드는 자국민들에게 채소 섭취를 가장 많이 권장하는 미국 최대 기업이 되었다.

2019년 기준으로 미국에서 식물성 식품을 가장 많이 판매한 모닝스타팜스와 워딩턴푸드는 현재 켈로그의 소유다. 언론의 관심은 이제 임파서블푸드와 비욘드미트로 쏠리고 있지만, 이제는 켈로그의 일부가

된 이 유서 깊은 두 브랜드의 식물성 버거와 아침 식사용 소시지, 치킨 텐더 등의 다양한 제품은 여전히 미국의 광범위한 유통망을 통해 매일 식탁에 오르고 있다. 거대 식품 기업들도 건강에 가장 유익하고, 단백질 함량이 가장 높으며, 가장 맛있다고 주장하는 제품을 내놓기 시작하면서 이제 "몸에 좋은" 식물성 식품 시장은 과포화 상태다. 하지만 이러한 제품들의 속을 들여다보면, 원료 공급업체와 성분 배합법, 공동 제조사가 모두 같은 경우가 허다하다. 무엇보다 흥미로운 사실은 대두는 원래 다른 식품을 만들기 위한 일종의 기술적인 플랫폼이었다는 점이다. 현재 완두콩도 비슷한 경로를 밟고 있다.

가루로 고기 만들기

식물성 조직 단백은 결코 입맛을 북돋우는 이름은 아니다. 가공된 산업 성분인 건 사실이지만, 그렇다고 무조건 몸에 해로운 건 아니다. 1960년대에 개발된 식물성 조직 단백은 육류 대체식품을 일반적인 고기의 식감과 형태에 더 가깝게 만들 수 있는 핵심 성분이다. 식물성 조직 단백은 대두를 통째로 가공하여 섬유질과 전분을 제거하고 단백질을 분리해서 만든다. 젖은 상태로 분리된 단백질을 분무 건조한 후, 지난 반세기 동안 식품 가공의 기본 절차가 된 고온 압출기 처리를 한다. 수백만 종의 가공식품이 이런 압출기를 거쳐 생산된다. 초창기에는 주로 마카로니와 시리얼 조각을 하나하나 낱개로 만드는 용도로 사용됐으나 1980년대부터는 원재료를 변형하는 고속, 고온 생물 반응기로 발전해서 크루통croûton*부터 크래커, 유아용 식품**에 이르기까지 다양한 간편식품 생산에 쓰이기 시작했다.

식물성 조직 단백은 작고 불규칙한 알갱이처럼 생겼다. 캡틴크런치Cap'n Crunch 시리얼에서 색색의 베리를 빼고 나면 남는 노란 알갱이와 비슷한 모양이다. 그런 시리얼처럼 바삭하고 특별한 맛이라면 시리얼 먹듯이 먹을 수 있지 않을까? 이선 브라운Ethan Brown 정도면 그런 호기심을 직접 풀 수 있다. 비욘드미트의 CEO이자 창립자인 그는 초창기에 제품 샘플 봉지에 들어 있던 완두콩 단백질 알갱이에 정말로 식물성 우유를 붓고 시리얼처럼 아침 식사로 맛있게 먹었다. 실화다. 이런 사실을 알게 되면 그가 사업에 얼마나 헌신적인지 아무도 의심할 수 없을 것이다.

식물성 조직 단백은 초기 버전부터 분리 단백질로 만들어졌다. 단백질 함량이 높아야 재료의 결합력이 우수해지기 때문이다. 햄버거 패티가 조각조각 분리되길 바라는 사람은 아무도 없을 것이다. 푸헝셰이Fu-hung Hsieh는 식물성 조직 단백을 이용해 처음으로 닭고기 대체품의 식감을 그럴듯하게 살린 사람이다. 대만에서 태어나 미국에서 공부한 그는 호리호리한 체격에 목소리가 나긋했다. 내게 자신은 대체로 완전 채식주의 식단을 지키는 편이지만 고기도 가끔 먹는다고 설명했다. 그게 혹시 베이컨일까? 생물공학과 식품과학을 전공한 그는 늘 식품을 다루는 일을 하면서 살았다. 언뜻 보기에 그가 하는 일은 농사와는 거리가

---

*　　샐러드나 수프에 곁들여 먹는 작고 바삭한 빵 조각.
**　압출기로 가공하는 과정에서 재료에 화학적인 변화가 일어나므로, 압출 후 영양소가 부족해지면 비타민 용액을 제품에 뿌려서 보충하는 제조업체들도 있다. ─ 지은이

멀어 보이지만, 세상에 식량을 공급하겠다는 목표는 다르지 않다. 오늘날 첨단식품기술업계가 스스로 내거는 목표가 더 나은 세상 만들기라면, 이전에는 이렇듯 전 세계에 식량을 공급하겠다는 목표가 있었다.

푸헝셰이는 사회생활을 시작한 직장 중 한 곳인 퀘이커오츠Quaker Oats에서 식품 배합물을 "강화"하는 기술에 대한 특허 네 건을 소유하게 되었다.(글리세린으로 건포도를 연하게 만들고, 베타글루칸을 첨가해서 귀리 겉겨의 섬유질 함량을 높이는 기술이다.) 1975년에 미네소타대학교에서 식품과학 박사 학위를 취득한 후에는 미주리대학교에서 교수로 일했다. 나는 그와 전화로 대화를 나누었다. 푸헝셰이는 맥도날드가 1990년대에(그리고 2000년대 초반에 다시 한번) 선보인 채식 버거 이야기를 꺼냈다. "맛이 아주 끔찍했습니다." 그 채식 버거에 사용된 재료 하나가 식물성 조직 단백의 초기 버전이었다. "일단 고기와 전혀 비슷하지 않았어요. 식감, 모양, 베어 무는 느낌까지 그 어떤 것도요." 대학 교수는 시간을 유연하게 쓸 수 있고 시간적 여유도 많은 직업이었으므로 그는 좀 더 나은 버전을 만들어보기로 했다. "고기와 비슷한 걸 만들 수 있다면 소비자들도 기꺼이 먹어보려고 하지 않을까 생각했습니다."

괜찮은 닭고기 유사물을 완성하기까지 10년이 넘는 세월이 흘렀다. 여러 대학원생과 동료인 해럴드 허프Harold Huff가 그의 연구에 동참했고 트랙터처럼 생긴 APV 베이커 50밀리미터 동방향 이축 압출기도 동원됐다. "운 좋게도 시제품 생산이 가능한 산업용 압출기를 쓸 수 있었습니다." 푸헝셰이의 설명이다. 처음에는 대두, 완두콩, 유청 등 다양한 재료에서 분리한 단백질을 사용했다. 그는 아주 뜻밖의 재료를 사용할 뻔했던 기억을 떠올리며 웃음을 터뜨렸다. "곤충 단백질이 사용될 수도 있었어요." 곤충 단백질이 들어간 버거는 아직 본 적 없지만, 요즘 나오는 '구석기식'* 에너지바 제품에는 이미 쓰이고 있다.

거대한 강철 기계인 APV 베이커 압출기는 트랙터에 엄청나게 큰 제록스 복사기를 합쳐놓은 것처럼 생겼다. 재료를 투입하면, 압출기의 작은 구멍 안에서 밀려가는 동안 내부의 고압 전단력과 통 안에서 돌아가는 스크루가 만들어내는 열로 익혀진다. 이렇게 익혀진 재료는 배출구로 빠져나올 때 기계 내부의 압력이 함께 방출되고 물이 증기로 바뀌면서 부풀어 오른다. 사람들이 사다리를 타고 올라가서 압출기 윗부분에 재료를 마구 던져 넣으면 다른 쪽에 있는 배출구로 결과물이 나오는 장면을 유튜브에서 볼 수 있다. 틱톡에도 그런 영상이 있을지 모른다. 당장은 없더라도 머지않아 분명 등장할 것이다.

식품 제조 기술은 자연의 기능을 대체해서 세상을 먹일 식품을 만든다. 육용 소가 태어나 버거 재료로 쓰이기까지는 약 9개월이 걸리지만, 압출기는 약 1분 만에 식물성 원료를 닭고기와 유사한 물질로 바꾼다. "[재료를] 섞고, 치대고, 익히고, 식히고, 형태를 잡는 과정이 한 번에 연속적으로 이루어집니다." 허프는 미주리대학교 동창회지에서 이렇게 설명했다. 푸헝셰이와 해럴드 허프는 2011년에 이 '닭고기' 생산 공정에 특허를 획득했다.

이선 브라운은 두 사람이 이 특허를 취득했다는 소식을 접하고 기

---

*　농업이 시작되기 전 수렵과 채집 생활을 하던 구석기인들의 식생활을 건강한 것으로 여기는 사람들이 강조하는 식단. 고지방, 저탄수화물이 주된 특징이다.

술 라이선스 계약을 체결했다. 비욘드미트는 2012년에 캘리포니아 북부 지역의 홀푸드마켓에서 닭고기 없는 치킨 텐더 제품을 처음 출시했다. 라이선스 계약 조건 중 하나가 미주리주 컬럼비아에 제조 시설을 마련하는 것이었고, 이후 이 시설은 육류 대체식품을 생산하는 비욘드미트의 여러 시설 중 한 곳이 되었다. 다른 상장기업들처럼 비욘드미트도 해결해야 할 문제가 많다. 공동 제조업체였던 곳과 대금 미지급 문제로 소송을 벌이고 있고, 사업 기밀을 둘러싼 소문도 돌고 있다. 현재 캘리포니아 엘세군도에 본사가 있는 비욘드미트의 버거 패티는 맥도날드에서 시범 메뉴로 판매됐다가 실패를 겪기도 했다.

맥도날드는 2020년 1월에 캐나다 매장 24곳에서 비욘드미트의 버거 패티가 들어간 'PLT' 버거를 시범 출시했다. 그러나 그해 4월에 판매를 종료했고 재판매할 계획은 없다고 밝혔다. 맥도널드가 이 같은 사실을 공표한 후 비욘드미트의 주식 가격은 7퍼센트 하락했다.[*] 북미 지역에 4800개의 매장을 보유한 캐나다의 패스트푸드 체인점 팀호턴스Tim Hortons도 2020년 1월에 비욘드미트 제품의 사용을 중단했다. 업체 대변인은 로이터Reuters와의 인터뷰에서 그 이유를 다음과 같이 밝혔다. "우리 예상과 달리 고객들의 반응이 좋지 않았다." 푸헝셰이의 특허 기술로 개발된 비욘드미트의 첫 제품, 치킨 텐더도 판매가 중단됐다. 비욘드미트는 자사 제품이 "식물성 재료로 만든 다른 육류 유사품과 느낌이

---

[*] 맥도날드는 PLT 버거 시범 판매로 얻은 교훈을 참고해서 2020년 11월에 '맥플랜트McPlant'라는 채식 버거 제품군을 이듬해부터 전 세계 매장에서 판매할 계획이라고 밝혔다. 처음에는 비욘드미트와 거리를 두려는 듯했지만, 몇 달 후 두 업체는 비욘드미트가 맥플랜트 개발에 독점 협력할 것이라고 발표했다. ─ 지은이

다른 것"이 원인이었다고 본다. 한 가지 긍정적인 소식은 KFC(켄터키프라이드치킨)에서 비욘드미트의 '프라이드치킨' 대체품을 캘리포니아 남부 지역의 매장에서 소규모로 시범 판매하기로 한 것이다. 맛이 정말 좋다는 소문이 들려오고 있다.

나는 랜드연구소RAND Corporation의 선임 과학자이자 『비만 위기Big Fat Crisis』(2013)의 저자인 데버라 A. 코헨Deborah A. Cohen 박사와 육류에 대한 인간의 채워지지 않는 욕구에 관해 이야기를 나누었다. "식생활에 관한 근거 없는 이야기가 참 많습니다." 코헨의 말이다. "사람들은 습관적으로 고기를 먹어야 한다고 이야기하죠. 하지만 미국에서는 이미 단백질을 필요량 이상으로 먹고 있습니다. 이 나라에 단백질이 부족한 사람은 아무도 없어요." 코헨은 단백질을 생명 유지에 필요한 최소량만큼도 섭취하지 못하는 사하라 이남 아프리카 지역의 사람들을 언급했다. 우리는 접근성이나 필요성을 이야기할 때 그런 지역들을 간과하는 경우가 많다. 나는 코헨이 말한 미국의 단백질 섭취 현황이 정말 그런지 확인해보았고, 미국인의 98퍼센트가 단백질을 일일 섭취 권장량보다 많이 섭취하고 있다는 사실을 알게 됐다. 그런데도 단백질 섭취는 미국인들이 가장 우려하는 문제로 꼽힌다. 프랜시스 무어 라페는 이미 1971년에 저서 『작은 행성을 위한 식생활』에서 "미국인 대다수는 인체가 쓸 수 있는 양의 두 배에 달하는 단백질을 섭취하고 있다"고 지적했다. 단백질이 부족하다는 생각은 사람들의 머릿속에서 사라질 기미도 없이 늘 자리해 온 걱정거리였던 셈이다.

"식물에는 영양소가 많습니다." 코헨이 말을 이었다. "영양소의 양은 얼마나 가공되느냐에 달려 있어요. 그래서 영양소가 전부 제거된 과일과 채소, 곡물을 먹을 수도 있습니다." 그런 예 중 하나가 튀긴 완두콩 과자다. 이 가공된 완두콩은 열량이 완두콩의 2배고 지방은 완두콩보다 5배 이상 더 많다. 탄수화물도 1.5배 더 많다. 완두콩에 들어 있는 비타민을 하나하나 따져보는 건 쉬운 일이 아니지만, 확인해보면 완두콩 모조품인 이 가공식품에는 우리 건강에 이로운 식물 영양소가 대부분 빠져 있다는 사실을 알 수 있다. 코헨은 식품이 식생활에 이로운 영향을 주려면 "영양소가 있어야 한다"고 설명했다. 음식은 음식다워야 한다는 말이기도 하다.

통곡물 빵도 마찬가지다. 밀의 겨와 배젖, 배아가 모두 포함된 밀가루 제품은 '통곡물' 제품으로 불린다. 사실 빵 만드는 과정은 간단하다. 밀을 가루로 빻고, 그 가루를 구워서 만든다. 하지만 산업적으로 생산되는 빵, 즉 슈퍼마켓에서 볼 수 있는 빵 제품은 대부분 다른 제조업체로부터 밀의 겨와 배젖, 배아가 포함된 가공 재료를 구입한 후 다른 재료들과 섞어서 만든 것이다. "재료의 개수보다 중요한 건 화학물질입니다. 가공이 문제가 아니라 정제가 문제입니다." 코헨의 설명이다. 가공식품으로 불리건 정제 식품이라고 불리건, 중요한 건 "몸에 더 이롭다"고 광고하는 통곡물 식품의 상당수가 실제로는 그렇지 않다는 사실이다. 산업화된 식품 체계에서는 생산 과정에서 재료가 원래 가지고 있던 영양소 일부가 사라진다. 업체들은 자사 제품이 "건강에 좋다"고 홍보하지만, 그들이 지키려고 하는 건 이윤이지 소비자의 건강이 아니다. 기업이 건강에 최대한 이로운 제품을 만들어야 할 동기는 없다는 소리다.

콩은 언제부터 온 세상의 관심을 받게 됐을까

리플푸드의 CEO 애덤 라우리Adam Lowry와 두 번째 만났을 때 나는 기시감을 느꼈다. 이번에도 유명한 홍보 회사 사무실이 있는 맨해튼의 그 고층 빌딩, 같은 회의실에서 만났고, 첫 만남에서와 마찬가지로 라우리는 내게 새로 개발했다는 대체 유제품을 소개했다. 그와 처음 만났을 때 내가 맛본 건 리플푸드가 완두콩으로 만든 식물성 우유였다. 설마 출시 소식이 '완두콩 우유, 먹을 준비 됐나요?Are you prepared to drink pea milk?' 같은 카피로 나오진 않겠지, 하고 농담 삼아 생각했었는데 정말 그런 이름으로 등장했다.* 완두콩 우유라니, 방공호에 채워야 할 식품 목록에 등장할 법한 이름이고, 우리 집 주방에 있는 스피룰리나 제조기와 함께 판매되면 어울릴 만한 제품이라고 느껴졌는데, 좀 식상한 표현이지만 내 예상은 적중했다. 완두콩 우유는 대박 상품이 되었다. 2016년에 홀푸드 마켓 매장에 처음 등장했을 때 나 역시 사다 먹었고 지금도 유제품 진열대를 지나다가 보이면 사 온다. 단백질을 섭취할 수 있다는 사실도 좋지만 진하고 크림처럼 부드러운 맛이 정말 마음에 든다.

완두콩은 건강에 좋은 음식이라는 인상을 준다. 완두콩을 떠올릴 때 우리가 느끼는 유익함은 유아용 식품을 두고 '순수하다'고 표현하거나 아이들에게 "채소를 많이 먹어야 한다"고 말할 때의 느낌과 결이 같다. 그러나 이때 우리가 떠올리는 완두콩은 꼬투리째 먹기도 하는 완두

---

*   완두콩을 뜻하는 영어 단어 pea는 오줌을 뜻하는 pee와 발음이 같아서 '오줌 우유'로도 들릴 수 있다. 이런 효과를 노린 광고 문구다.

콩이고, 리플푸드 제품에 재료로 사용되는 것은 달$_{dal}$*처럼 말린 완두콩으로 끓이는 수프 등에 들어가는 경협종 완두다. 흙에 질소를 고정하고 가뭄을 잘 견뎌서 돌려짓기에 요긴한 작물이다. 먹으면 정말로 건강에 도움이 되는 유용한 식품이기도 하다. 영양 섭취 가이드에 따른 표준 1회 섭취량인 완두콩 반 컵에는 미국인 대다수에게 섭취량이 부족한 영양소인 섬유질이 9그램 가까이 들어 있다.

리플푸드의 완두콩 우유는 처음 맛을 본 이후부터 즐겨 먹는 음식이 되었지만, 내가 이 회사를 두 번째로 찾아와서 맛본 완두콩 요거트는 뭔가 부족한 느낌이었다. 뉴욕의 그 회의실 테이블에는 제품명은 적혀 있지 않은 채로 여러 개의 플라스틱 컵에 담긴 요거트가 놓여 있었다. 통에 담긴 요거트는 색깔이 칙칙했다. 그걸 보는 순간 태어난 지 얼마 안 된 아기들의 얼굴에 서리는 '우웩' 하는 표정이 자동으로 떠올랐다. 리플푸드는 이 요거트를 개발하려고 다른 식품업체들처럼 식품 향미 전문가를 채용했다. 그리고 이 전문가의 도움을 받아서 블루베리, 딸기, 바닐라 등 일반적으로 인기가 좋은 맛을 첨가한 요거트 제품을 만들었다. 나는 작은 플라스틱 숟가락을 들고 앞에 놓인 컵마다 용감하게 푹 담갔다. 첨가당이 적어서 평소에도 즐겨 먹는 플레인 요거트였다. 희끄무레한 회색빛에 뻑뻑한 질감은 정말 별로였고 쨍한 풀 맛도 느껴졌다. 이상한 냄새(이취)를 덮어줄 과일 향이 첨가되지 않아서인지 거부감이 아주 심하게 드는 맛이었다. 다른 요리에 곁들여져 접시에서 굴러다니

＊　　　렌틸콩과 같은 말린 콩에 다양한 향신료를 넣고 푹 끓여서 만드는 요리. 인도, 파키스탄, 네팔 등에서 많이 먹는다.

는 음식을 넘어, 새로운 방식으로 완두콩이 활용되려면 광범위한 가공을 거쳐야 한다. 완두콩의 이취는 대체로 완두콩의 고유한 초록색 껍질에 포함된 페놀산이라는 화합물이 원인이다. 페놀산은 식물에서 분리한 단백질의 시큼한 맛과 쓴맛, 톡 쏘는 냄새와 관련이 있는 물질이다. 큰 맘 먹고 맛을 보긴 했지만, 우리 집 냉장고에 리플푸드의 완두콩 요거트가 들어올 자리는 없을 것 같았다.

라우리는 정열적인 기업가이다. 그가 처음 설립한 회사 '메소드Method'는 독성 화학물질을 빼고 성분을 재조정하여 인체에 해로운 것으로 인식되던 청소 세제를 더 이상 싱크대 구석에 숨겨두지 않아도 되는 것으로 만들었다. 라우리는 메소드를 1억 달러 가치의 회사로 키워 2013년에 벨기에 청소용품 회사 에코버Ecover에 매각했다. 리플푸드의 공동 창업자인 닐 레닝거Neil Renninger와 라우리는 관련 사업가들이 한자리에 모이는 기술 분야 콘퍼런스에서 처음 만났다. 실제로 이런 행사를 계기로 기업이 탄생하기도 한다. 레닝거는 샌프란시스코만 지역에 아미리스Amyris라는 생물의약품 개발업체를 설립한 후 매각한 경력이 있다.

라우리와 레닝거는 식품의 유형이 크게 바뀌어야 한다는 목표로 2014년부터 함께 사업을 시작했다. 두 사람 생각에 이런 변화가 가장 시급한 식품군은 유제품이었다. 유제품은 시중에 나온 상품의 종류는 많아도 대부분 단백질 함량이 매우 적은데, 슈퍼마켓마다 단백질 함량이 높은 식품들이 새로운 인기 품목으로 떠오르는 추세였다. 리플푸드가 해야 할 일은 간단했다. 누구나 아는 유제품의 기본 재료(소의 젖)를 핵심 성분인 비타민, 무기질, 단백질의 결합물이라고 보고, 몸에도 좋고 동물 복지나 환경에도 이롭도록 다른 재료에서 이 성분들을 얻어 재조합하는 것이다. 소비자의 사고방식이 이미 바뀌기 시작한 상황에서 이렇게 새로 조합한 결과물의 단백질 함량이 매우 높다는 사실을 제품 포장 전면에 크게 써 붙인 덕분에 리플푸드의 제품은 두각을 나타냈다. "동물성 식품이 유일무이한 최상의 단백질원이라는 생각이 문화적으로 굳어 있지만, 식물에도 단백질이 들어 있다는 사실을 강조하면 그런 생각을 바꾸는 데 도움이 된다." 옥스퍼드대학교의 연구자 알렉산드라 섹스턴 Alexandra Sexton은 2018년에 대체 단백질원의 엇갈리는 전망을 다룬 '미래의 식품 체계 전망'이라는 제목의 글에서 이렇게 설명했다.

　레닝거는 연구를, 라우리는 사업을 맡은 리플푸드는 식품의 성분부터 혁신적으로 바꿀 방법을 모색했다. "그게 식품 산업의 진정한 특징이니까요." 레닝거는 2016년에 내게 이렇게 설명했다. 모조육을 만드는 회사들이 식물에서 얻은 물질을 각자의 고유한 용도에 맞게 가공하듯이, 리플푸드도 흔히 재배되는 식물 가운데 우유의 두 가지 핵심 단백질 중 하나인 유청을 대신할 수 있을 만큼 단백질 함량이 높은 식물을 찾았다. "성분에 중점을 두는 방식에 잠재적인 영향력이 있다는 사실에는 업계 전체가 동의할 겁니다." 레닝거의 말이었다. 그냥 있는 그대로 먹으면 되는 식품에 기술을 적용해서 기능적인 장점을 살리고 처음과 다른 식품으로 만드는 방식이 여기에도 활용된 것이다.

　리플푸드는 콩과식물에 주목해 렌틸콩과 대두, 강낭콩, 흰콩, 녹두 등 다양한 콩을 시험해보았다. "전부 하나하나 확인해보면서 다른 콩보다 나은 콩을 찾았습니다." 레닝거의 설명이다. 완두콩이 최종적으로 선택된 이유는 저렴했으며, 완두콩을 반으로 쪼개서 말린 노란 완두콩의 공급망이 이미 구축되어 있었기 때문이었다.

2019년 말에 라우리와 다시 만났다. 예전에 내가 회사를 찾아가서 샘플을 맛본 요거트 제품은 어떻게 됐는지 물었더니, 라우리는 그 요거트의 팬은 모두 합쳐 1.5명 정도였다고 웃으면서 말했다. "그 제품은 망했어요." 그는 특허 성분인 완두 단백질 혼합물로 인해 식감이 너무 거칠었던 게 문제였다고 설명했다. "그 성분은 만족스럽지 않아서 쓰지 않기로 했습니다." 리플푸드의 본사는 캘리포니아주 버클리에 있다. 과거 피라미드브루잉Pyramid Brewing이 있던 자리다. 우리는 음식점 부스처럼 보이는 테이블에서 이야기를 나누었다. 옆에는 대형 전망창이 있고, 그 너머로 과거 양조장이 있던 자리에 들어온 연구실이 보였다. 내부는 조용했다. 라우리는 금요일이라 그렇다고 알려주었다.

리플푸드는 완두콩에서 가장 순수하고 맛도 가장 깔끔한 단백질을 추출해서 활용하는 것이 다른 업체들과의 차별점이라고 이야기한다. 마이코테크놀로지도 완두콩 단백질의 맛을 개선했다고 주장하는 업체고, 나는 그 업체의 완두콩 우유도 먹어본 적이 있다. 리플푸드와 마이코테크놀로지의 완두콩 우유는 상당히 비슷한데, 둘 다 완두콩 맛이 많이 남아 있다. 식물성 식품 산업에 뛰어들어 사업 자금을 유치하려면 투자자들을 설득할 근거가 필요하다. 이 분야에서 창업을 계획한 사람들이 투자자들에게 주로 하는 말은 독점 기술이 있다는 것*과 가장 깔끔하고

---

* 내가 만난 투자자 대부분은 (맛보다는) 독점 기술 여부로 투자 업체를 판단하고 있었으며, 그것이 자금 지원을 결정하는 일차적 요건이라고 밝혔다. ─ 지은이

가장 순수한 최상의 맛을 낼 수 있다는 것, 둘 중 하나다. 우선은 투자금을 모으기 위해서, 나중에는 소비자의 지갑이 열리도록 만들기 위해서 이런 설득력을 갖춰야 한다.

가장 깔끔한 맛이 나고 채소 특유의 뒷맛을 최소화할 수 있는 단백질을 개발한다면 엄청난 값어치가 매겨질 것이다. 나는 라우리에게 리플푸드가 개발한 분리 단백질을 다른 업체에 판매할 계획이 있는지 여러 번 물어보았고 그는 매번 한결같이 그럴 생각은 없다고 답했다. 리플푸드에게는 이 기술이 '인텔 인사이드' 스티커가 붙어 있는 컴퓨터 CPU와 같기 때문일 것이다. 원한다면 기술 라이선스를 판매할 수도 있겠지만, 아직까지 그런 시도도 없었다. 임파서블푸드도 헴 단백질 기술을 다른 업체에 판매한 적이 없다. 이는 브랜드를 차별화해서 소비자를 모으는 전략이다. 라우리는 내게 리플푸드가 만드는 우유 대체품의 가격을 낮추기 위해 계속 노력 중이라고 밝혔다. 리플푸드의 단백질은 다른 식품 제조업체들도 쓸 수 있을 만큼 저렴해질 수 없다는 의미로도 해석할 수 있는 말이었다.

인터뷰를 마친 후 나는 라우리의 안내로 직원용 주방으로 가서 새로 개발했다는 요거트를 맛보았다. 완두콩 단백질이 들어간 다른 모든 식품과 마찬가지로 갈색이 살짝 도는 희끄무레한 회색이었다. 괜찮은 맛이었지만, 썩 좋진 않았다. 2020년에도 슈퍼마켓에서 리플푸드의 요거트를 볼 수는 없었다. 라우리는 이메일로 코로나19 대유행으로 인해 식료품 판매점마다 출시할 신제품을 제한적으로 선정하는 상황이라고 전했다. 리플푸드는 아이스크림 제품도 출시했다. 다른 대체품보다는 잘 팔리지 않을까 생각했지만 역시나 시중에서 본 적은 없다.

가공식품에 들어 있는 분리 단백질이나 농축 단백질로만 단백질을 섭취한다면 내 몸에 꼭 필요한 영양소가 부족해지지는 않을까? 나는 이 문제를 좀 더 자세히 알아보기 위해 임상 의사이자 『의사들의 120세 건강 비결은 따로 있다』, 『다이어트 안 하고 사는 법How Not To Diet』의 저자인 마이클 그레거Michael Greger 박사와 만났다. 책 제목만 보면 괜히 어렵게 느껴지지만, 그레거 박사는 이 주제를 친숙하게 전달하는 법을 아는 사람이다. 2018년에 맨해튼에서 열린 '세계 채식 박람회Plant-Based World Expo'의 무대에 오른 그는 완전 채식주의자 특유의 날씬한 체격에 헐렁한 검은색 정장을 걸치고 시종일관 왔다 갔다 빠르게 움직이며 설명을 이어갔다. 그가 강연에서 보여준 영상 자료는 충격적이었고, 강연자도 그 내용을 성실히 지키고 있다는 것이 느껴져서 매우 인상적이었다. "음식은 제로섬 게임입니다." 그는 내게 이렇게 말했다. "어떤 걸 계속 먹으면 다른 걸 그렇게 꾸준히 먹을 기회를 잃게 됩니다." 나는 그 말에 웃음이 터졌다. 그리고 분리 단백질이 몸에 이로운지, 최소한 일반적인 육류보다는 나은지 물었다.

"영양학적인 관점에서 보면 말이 안 되는 소립니다. 분리된 지방은 몸에 안 좋아요. 분리된 탄수화물도 나쁘고요. 정제된 단백질도 똑같이 나쁩니다. 나쁘다는 건 다량 영양소가 제거되고 없다는 뜻입니다. 영양이 전부 제거된 것이죠." 마찬가지로, 음식의 성분을 분리하면 섬유질과 같은 영양 성분은 사라진다. 그레거 박사는 자연식품을 분해할 때 사라지는 다른 물질들도 있다고 지적했다. "아직 명칭도 정해지지 않아서 제품 라벨에 적히지 않은 식물 영양소들도 있습니다." 자연식품에 들어 있는 식물 영양소phytonutrient (phyto는 '식물'을 뜻하는 그리스어다)는 질병 예방 효과가 있다고(또는 그럴 가능성이 있다고) 여겨진다. 그레거 박사가 운영하는 웹 사이트 NutritionFacts.org에는 자연에서 얻은 과일과 채소에 10만 종이 넘는 다양한 영양소가 함유되어 있다는 설명이 나와 있다. 그러나 분리된 물질들을 합쳐서 만드는 신생 식품업체들의 식물성 식품에는 그러한 영양소가 들어 있지 않다. "콩과식물을 예로 들면, 사람들이 동물 단백질을 섭취할 때 얻고자 하는 모든 성분이 들어 있으면서 나쁜 성분은 들어 있지 않습니다." 그의 설명이다. 그가 말한 나쁜 성분이란 포화지방과 첨가물, 화학물질이다.

콩과식물이나 콩을 가공해서 단백질만 남긴 것은 더 이상 콩이라고 할 수 없다. 원래 콩에 들어 있던 이로운 성분이 대부분 사라지기 때문이다. 완두콩을 완두콩 그대로 먹으면 시력과 눈 건강에 좋다고 알려진 카로티노이드와 루테인, 제아크산틴 같은 식물 영양소를 얻을 수 있다. 그레거 박사는 완두콩 단백질이 버거 재료로 쓰이건 알약으로 만들어지건 "식품은 전체가 부분의 합보다 큰 경우가 많다"고 설명했다. 하지만 채식을 장려하는 임상 의사로서 그런 식품이라도 채식으로 향하는 첫걸음이 될 수 있다면, 완두콩에서 분리한 단백질로 만든 우유 한 잔에 불과하더라도 기꺼이 환영한다고 이야기했다.

최신 '인기' 성분
미국인의 식생활이 이만큼 변덕스럽지 않았다면, 그리고 대두를 향한 애정이 뜨거웠다가 식었다가 또 뜨거워지는 과정이 반복되지 않았다면 완두콩이 들어설 자리는 없었을 것이다. 대두 작물에는 장점이 있다. 저렴하고, 풍부하고, 재배하기 수월하다. 대두와 완두콩의 공통적인 장점은 식물의 천연 비료인 질소를 토양에 고정한다는 점, 그리고 윤작에 활용하기 좋다는 점이다. 대두는 인간의 식량이 되는 동물의 먹이로도 활용된다. 또한 대두에는 우리 몸이 적절히 기능하려면 꼭 필요한 필수 아미노산 아홉 가지가 모두 들어 있다. 인체에서도 아미노산이 만들어지지만, 정상적인 신체 기능을 돕는 필수 아미노산은 만들어지지 않고 몸에 잔뜩 저장해둘 수도 없다. 따라서 매일 음식으로 섭취해야 한다. 이런 이유로, 대두는 슈퍼마켓 진열대에서 볼 수 있는 거의 모든 식물성 식품의 주원료가 되었다.

우리 몸에 필요한 영양을 동물 단백질과 식물 단백질 중 어느 쪽에서 얻는 게 더 좋은지를 놓고 벌어진 치열한 갈등의 중심에는 아미노산이 있다. 스탠퍼드 예방 연구센터Stanford Prevention Research Center의 과학자 크리스토퍼 가드너Christopher Gardner는 이 분야의 뛰어난 전문가 중 하나다. 미국 국립보건원NIH으로부터 연구비를 지원받아 이 주제로 다양한 영양 관련 연구를 이끌기도 했다. 최근에는 건강과 직접적으로 관련되지는 않은 공중보건 전략으로 건강을 향상시키는 방안, 일명 "은밀한 영양"이라고 일컫는 것을 집중해 연구하고 있다. 대학교의 학생 식당에서 큰 쟁반을 없애는 것도 그러한 전략 중 하나로, 이 한 가지 변화만으로 학생들이 먹는 양이 줄어든 것으로 나타났다.

가드너와는 뉴욕 하이드파크의 미국요리협회Culinary Institute of America

콘퍼런스에서 처음 만났다. 버켄스탁을 신고, 밖으로 삐죽 튀어나온 발가락에 매니큐어까지 칠한 모습에서 캘리포니아 사람 특유의 느긋한 분위기가 진하게 풍기던 친근한 사람이었다. 우리는 그가 지금까지 해온 연구에 관해 이야기를 나누었다. 가드너가 2019년에 공동 저자로 참여한 단백질 연구에서는 일반적으로 흔히 접할 수 있는 식품에서 필수 아미노산과 비필수 아미노산을 충분히 얻을 수 있으며, 이는 식단에 동물성 식품이 포함되는지와는 거의 무관하다는 사실이 밝혀졌다. 가드너는 오로지 식물성 식품만 먹는 식생활과 관련하여, 식물성 식품이 여러 측면에서 동물성 식품보다 우수하다고 강조했다. "동물성 식품에는 섬유질이 없습니다. 그리고 일반적으로 식물성 식품에는 포화지방이 없죠. 그래서 동물성 식품보다 식물성 식품을 선택하는 것이 더 이롭습니다."

2020년 8월에 스탠퍼드대학교 연구진은 가드너의 주도로 식물성 '고기'와 동물의 고기를 섭취할 때 체내 트리메틸아민-N-옥사이드trimethylamine-N-oxide, TMAO 농도에 발생하는 영향을 비교한 연구 결과를 발표했다. TMAO는 일부 연구에서 체내 농도가 높아지면 심혈관 질환의 위험 요인이 된다고 알려진 물질이다. 가드너 연구진은 36명의 참가자를 대상으로 (다른 식사는 평소와 같이 유지하면서) 8주간 비욘드미트의 대체육이나 일반적인 식육 중 하나를 매일 2인분씩 섭취하도록 했다. 그리고 8주 후에는 서로 바꿔서 같은 방식으로 먹도록 했다. 그 결과 일반적인 육류를 먼저 먹은 다음에 완두콩 단백질이 주성분인 비욘드미트의 대체육을 섭취한 참가자는 저밀도 지질단백low-density lipoprotein, LDL 수치와 체중, TMAO 수치가 낮아졌다. 반대로 대체육을 먼저 섭취하다가 동물의 고기를 섭취한 그룹에서는 이러한 감소가 나타나지 않았다. 나는 가드너와의 만남 이후 이 논문을 굉장히 흥미롭게 읽었고, 이 연구에 들어간 비용을 비욘드미트가 제공했다는 사실을 알게 됐다. 연구에 쓰인 대체육도 비욘드미트가 제공했다. 매리언 네슬Marion Nestle의 『고약한 진실Unsavory Truth』(2018)은 바로 이런 주제를 다룬 책이다. 네슬은 자신이 발행하는 뉴스레터 '식품 정치Food Politics'에서 가드너는 높게 평가할 만한 사람이지만 이 연구에서 참가자들이 차례로 섭취한 두 가지 단백질원 외에 무엇을 먹었는지, 그리고 TMAO 수치를 측정하는 것은 어떤 의미가 있는지 의문을 제기했다. 중요한 질문이라는 생각이 든다. 네슬은 가드너 연구진이 도출한 결과로 볼 때 "비욘드미트의 대체육을 하루에 2인분씩 섭취한다고 해서 몸에 해로울 가능성은 거의 없겠지만, 대체육을 일반적인 육류 대신 섭취하는 것이 정말로 건강에 유익한지는 식생활에 다른 변화가 없는 조건에서 다시 확인해볼 필요가 있으며 그 연구의 진행 비용은 연구 내용과 이해관계가 없는 곳에서 나오기를 바란다"고 밝혔다. 나도 이 연구의 결과가 궁금하다.

같은 인간이라도 개개인에게 필요한 영양소가 다르다는 인식은 점차 커지고 있다. 근육을 강화하거나, 체지방을 줄이거나, 면역력을 향상시키는 등 각자의 야망과 욕구를 채우려면 어떤 영양소가 도움이 될지 깊이 파헤치는 사람들도 많다. 오늘날 식품 제조업체들은 이러한 흐름에 맞춰 각종 특수 식단의 원칙에 알맞은 식품을 발 빠르게 만들어내느라 분주하다. 사람들이 목표하는 식생활이 다양해지는 만큼 식품업계에서도 '홀30' 다이어트부터 케톤식*, 구석기 식단, 저포드맵 식단**, 원시인 식단, 혈액형별 맞춤 식단, 1일 1식 등 인기몰이가 한창인 식단들의 특징에 맞는 간식을 생산하고 있다. 특정 계절에 섭취할 프로바이오틱스? 얼마든지 구할 수 있다. 개개인의 체내 미생물군에 맞춘 식단? 그것도 가능하다! 대변을 보내고 분석 결과가 나오면 그에 맞는 식단을 짜면 된다.

다시 대두 이야기로 넘어와서, 대두가 지금도 널리 활용되는 건 저렴하고 영양소가 풍부하기 때문이다. 하지만 대두에는 조심해야 할 문제가 있다. 대두에서 발견되는 일부 단백질은 식품 알레르기를 가장 많이 일으키는 8가지 원인 물질에 포함된다. 또한 대두는 대부분 유전자 변형 종자로 재배된다. 대두가 암을 유발할 수 있다는 의혹도 오래전부터 제기됐다. 수많은 연구에서 이를 반박하는 결과가 나왔고, 두부를 비롯한 대두 식품이 건강에 이롭다는 의견도 많다. 그러나 제품마다 가공법이 다르고 사람마다 소화 기능이 다르며 인종마다 나타나는 영향도 다양하므로 대두에 관해서 한마디로 딱 잘라 말하기는 힘들다. 그만큼 복잡한 문제다. 이런 이유로 최근 시장에서는 대두를 포기하고 더 나은 다른 단백질원, 새롭고 더 매력적인 단백질원을 찾으려는 시도가 빈번하게 일어나고 있다. 알레르기를 유발하지 않고 유전자 변형 작물도 아

---

*   우리나라에서는 '저탄고지'라는 줄임말로도 잘 알려진 식사 조절법으로, 탄수화물을 지방으로 대체하여 체지방 연소를 강화하는 식단을 말한다.

**   포드맵FODMAP은 '발효당, 올리고당, 이당류, 단당류와 당알코올'의 영문 줄임말이다. 장에서 흡수가 잘되지 않아 다량의 가스를 발생시켜 불편한 증상을 유발한다고 여겨진다.

닌 완두콩은 이런 분위기 속에서 주목받기 시작했다. 녹두, 누에콩, 유채 씨 등 완두콩의 자리를 차지하려는 다른 후보들도 많다.*

여기서 이야기하는 완두콩은 콩 자체보다는 완두에서 추출한 단백질을 의미한다. 식품 라벨에는 완두콩 분리 단백질이나 완두콩 농축물, 완두콩 가루, 완두콩 단백질로 표기된다. 분리 단백질이 나머지 표기들과 다른 점은 순도다. 즉 식품 라벨에 분리 단백질로 표기하려면 단백질 함량이 90퍼센트 이상이어야 한다. 70퍼센트면 농축물로 표기된다. '완두콩 분리 단백질'은 이름만으로도 복잡하게 느껴지는데, 이 성분의 생산 과정을 살펴보면 그럴 만도 하다고 느껴진다. 분리 단백질이 나오려면 광범위한 가공 과정을 거쳐야 하기 때문이다.

완두를 재배하고, 콩이 마를 때 거둬들여 제조 시설로 옮긴 후 콩의 분자를 단백질과 섬유질, 전분으로 분리한다. 습식으로 진행되기도 하고 건식으로 진행되기도 하는 이 공정을 단백질 분획이라고 한다. 이런 제조 시설은 중국에 많지만, 공정에 쓰이는 작물은 대부분 북미에서 재배된다. 분획이 끝나면 전분은 중국에서 국수 제조에 사용되고 단백질은 다시 미국으로 보내진다. 완두콩은 이렇게 세 가지 성분으로 나누면 가치가 훨씬 높아진다. 또한 완두콩 단백질을 이렇게 분말로 만들면 완두콩을 그대로 사용할 때보다 다른 식품으로 만들기가 훨씬 수월하다. 단점은 배가 미국과 중국을 오가는 동안 탄소 발자국이 늘어난다는 점,

---

*   하지만 완두콩은 대두와 녹두, 누에콩과 같은 콩과식물에 속하고(유채 씨는 아니다), 콩과식물은 땅콩과 매우 가깝다. 이런 사실에도 완두콩의 인체 알레르기 유발성에 관한 연구는 거의 없다. — 지은이

그리고 이 같은 해외 공급망은 관세와 질병의 영향을 받는다는 점이다. 마이코테크놀로지의 앨런 한은 내게 완두콩 단백질을 미국에서 바로 구입하는 것보다 관세를 내더라도 중국에서 수입하는 편이 더 저렴하다고 알려주었다. 코로나19 대유행으로 이 공급망이 몇 주간 느리게 돌아갔는데도 중국 협력사들 이야기가 나오면 한의 입에서는 좋은 말만 나왔다. "다들 정말 친절합니다. 우리에게 마스크도 보내줬다니까요."

리플푸드의 가공 공정은 미국을 벗어나지 않는다. 먼저 북미에서 재배된 완두콩을 분쇄하고 말린다. 그리고 완두콩 가루를 물에 넣고 녹인 다음 온도와 염도, pH 등의 조건을 잘 맞춰서 단백질을 추출한다. 완두콩의 향과 색을 내는 분자와 탄수화물 분자를 분리한 후 액체에 남은 단백질을 회수하는 방식인데, 리플푸드에서는 원심분리기(중심에 있는 회전통에 분리할 물질을 넣고 회전시켜서 액체와 고체를 분리하는 기계)를 활용한다. 단백질 농축물을 지방, 섬유질, 전분과 분리한 다음 젖은 페이스트 상태로 얻어서 우유 대체품 생산에 사용한다. "이 공정은 처음부터 끝까지 약 2시간이 걸립니다." 레닝거의 설명이다.

젖소는 이처럼 2시간이면 끝나는 리플푸드의 공정을 따라갈 수 없다. 소의 몸에서는 24시간마다 약 22~26리터의 젖이 만들어지지만, 사람이 개입해서 젖을 짜는 과정을 반드시 거쳐야 한다. 또한 우유를 생산하려면 소가 매년 임신해야 하므로 인공수정으로 젖이 꾸준히 생산되도록 만든다. 우유업계는 지난 수십 년간 우유를 우리 생활의 필수품으로 자리 잡게 하려 노력했고, 그 결과 이처럼 소를 인위적으로 수정시켜서 우유를 생산하는 산업적인 방식이 지금도 계속되고 있다. 하지만 인체는 모유를 먹고 성장하도록 만들어졌다. 모유는 지방과 탄수화물 함량이 높지만 단백질 함량은 낮다.

우유도 가공을 거친다. 소의 먹이, 소가 풀을 뜯는 지역, 겨울을 나는 방식, 축사의 청결도는 모두 최종 제품에 영향을 준다. 소에게서 얻은 젖은 냉장 보관했다가 가열해 저온 살균한다. 식품 가공은 농장에서도, 유제품 제조 공장에서도 이루어질 수 있고 실험실에서 이루어질 수도 있다. 여기서 궁금한 건 우유나 아몬드유, 귀리유, 완두콩 분리 단백질을 섭취하면 더 건강한 식생활이 되는가, 하는 것이다.

식물을 우리 식생활에 활용하는 건 전혀 새로운 일이 아니다. 빵이 없었다면 샌드위치가 어디서 왔단 말인가? 하지만 수십 년 동안 단일 작물을 재배해온 식품 제조업계는 마침내 주식 작물에서 벗어나 방대한 식물 데이터베이스를 살펴보기 시작했다. 지구상에 존재하는 식물은 39만 1000여 종으로 추정되고, 이 가운데 우리가 먹을 수 있는 건 7000종에서 3만 종 정도로 여겨진다. 농학자들에 따르면 인간이 지금까지 식용으로 활용한 식물은 약 3000종에 불과하며 그중 주식으로 자리를 잡은 건 200종도 채 되지 않는다.

잇저스트Eat Just도 우리 식탁에 올라오는 식물의 종류를 대폭 늘리려고 노력 중인 업체다. 하지만 샌프란시스코에서 시작한 이 업체의 이름은 식물에 관한 지식보다는 법적 분쟁으로(식물성 재료로 만든 '마요네즈'에 '저스트 마요Just Mayo'라는 이름을 붙여서 소비자들이 달걀로 만든 기존 마요네즈와 같은 제품으로 착각할 수 있다는 문제가 제기됐다), 또는 사업 운영상의 문제로(판매량을 높이기 위해서 자사 마요네즈 제품을 사재기했다) 더 많이 알려졌다.

잇저스트는 단백질을 얻을 새로운 식물을 찾기 위해 지금까지 70개 국이 넘는 국가에서 수천 가지의 식물 표본을 확보해 분석했다고 주장한다. 혹시 집에서 키울 만한 식물이 있나 싶어 그 목록을 확인해볼까 하는 생각이 스친다면, 이 업체가 찾아낸 정보는 전부 지식 재산으로 분류되어 엄격히 보호되고 있음을 알아두길 바란다. 현재까지 잇저스트가 출원한 특허는 50건이 넘고(그중 일부는 다른 업체에 판매됐다) 이를 토대로 2억 2000만 달러가 넘는 투자를 유치했다. 현재 잇저스트의 기업 가치는 10억 달러로 평가된다. 첨단식품기술 분야에서 식품 제조업체의 잠재력은 무궁무진하다. 기존에 없던 새로운 성분을 사상 처음으로 상품화하는 업체는 월스트리트에서의 성공이 거의 확실히 보장된다. 이는 자연을 상품화하는 일이라고도 할 수 있다.

잇저스트의 첫 번째 목표는 상온에서 보관할 수 있는 마요네즈를 개발하는 것이었다. 이를 위해 잇저스트의 연구자들은 거품 형성과 젤 형성 기능, 수분 보유의 측면에서 가장 적합한 단백질을 찾기 위해 1000가지가 넘는 레시피를 시험했다. 이 모든 시험을 거쳐 선정된 식물은 이미 잘 알려져 있고 널리 쓰이고 있는 카놀라 씨다. 이후 잇저스트가 상용화를 계획한 다음 목표는 녹두에서 분리한 단백질로 만든 액상달걀이었다. 녹두도 완두콩처럼 콩과식물이다. 레시피를 다듬고 제품을 시장에 내놓기까지 4년이 걸렸다. 액상 달걀은 현재 미국에서 소비자들에게 좋은 반응을 얻고 있고, 홍콩, 한국, 중국을 포함한 아시아 시장에도 공급되고 있다.

미국 정부도 식물에 관한 지식을 확대하기 위해 노력 중이다. 농무부가 운영하는 '두류 작물 건강 사업Pulse Crop Health Initiative, PCHI'이라는 다개년 프로그램은 두류에 관한 지식 확장에 도움이 되는 사업들을 지원한다. 여기서 말하는 두류는 작물에서 바로 수확한 콩이 아닌 말린 콩을 가리키며, 콩과식물 대부분이 포함된다.(전부는 아니다.) 미국 농무부의 한 분과인 농업연구청 소속 식물 육종가 리베카 맥기Rebecca McGee는 PCHI를 통해 제공받은 연구비로 완두콩에 관한 지식을 넓히기 위해 노력 중이다. 맥기는 내가 "식물 육종가 특유의 유머"라고 부르는 건조하면서도 신랄한 농담의 대가였는데, 식물 이야기를 할 때만 그랬다. "저는 사람들에게 식물 육종가로서의 첫 번째 목표는 수확량이라고 이야기합니다. 혹시 다른 목적을 이야기하는 육종가가 있다면 그건 거짓말이에요." 맥기의 말이다.

맥기에 따르면 완두콩 하나의 단백질 함량은 평균 22퍼센트다. "하지만 유전적인 변이로 인해 단백질 함량이 달라지는 경우가 상당히 많습니다." 현재 맥기는 완두콩의 단백질 함량에서 나타나는 이러한 차이가 어떤 유전학적 특성에서 비롯되는지 알아내기 위해 연구 중이다. 맥기는 자신의 연구에 더 많은 완두콩, 더 많은 단백질, 더 많은 수익more peas, more protein, and more profit이라는 뜻으로 'MP3'라는 귀여운 이름을 붙였다.

"우리는 전 세계에 있는 노란 완두콩을 샅샅이 뒤졌어요." 맥기는 "노란 완두콩 500종"을 조사했다고 밝혔다. 최근에는 전 세계 과학자들과 협력하여 완두 유전체의 염기서열을 분석했다. "완두의 유전체는 크기가 엄청납니다." 인간 유전체와 비교하면 1.4배 이상 크다.(DNA 분자의 길이는 염기로 나타내는데, 인간 유전체는 약 3.2기가 염기이고 완두콩은 4.5기가 염기에 이른다.) 하지만 맥기는 "기능이 없는 부분이 상당수"이며 반복되는 염기서열이 아주 많다고 설명했다.

나는 맥기와 전화로 이야기를 나누다가 질문을 던졌다. "왜 콩을 먹으면 속에 가스가 많이 찰까요?" 맥기는 분자량이 낮은 탄수화물 때문이라고 대답했다. "그렇군요… 근데 그게 무슨 뜻인가요?" 나는 다시 물었다. 크기가 작다는 뜻인가? "우리 같은 과학자들은 항상 이렇게 복잡하게 말하죠." 맥기는 내 말에 웃음을 터뜨렸다. 더 자세히 알고 싶었지만 소중한 통화 시간을 낭비하고 싶진 않았으므로 그쯤에서 넘어간 뒤 나중에 『식품Foods』이라는 교과서를 뒤져서 두류 부분을 읽어보았다.

내가 궁금해 했던 속이 더부룩하고 가스가 차는 느낌을 만드는 원인은 콩과식물에 들어 있는 올리고당 때문이었다. 올리고당은 '배에 가스가 차게 만들기로 악명 높은' 라피노즈*계 당류다. 인체에는 이 물질을 분해하려면 꼭 필요한 효소(알파갈락토시다아제)가 없어서 먹어도 소화가 되지 않는다. 그래서 올리고당은 몸에 흡수되지 않고 장 하부에서 미생물군에 의해 분해된다. 너무 따분하다고? 한 마디로 콩을 좋아하는 사람들은 몸에서 이산화탄소와 수소가 다량 발생하며 메탄도 소량 발생한다는 얘기다.

"콩은 섬유질과 무기질이 가장 많이 농축된 식품입니다." 그레거 박사의 설명이다. "섬유질이 풍부하게 발견되는 식품은 가공되지 않은

---

*　　갈락토오스와 포도당, 과당으로 이루어진 삼당류.

식품뿐입니다." 콩은 토양에도 이롭다. 2016년에 유럽에서 윤작에 콩과식물이 포함되면 어떤 장점이 있는지 조사한 연구에서는 재배 작물이 다양해지면 아산화질소 배출량이 20~30퍼센트 감소하고 비료 사용량은 25~40퍼센트 줄어드는 것으로 나타났다. 그보다 중요한 결과는 '환경에 긍정적인 변화가 일어난다고 해서 매출 총이익이 무조건 감소하는 건 아니라는 것'이다. 어쩌면 다양한 작물을 재배하는 것이 기후 변화의 속도를 늦추기 위해 우리가 할 수 있는 가장 중요한 일인지도 모른다. 완두콩, 녹두, 병아리콩, 그 밖에 우리가 아직 광범위하게 연구해본 적 없는 여러 이름 모를 두류와 콩이 토양 회복과 우리의 식생활 개선에 도움이 될 수 있다. 투자금을 수백만 달러씩 유치하는 첨단식품기술 스타트업들이 내세우는 화려한 목표들과는 거리가 멀지만, 농업을 잘 활용하는 이런 기초적인 해결책으로 건강과 환경 둘 중 하나를 선택해야 하는 상황을 피할 수 있을지도 모른다.

캘리포니아주 버클리에서 문을 연 클라이맥스푸드Climax Foods는 대두와 완두콩에만 연연하지 않는다. 창립자인 올리버 잰Oliver Zahn은 우주 탐사기업 스페이스엑스SpaceX와 구글Google에서 일한 경력이 있는 천체물리학자다. 클라이맥스푸드는 잰이 "최적화되지 않은 식품 생산 방식"이라고 표현하는 문제를 개선할 비정통적인 전략이 담긴 사업 계획서와 잰의 이력서를 제출하는 것 외에 달리 한 것도 없이 창업을 위한 최초 투자금 모금에서 "목표액을 초과해" 750만 달러를 확보했다. 나는 코로나19 대유행이 한창일 때 서로의 안전을 위해 각자의 집에서 잰과 전화 통화로 이야기를 나누었다. 잰은 식물에서 얻는 물질을 조합해서 만들 수 있는 동물성 식품의 대체품은 예측 모형과 데이터 선별 알고리즘의 도움을 받지 않고서는 감당이 안 될 만큼 많다고 설명했다. 잰은 그런 대체품이 "환경에도 유익하고, 우리에게도 훨씬 안전하다"고 주장했다. 코로나19 바이러스가 야생동물에서 인간에게로 전파된 사실을 생각하면 식물성 식품이 더 안전하다는 말에 동의할 수밖에 없었다. 또한 식물성 식품은 다른 어떤 식품보다도 보관 기간이 긴 편이므로 장보기 횟수를 줄일 수 있어서 소비자와 근로자, 취약 계층에게도 더 나은 선택지일 수 있다.

2019년 미국 서부 천연 제품 박람회에서 이곳저곳을 둘러보며 내가 알게 된 건 재료의 다양성보다는 맛의 혁신에 중점을 둔 제품이 더 많다는 점이었다. 필리넛pili nut 외에는 낯선 재료가 없었다. 많이 알려지지 않은 재료로 사업을 시작하는 식품 스타트업에게는 훗날 소비자가 늘어나 생산 규모를 늘려야 할 때 재료 수급이 힘들 수 있다는 딜레마가 있다. 그래서 그런 고민을 하게 될 정도로 소비자가 늘어나면, 결국 값싸고 구하기 쉬운 재료를 택하게 된다. 마이코테크놀로지가 중국에서 완두콩을 공급받는 이유도, 리플푸드가 완두콩으로 우유 대체품을 만드는 이유도 모두 그래서다. 하지만 완두콩이라고 완벽한 건 아니다. 요거트 재료로는 특히 그렇다!

식품 라벨에 완두콩 단백질이 들어 있다고 적혀 있으면 우리는 친숙하게 느끼지만 그건 다 착각이다. 성분을 보고 우리가 떠올리는 건 무성하게 자란 작물에서 수확한 파릇한 완두콩이지만, 그건 라벨에 적힌 성분명만 보고 우리 뇌가 만들어낸 신기루일 뿐이다. 산업적으로 생산된 식품, 또는 초가공된 식품은 우리가 주방에서 직접 만들 수 있는 음식과는 확연히 다르다. 우리가 구입하는 최종 제품은 다양한 방식으로 변형되고 처리된 결과물이므로, 우리가 생각하는 식품과 실제로 먹는 식품은 전혀 다를 수 있다. "정말로 영양을 신경 쓴다면 식생활을 자연 식품 중심으로 구성해야 합니다." 그레거 박사의 설명이다. "콩, 완두콩, 병아리콩, 렌틸콩과 같은 콩과식물의 섭취량은 전 세계적으로 노년층의 생존율을 예측할 수 있는 가장 중요한 식생활 지표로 여겨집니다. 콩과식물의 일일 섭취량이 약 28그램 증가할 때마다 조기 사망 위험률은 8퍼센트 감소합니다." 완두콩은 '거대 대두 산업'의 뒤를 바짝 뒤쫓고 있고, 자연식품에서 첨단기술이 적용된 식품으로 바뀔 차세대 후보로 여겨진다. 과연 20년 뒤에 이 '완두콩 기술'은 인간에게 유익하다는 평가를 받게 될까?

4. 우유와 달걀
동물과 무관하기만 하면 완전 채식주의일까?

소 없이 만드는 우유

뉴욕 42번가는 평소에 절대 근처에도 가지 않는 곳이지만, 찾아가기로 한 호텔이 타임스스퀘어 중심에 있었다. 지하철에서 내리자마자 얼른 호텔로 찾아가서 회전문을 통과해 평온한 호텔 로비에 들어섰다. 에스컬레이터를 타고 2층으로 가니 작은 라운지가 보였다. 커피가 담긴 은주전자들, 손질한 멜론이 담긴 접시들, 요거트와 그래놀라가 담긴 작은 그릇들이 준비되어 있었다. 모여 있는 사람들 대부분은 남성이었고 거의 다 백인이었다. 범퍼카처럼 서로 부딪혀가며 방안을 돌아다니는 사람들 속에 아는 얼굴이 있는지 둘러보았다.

때는 '미래 식품기술 박람회Future Food Tech'가 처음 열린 2016년이었다. 2019년에는 수천 명이 참석하는 행사가 되었지만, 2016년만 하더라도 지금처럼 식물과 세포를 기반으로 한 미래 식품 산업 중심의 행사가 아니었다. 참석자도 겨우 200여 명에 불과했다.

행사 주제는 대부분 과학에 크게 치중되어 있었다. 나는 이틀 동안

전부 꼼꼼하게 둘러보고 모든 내용을 흡수하고 싶었다. 특히 흥미로웠던 업체는 '무프리Muufri'였다. 어쩐지 바보 같은 이름에도 끌렸지만, 업체가 추구하는 목표가 흥미로웠다. 첨단식품기술 기업들은 대부분이 동물성 식육을 그대로 본뜬 대체품 개발에 주력하지만, 무프리가 만드는 건 육류가 아닌 우유 대체품이었다. 무프리의 공동 창립자 라이언 판디야Ryan Pandya와 페루말 간디Perumal Gandhi는 둘 다 완전 채식주의자다. 두 사람은 내게 채식주의자가 된 후에 가장 먹고 싶었던 음식이 치즈였다고 이야기했다.

미국에서는 가까운 슈퍼마켓 아무 곳에나 가서 유제품 진열대를 둘러보면 높은 확률로 다양한 완전 채식주의자용 치즈 대체품을 찾을 수 있다. 특히 웨그먼스Wegmans 매장이 근처에 있다면 꼭 들러보길 권한다. 2020년에 비영리단체 우수식품연구소Good Food Institute와 식물성식품협회 Plant Based Foods Association가 발표한 보고서에 따르면 전체 슈퍼마켓 체인 중에서 미국 동부 해안 지역의 슈퍼마켓 체인점인 웨그먼스만큼 매장마다 완전 채식주의자용 식품이 잘 갖추어진 곳은 없다. 완전 채식주의자용 치즈 대체품은 대체로 잘 팔린다. 허브가 들어간 '치즈' 스프레드는 정말 맛이 좋고, 슬라이스 치즈도 (다 그런 건 아니지만) 입에서 잘 녹는다. 맛과 식감 면에서 가장 훌륭한 건 크림치즈 대체품이다. 하지만 카망베르나 브리 치즈처럼 치즈 외피를 잘 살려서 만드는, 부드러우면서도 쫄깃한 치즈는 채식주의자용 대체품이 없다. 미국에서 가장 많이 소비되는 치즈인 모차렐라처럼 오븐에 넣고 익히면 무조건 잘 녹는 치즈도 아직 대체품이 없다.

판디야와 간디는 미래 식품기술 박람회에서 유독 눈에 띄었다. 헐렁한 청바지와 편한 셔츠 차림에, 다른 참석자들보다 확연히 젊었기 때문이다. 간디는 흔히 볼 수 있는 검정색 스위스기어SwissGear 백팩을 메고 있었다. 두 사람에게 다가가서 내 소개를 하고 잠시 대화를 나누던 중, 판디야가 간디의 백팩을 엄지로 가리키면서 말했다. "사실 샘플을 갖고 왔어요. 아무한테도 말하지 마세요." 나는 눈을 크게 뜨면서 대답했다. "음, 알겠습니다. 그런데 맛을 좀 볼 수 있을까요?" 두 사람은 주위를 살피더니 내게 따라오라고 손짓했다. 꼭 커낼스트리트에서 가짜 명품 가방이라도 사는 기분이었다. 우리는 긴 복도를 따라 행사장에서 벗어났다.

판디야는 백팩 지퍼를 열고 유리병 하나를 꺼냈다. 노란빛이 도는 흰 액체가 담겨 있었다. 간디는 조심스럽게 뒤를 살피고는 샘플의 양이 행사에 온 모든 사람에게 나눠줄 만큼 많지 않다고 설명했다. 그가 병을 꺼냈을 때도 액체가 반밖에 담겨 있지 않았다. 간디는 플라스틱 컵에 아주 조금 따라서 내게 건넸다. 바로 꿀꺽 삼키지 않으려고 조심스럽게 그 액체를 입속에 졸졸 부었다. 가장 먼저 묽은 맛이 느껴졌다. 물이 너무 많이 들어간 맛이었다. 그리고 너무 달았다. 한 모금 더 마셔보았다. 어릴 때 많이 마시던 일반 우유나 무지방 우유와 겨룰 수 있을 것 같지는 않았다. 내 입맛에는 영 아니었다. 얼굴에 내 감상이 고스란히 드러난 모양이었다. "아직 연구 중이에요." 둘 다 이렇게 말하고는 병을 백팩에 넣었다. 그리고 다 함께 행사장으로 돌아갔다.

2년 앞서 2014년에 판디야와 간디는 미생물 발효로 우유 단백질을 만들겠다는 가장 기본적인 아이디어만 가지고선 아일랜드 코크시의 '합성생물학 스타트업 지원 사업'에 신청서를 제출했고, 지원 대상으로 최종 선정되어 3만 달러와 연구 공간, 아이디어를 구체화하도록 도와줄 자문 서비스를 제공받았다. 판디야의 어머니는 처음 이 소식을 듣고는 낯선 사람에게 돈을 줄 때는 조심해야 한다고 잔소리를 시작했다가, 그게 아니라 반대로 낯선 사람들에게서 돈을 받는다는 사실을 깨닫고는 놀라서 웃음을 터뜨렸다고 한다.

코크시에서 시작된 이 스타트업 지원 사업은 미국으로 건너와 샌프란시스코만 지역에서 '인디바이오'라는 새로운 이름으로 이어졌고, 이제는 합성생물학의 발전을 지원하는 대표적인 네트워크로 자리 잡았다. 나는 박람회에서 만난 것을 계기로 이후 3년간 판디야, 간디와 자주 연락을 주고받았다. 두 사람은 투자금을 모집할 때마다 내게 이메일로 소식을 전했다. 내가 기사를 써줄 수도 있다고 생각한 것 같았다. 처음 봤을 때 영락없는 대학원생 같았던 허름한 옷차림도 점차 말쑥해졌다. 두 사람의 괴짜 같은 면모를 알 수 있는 마지막 단서였던 회사명도 2016년에 변경됐다.(여러분도 왜 처음 명칭이 '무프리'였는지 이해했으리라 생각한다.*) '퍼펙트데이Perfect Day'라는 새로운 이름은 음악을 들을 때 소가 행복감을 느낀다는 연구 결과로부터 영감을 얻어 지어졌다. 판디야와 간디에 따르면 루 리드Lou Reed가 작곡한 「퍼펙트 데이」를 소들에게 들려주자 소들의 행복감이 놀라울 만큼 커졌다고 한다.

* 영어에서 무moo는 우리말로 '음메'에 해당하는 소 울음소리이므로, '무프리' 우유는 소 없이 만든 우유라는 뜻이다.

미생물 발효의 역사

내가 이 책에서 다루는 미래 식품 중 상당수는 나와 같은 처지의 사람들 덕분에 나올 수 있었다. 다르게 이야기하면, 나 같은 제1형 당뇨병 환자들에게 필요한 인체 인슐린을 분리해내는 연구가 성공을 거둔 덕분이었다.

인슐린은 1889년에 개를 대상으로 몇 가지 이례적인 실험(비윤리적이라고 평가하는 사람들이 많다)을 하던 독일의 두 과학자가 처음 발견했다. 피도Fido라는 개에게서 췌장을 제거하자 당뇨병과 유사한 증상이 나타났고 담즙을 주사하자 증세가 나아진 것이다. 이 연구 결과를 토대로, 생명 유지에 꼭 필요한 단백질인 인슐린이 췌장 깊은 곳에 자리한 아주 특수한 세포 집합체에서 나온다는 이론이 정립됐다. 이 특수한 세포 집합체는 개의 췌장을 제거한 두 과학자의 이름이 아니라 이 집합체를 찾아낸 과학자의 이름을 따서 랑게르한스섬islets of Langerhans으로 불리게 되었다.(나는 10대 시절에 이 단어를 텍사스 풋볼팀 이름인 롱혼스longhorns처럼 '랑게르혼스langerhorns'라고 발음했다.) 인슐린이라는 이름은 이 중요한 단백질이 발견된 곳이 랑게르한스섬이라는 점에 착안하여 라틴어로 '섬'을 뜻하는 insula를 따서 지어졌다.

1922년에 캐나다에서 프레더릭 밴팅Frederick Banting이라는 외과 의사가 처음으로 사람에게 인슐린을 투여했고 결과는 성공이었다. 이듬해 일라이릴리앤드컴퍼니Eli Lilly and Company는 인슐린 대량생산을 시작했다. 개는 아니었지만 죽은 돼지와 소에게서 얻었으니 동물로부터 얻은 건 마찬가지였다. 이 정도로도 환자들에게 도움이 됐지만, 수요만큼 공급하지 못할 때가 많았다. 효능도 들쭉날쭉했다. 나는 열두 살이던 1983년에 제1형 당뇨병 진단을 받았다. 병원 간호사들은 내게 오렌지에 인슐린이 든 주삿바늘을 찔러 넣는 연습을 시켰고, 주사를 잘 놓을 수 있게 된 후에야 나는 인슐린 병을 챙겨서 집에 가도 좋다는 허락을 받았다. 내가 받은 자그마한 병에는 '휴물린 인슐린'이라는 글자가 적혀 있었다. 그리고 이제는 익숙해진 이름인 '일라이릴리'가 구석에 도장으로 찍혀 있었다. '인슐린'이라는 글자 아래에는 '재조합 DNA로 만든 제품'이라는 문구가 있었다.

휴물린은 내가 병명을 알게 된 때로부터 약 1년 전인 1982년에 FDA가 승인한 첫 재조합 의약품이었다. 일라이릴리가 라이선스를 구입한 제넨텍Genentech의 재조합 DNA 기술은 인슐린 단백질이 암호화된 인체 유전자를 일반적인 세균(인슐린의 경우 대장균)에 삽입해서 이를 단백질이 만들어질 임시 숙주로 활용한다. 조건이 잘 맞아떨어지면 이 세균에서 사람의 인슐린과 생물학적으로 동일한 물질이 만들어진다. 이후 정제 과정을 거쳐 숙주(대장균)와 인슐린(단백질)을 분리해서 인슐린을 얻는다. 이렇게 얻은 인슐린은 살아 있는 사람의 췌장에서 직접 얻는 것보다 순도가 높다.

식품 산업에서는 유전자를 조작해서 원하는 결과물을 얻는 이런 과정을 간단히 "미생물 발효"라고 부른다. 우리가 먹는 식품에서도 이 같은 방식을 어렵지 않게 찾을 수 있다. 치즈를 만들기 위해서는 우유를 응고시키는, 다시 말해 덩어리지게 만드는 레닛이라는 효소가 필요하다. 냄새가 아주 지독하면서도 맛이 좋은 유럽의 전통적인 치즈는 어린

송아지의 위 내벽에서 얻은 레닛을 사용해서 만든다. 그러나 돼지나 소에게서 인슐린을 추출하는 게 별로 좋은 방법이 아닌 것처럼 송아지에게서 레닛을 얻는 것도 마찬가지고, 비용도 많이 든다. 또한 시장에서 점차 큰 비중을 차지하기 시작한 채식주의자들도 거리낌 없이 먹을 수 있는 치즈를 만들어야 한다는 새로운 과제도 주어졌다.

레닛을 실험실에서 만들어낼 방법을 찾던 식품업계는 인슐린을 청사진으로 삼았다. 인슐린을 만드는 것과 같은 방식으로 인체에 필요한 다른 단백질을 만들 수 있다는 것, 게다가 사람들이 원하는 단백질을 만들 수도 있다는 더 중요한 사실을 떠올린 것이다. 식품기술에서는 '원하는 것'과 '필요한 것'의 차이가 매우 중요하다. 단백질, 아미노산 등 영양의 가장 기초적인 구성단위가 필요한 것이라면, 사람들이 원하는 건 인체의 핵심 기능과 무관하고 필요 없는 열량만 가득하며 쭈글쭈글한 비닐에 포장된 식품인 경우가 많다.

뉴욕시에 본사가 있는 제약업체 화이자는 재조합 DNA 기술로 레닛을 만드는 법을 연구했다. FDA는 28개월에 걸친 검토 끝에 1990년, 생명공학 기술로 만들어진 '레닌'*이 대중의 안전에 위험한 영향을 주지 않으리라 판단되므로 재조합 DNA 레닛을 유제품에 사용해도 된다는 결정을 내렸다. 이 기념비적인 결정으로 빨리 익는 토마토부터 갈변되지 않는 사과까지 새로운 식품이 탄생하는 문이 열렸고 이 변화는 오늘날 우유 단백질, 달걀흰자 단백질을 대체할 수 있는 물질 개발에 적극

---

*   레닛에 들어 있는 응유효소.

적으로 뛰어든 첨단식품기술 스타트업의 등장과 임파서블 버거의 개발
로까지 이어졌다.

닭 없이 만드는 달걀

우유 단백질처럼 달걀 단백질도 대체품을 개발하려는 시도가 이루
어지고 있다. 아르투로 엘리존도Arturo Elizondo는 2014년 11월에 생전 처
음 식품 콘퍼런스에 참석했다. 반나절 동안 이어진 그날의 행사는 캘리
포니아주 샌리앤드로에 있는 카이저퍼머넌트Kaiser Permanente 본사의 가필
드혁신센터에서 열렸다. 실리콘밸리와 그리 멀지 않은 샌리앤드로는 샌
프란시스코만 지역에 남은 몇 안 되는 산업 지대로 더 많이 알려진 곳
이다. 엘리존도는 참석자가 50~60명 정도에 불과한 이 소규모 행사에
(당시에는 햄프턴크릭Hampton Creek이라는 이름으로 알려졌던) 업체 저스트Just
의 창립자 조시 테트릭Josh Tetrick의 초청으로 왔는데, 테트릭은 행사 직
전에 급한 일이 생겨서 참석하지 못했다. 이 행사가 열린 주에 유니레버
Unilever가 햄프턴크릭이 '저스트 마요' 제품에 '마요'라는 명칭을 사용했
다는 이유로 소송을 제기했기 때문이다.* 행사장에 도착한 엘리존도는
앉을 곳을 찾았다. 참석자들은 대부분 정부 기관이나 비영리단체, 지역
업체들에서 온 사람들이었다. "빈 의자가 남아 있는 곳은 젊은 사람들

---

* 유니레버는 마요네즈라는 표현을 사용했다면 재료에 달걀이 반드시 들어가야 하
   며, 달걀이 들어 있지 않은 제품임에도 '저스트 마요'가 라벨에 '마요'라는 표현을
   쓰는 것은 대중을 속이는 행위라고 주장했다. 유니레버는 이 소송에서 패소했을
   뿐만 아니라 대중들로부터 과도하게 강경한 전략을 썼다는 비난을 받았다. ― 지
   은이

이 있는 테이블이었습니다." 그는 이렇게 전했다. "그때는 식품기술이 별로 인기가 없었거든요."

엘리존도가 앉은 "애송이들" 테이블에는 세포농업*을 알리는 일에 주력해온 '뉴하비스트New Harvest'라는 연구소의 최고 경영자 이샤 다타르Isha Datar와 퍼펙트데이의 창립자인 판디야와 간디, 그리고 농장에서 집 앞까지 식품을 배달해주는 서비스업체 '굿에그Good Eggs'의 공동 창립자 롭 스피로Rob Spiro가 있었다. "우리는 식품에 쓰이는 기술과 합성 물질 사용에 대해서, 그리고 그런 것들이 대중에게 어떻게 여겨지는지에 대해서 이야기를 나누었습니다." 엘리존도가 내게 설명했다. "나는 소비자가 샌프란시스코에만 사는 것도 아닌데, 그러한 기술이 적용된 식품을 농산물 직판장에서는 구할 수 없다는 건 실용적이지 않고 식품 가격만 높이는 일이라고 이야기했습니다." (완전 채식주의자인) 그는 또한 축산업이 "식품 산업의 자원을 갉아먹는다"는 견해를 드러내기도 했다.

이샤 다타르는 합성생물학 분야에서 꽤 유명한 인물이다. 2010년에 다타르가 발표한 「시험관 육류 생산 시스템의 가능성Possibilities for an In Vitro Meat Production System」이란 논문이 실험실에서 고기를 배양하게 된 전환점이 되었다고 평가하는 사람들이 많다. 엘리존도는 중국이 세포 기반 육류 생산 기술에 투자해야 하는 이유를 주제로 정책 논문을 쓰면서 다타르의 논문을 참고했기에 그를 잘 알고 있었다. 다타르는 채식주의자가 아니었지만 세포농업이 식품 체계를 개선하는 방법이 될 수 있다

---

* 　　동·식물의 세포를 배양해 식량 생산하는 농업 분야를 통칭하는 말.

고 알리는 일에 헌신해왔다. 다타르는 2013년에 뉴하비스트의 이사로 합류했고, 뉴하비스트는 2016년부터 매사추세츠주 케임브리지에서 연례 협의회를 열고 있다. 이 협의회와 다타르의 소개를 통해 서로 친분을 쌓고 새로 설립된 업체가 여러 곳이다. 나는 다타르에게 스스로 중매인이라는 생각을 해본 적이 있는지 물었다. "아마도요. 전 사람들을 서로 이어주는 능력을 타고난 것 같긴 해요." 다타르는 이렇게 대답했다. 클라라푸드Clara Foods와 퍼펙트데이의 공동 창립자이기도 한 다타르는 멤피스미트와 곧 등장할 아르테미스푸드Artemys Foods 등 다른 여러 스타트업의 설립에도 관여했다.

다타르의 옆자리에 앉아 있던 세포생물학자 데이비드 앤첼David Anchel은 닭 없이 달걀을 만든다는, 당시만 해도 엉뚱하다고 여겨지던 발상에 대해 이야기했다. 그 테이블 사람들은 차를 나눠 타고 이동해서 저녁 식사까지 함께했다. 그리고 몇 주 후, 엘리존도와 앤첼, 다타르는 클라라푸드라는 회사를 설립했다. 합성생물학 기술로 달걀흰자에 들어 있는 것과 같은 단백질을 만드는 것이 클라라푸드의 목표였다. 20대인 세 사람 모두 달걀을 깨끗하고 기능적으로도 우수한 단백질원이자 혁신을 일으킬 수 있는 최후의 식품 재료라고 생각했다. 그리고 당시에는 달걀을 연구하는 사람이 아무도 없었다.

달걀은 단일 재료다. 예를 들어 케첩은 여러 성분으로 만들어지고 케첩 자체도 바비큐소스를 만드는 재료로 많이 쓰이지만, 달걀은 결합제나 점착 물질, 젤로 굳히기 위해 넣는 물질 등 기능을 보조할 다른 물질이 필요하지 않다. 내가 만난 달걀 전문가 세라 매소니Sarah Masoni는 오리건주 포틀랜드의 오리건주립대학 내 식품혁신센터에서 일하고 있다. 제품과 공정 부문을 맡고 있는 매소니는 미국 시장에 더 많은 식품이 나올 수 있도록 같은 분야의 다른 어떤 전문가보다 열심히 노력해왔고 시중에 판매되는 포장 식품을 속속들이 알고 있다. 매소니와는 해마다 열리는 '전문 식품 박람회Fancy Food Show'에 우리 둘 다 심사위원으로 참여했을 때 처음 만났다. "달걀흰자가 다른 걸로 대체되면 음식 맛이 허전해집니다." 매소니의 말이다. "대체할 수는 있겠죠, 하지만 진짜 달걀이 들어간 식품과 절대 같아질 순 없어요." 달걀흰자는 지방 함량이 낮고 단백질 함량은 높으면서 콜레스테롤은 없는, 대체 불가능한 단백질원이다.

클라라푸드는 달걀흰자의 대체품을 개발한다는 사업 아이디어의 초안을 파워포인트 자료로 작성해서 2015년 인디바이오에 창업 지원 신청서를 제출했다. 이목을 끌 수 있도록, 사업명은 '뉴하비스트 달걀 프로젝트'라고 정했다. 신청서가 통과되어 투자가 확정되자, 세 사람은 '닭이 먼저냐, 달걀이 먼저냐'라는 유구한 질문의 대답을 과학적으로는 어떻게 풀어낼 수 있을지 고민하기 시작했다. "닭 한 마리를 길러서 알을 낳을 때까지 기다렸다가, 알을 낳으면 그 알에서 흰자만 얻는 고생스러운 과정을 전부 건너뛰고 달걀흰자만 바로 얻을 수 있다면 어떨까?" 엘리존도는 이런 물음을 제기했다.

대부분의 첨단식품기술 분야 창립자들과 달리 엘리존도의 전문 분야는 정책이다. 하버드대학교에서 행정학을 전공한 그는 졸업 후 농무부에서 잠시 일했다. 미국 연방 대법원의 소니아 소토마요르Sonia Sotomayor 대법관 사무실에서 인턴으로 일한 경력도 있다.(소토마요르도

제1형 당뇨병 환자다.) 또한 대부분의 실리콘밸리 창립자들과 달리 엘리 존도는 텍사스 출신이며 평소에 정장 차림으로 다닌다. 그는 투자 설명에 도가 튼 사람처럼 왜 달걀 단백질을 농장에서 얻지 말고 실험실에서 만들어야 하는지 유창하게 설명했다. "살모넬라를 걱정할 필요도 없고, 알레르기를 유발할 가능성도 적습니다. 탄소 발자국도 덜 발생시키므로 지속 가능한 기술이며 윤리적이죠. 요즘에는 달걀흰자 가격이 정말 비싸서 대체품의 가치가 엄청나게 높습니다."

달걀의 대체 불가능성

맞는 말이다. 해마다 전 세계에서 소비되는 달걀은 1조 개가 넘는다. 게다가 향후 20년간 달걀 소비량은 50퍼센트까지 증가할 것으로 전망된다. 현재 미국에서 달걀 산업의 가치는 80억 달러에 이른다. 4월 한 달 동안 미국에서 생산되는 달걀만 91억 3000만 개 이상이었다. 코로나19 대유행으로 여러 주에서 자택 대기 명령이 내려지자 달걀 도매가격이 3배 이상 상승했고 달걀 수요는 평상시보다 4배 넘게 늘어났다. 첨단 식품기술 기업의 창업자들은 이처럼 극심한 시장의 변동성을 지적하며 자신들이 추구하는 기술로는 "필요에 따라 수요를 맞출 수 있다"고 이야기한다. 닭이 알을 낳기만을 기다릴 필요 없이 생산량을 늘릴 수 있다는 의미다.

달걀은 여전히 저렴한 식품에 속하지만, 세계 곳곳에서 경이로울 만큼 다양한 요리 재료로 쓰이고 있다. 제빵사와 요리사들은 달걀에 들어 있는 단백질을 활용해서 거품을 내고, 크림처럼 만들어서 쓰거나, 다른 재료를 결합하는 물질로도 쓰고, 음식을 젤 형태로 만들 때도 활용한다. 이런 유연성에도 불구하고 달걀로 빵을 만드는 건 정밀한 과학의 영역이다. 전체 과정 중에서 하나만 망쳐도 전부 망칠 수 있다. 달걀 가격이 두 배로 올라도 식품 생산업체들이 계속 달걀을 쓰는 건 대체할 다른 재료가 없기 때문이다.

정말 그럴까?

오늘날 없애야 할 '악당'처럼 여겨지는 식품들(달걀, 우유)을 대체할 모조품을 실험실에서 만들어낼 수 있게 되자, 대규모 축산업보다 이러한 합성품이 환경에 더 이롭다고 여겨지기도 한다. 달걀 단백질을 만드는 방법, 그리고 퍼펙트데이에서 유제품 단백질을 만드는 방법은 레닛이나 인슐린을 만드는 방법과 거의 비슷하다. 즉 '숙주'에 원하는 유전 암호를 도입한 후 적절한 영양을 공급하고 생육 조건도 잘 맞춰서 숙주가 원하는 단백질을 만들어내도록 하는 과학적인 조작 기술이 활용된다. 물론 아주 단순하게 요약한 설명이다.(임파서블푸드도 같은 방식으로 채식 버거에 들어가는 헴 단백질을 만든다.)

하지만 잠시 멈추고 생각해보자. 이렇게 만들어진 새로운 결과물을 식품으로 섭취할 때 우리 몸에 어떤 영향이 발생하는지 다 밝혀졌을까? 그렇지 않다. 이 새로운 흐름을 잠시 멈춰 세우고 평가할 기회는 있을까? FDA가 28개월에 걸쳐 레닛을 승인한 것처럼 다른 식품들도 길고 꼼꼼한 검토 절차를 거칠 수 있을까? 세상을 구하기 위해서 태초부터 지금까지 정교하게 조정되며 발달한 생태계를 버려도 될까? 자연의 산물과 합성물 중 무조건 한 가지만 택해야 하는 문제는 아니지만, 또 다른 형태로 산업화된 식품을 받아들이기 전에 그 식품을 섭취할 때 생길 결과를 확실히 해둘 필요가 있다.

닭이 낳은 달걀에는 약 40종의 단백질이 들어 있다. 클라라푸드는 그중에서 식품 생산에 기능적으로 활용할 수 있는 종류, 즉 식품의 수분과 밀도, 구조 측면에서 활용 가치가 가장 높은 단백질을 선별했다. 이어 단백질 공장으로 활용할 적절한 효모를 물색했다. 수십 년 동안 듀폰Dupont에서 일하고 2019년에 클라라푸드에 기술 부문 부대표로 합류한 란잔 파트나익Ranjan Patnaik은 단백질 공장으로 뽑힌 효모가 어떻게 활용되는지 자세히 설명해주었다. 효모에 당과 물이 주성분인 영양소를 공급하고 "우려내면" 최종 산물인 단백질이 분비된다. 하지만 아직 할 일이 많이 남았다. 효모는 바닥에 가라앉고 우려낸 액체(투명한 액체)는 위로 떠오르므로 여과 공정을 거쳐 단백질을 얻는다. 그리고 농축된 단백질을 분무 건조해서 분말 형태로 만든다. 클라라푸드가 대량생산에 성공한다면, 이렇게 만들어진 분말 단백질이 그 유명한 사라 리Sara Lee의 파운드케이크에 쓰이는 날이 올지도 모른다. 완성된 분말 단백질은 최종적으로 식품 제조업체에 납품될 것이다. 파트나익이 말해주지 않은 과정도 분명 더 있을 텐데 더 자세한 정보는 거의 얻지 못했다.

사라 리의 파운드케이크 재료 중에 달걀이 빠지면 어떻게 될지 상상해보자. 이 케이크의 기본 레시피를 보면 케이크 하나당 달걀 6개가 들어간다. 촉촉하고 묵직한 맛이 매력적인 사라 리의 제품 중에 완전 채식주의자도 먹을 수 있는 종류는 아직 없다. 인간은 동물 단백질과 달걀을 얻기 위해 닭에게 엄청나게 의존한다. 합성된 달걀 단백질이 나온다면 완전 채식주의자들이 즐길 수 있는 디저트 재료로 쓰일 수 있을 뿐만 아니라 재난 발생 시 구호품으로 활용할 수도 있고 냉장 시설이 부족한 지역에서도 널리 쓰일 수 있을 것이다.

클라라푸드의 창업자들과 처음 인터뷰를 하고 4년쯤 지났을 때, 샌 프란시스코 시내에서 열린 미래 식품기술 박람회에서 엘리존도와 다시 만났다. 2019년 3월 22일이었고, 우리가 마주 앉은 곳은 투자자와 창업 자들을 위해 마련된 방이었다. 나는 투자자도 창업자도 아니었지만 슬 쩍 들어가서 흙에서 키운 샐러드 채소와 고대부터 한결같이 지구를 비 춰주는 태양 아래에서 자란 채소들을 구운 요리를 큼직한 접시에 잔뜩 담아 테이블 한쪽에 앉았다. 내 맞은편에 앉은 엘리존도는 서류 가방에 서 작은 유리병 하나를 꺼냈다. 그 안에 담긴 정체 모를 투명한 액체는 지난 4년간 빚어낸 결과물이었다. 식품 생산 방식의 한계를 뛰어넘으려 는 창업자들과 만나는 자리에서 이렇듯 가방에서 뭔가를 꺼내 드는 상 대를 마주하는 상황에 나도 점점 익숙해지고 있었다.

"여기에 단백질 20그램이 들어 있습니다." 그가 내게 건넨 그 유 리병 안에 든 건 닭 없이 만든 액상 달걀 단백질이었다. 수백만 달러의 가치가 매겨질 가능성이 높다고 전망된 물질이었다. 엘리존도는 그걸 CP280이라고 불렀다. "맛은 어떤가요?" 내가 묻자 이런 대답이 돌아왔 다. "아무 맛도 안 나요. 샐러드에 넣어서 먹어도 되고, 차나 커피, 탄산 음료에 넣어도 됩니다." 먹어보라고 준 건 아니었지만 나는 먹어보았고 달걀흰자를 삼키는 건(그것도 일부러!) 역시나 쉽지 않은 일이었다. 달걀 흰자가 들어가는 완벽한 피스코 사워 칵테일이 번뜩 머리에 스쳤다. 엘리존도가 개발한 이 단백질로 피스코 사워 특유의 거품은 기가 막히게 살리면서도 입맛이 뚝 떨어지게 만드는 희미한 달걀 비린내를 없앤 칵테일을 만들 수 있지 않을까, 하는 생각이 들었다.

마침내 해냈다고 말하는 엘리존도에게서 자신감이 느껴졌다. "세상에서 가장 잘 녹는 단백질을 출시하려고 합니다." 클라라푸드는 설립 5년 만에 수십억 달러 규모의 식품 원료 생산업체인 인그리디언Ingredion과 파트너십 계약을 체결했다. 직원 수도 40명이 넘었다. 분명 탄탄대로에 들어선 건 것 같았다. 이제 단백질 생산량을 내 손에 들린 유리병에 들어가는 양보다 훨씬 더 많이, 대폭 늘리는 일만 남았다.

1년 후, 엘리존도는 코로나19 대유행으로 도시가 봉쇄된 상황에서도 사업이 잘되고 있다고 전했다. "지난 6개월은 회사 설립 이후 지금까지 5년 반을 통틀어 최고의 시간이었습니다." 거대 식품 기업들은 젊은 세대의 관심을 끌 방법을 찾고 있고, 엘리존도는 그 기업들이 "오래가려면 우리 같은 업체들이 필요하다"고 설명했다. 그는 회사 이름이 '마이너스푸드Minus Foods'로 바뀔 예정이라는 소식과 함께 다른 여러 가지 새로운 소식을 내게 전했다. 참 영리한 이름이라는 생각이 들었다. '닭 없이 만든 달걀', '콜레스테롤은 빼고 맛은 살렸다' 같은 문구들이 자동으로 떠올랐다. 신생 식품업체라면 누구나 품는 야망이 엘리존도의 목표에도 어김없이 등장했다. "우리는 달걀이 빠진 맥머핀도 만들 수 있을 겁니다."

유청과 카세인 만들기

우리가 매일 먹는 일상적인 식품의 대체품을 기존에 있던 식품과 비슷한 가격으로 판매하는 것은 신생 식품업체들이 반드시 달성해야 하는 목표다. 그에 못지않은 필수 목표는 규제 기관의 승인을 받는 것이다. 우유 대체품은 생산 공정이 아닌 최종 제품 자체가 기존에 없던 파격적인 식품이라, 퍼펙트데이의 두 창립자는 회사 설립 초기부터 규제 기관과 대화를 시작했다. "식품법이 제정될 때는 FDA도 이런 일이 생기리라고는 예상하지 못했을 겁니다." 판디야의 이 말에서 그들이 만든 제품에 '우유'라는 이름을 붙이기 어려울 뿐 아니라 규제 기관이 제품을 승인할지 여부도 장담할 수 없는 상황임을 짐작할 수 있었다.

"대기업에서는 절대 나올 수 없는 아이디어예요." 그 이유는 여러 가지다. 대기업들은 탄탄한 축산 시스템과 그에 맞는 저온 유통 시스템, 즉 우유를 차가운 상태로 운반할 수 있는 트럭을 갖추고 있다. 우유업계는 제품을 지키려고 선제적인 로비 활동을 벌여왔고 소의 젖이 아이들의 성장 발달에 꼭 필요하다는 주장을 뒷받침하는 연구들, 그러한 사실을 알리는 광고들에 돈을 댔다. 미국인이라면 '우유 마셨나요?Got milk?' 캠페인을 기억하는 사람이 많을 것이다. 시중에 유제품을 대체할 수 있는 식품이 무수히 많은데도 미국의 학교들이 아이들에게 제공하는 식물단백질은 대두 한 가지로만 제한된다. 인체가 만들어낼 수 없는 필수 아미노산 9가지가 모두 들어 있고 우유와 영양학적으로 가장 비등하기 때문이라는 것이 그 이유다. 판디야는 "우유 같은 필수 식품도 완전히 바뀔 수 있음을 내다보지 못한 것"은 맹점이라고 지적했다. 식품 규정을 만들 때 FDA는 미래에 이런 일이 일어날 수 있으리라고는 분명 상상하지 못했다. 그리고 거대 식품 기업은 그런 시도가 눈에 띄면 뭉개버리거나, 투자하거나, 사들일 것이다. 판디야는 자신의 회사가 그보다 민첩하게 앞서 나갈 수 있길 바란다고 이야기했다.

업계가 앞을 제대로 내다보지 못했다는 건 현재 상황만 봐도 알 수 있는 사실이다. 시장조사 기업 민텔Mintel에 따르면 2012년부터 2017년까지 미국의 식물성 우유 판매량은 61퍼센트 늘었다. 비영리단체 우수 식품연구소는 2019년 우유 대체품 산업의 가치를 19억 달러라고 보았다. 상업 낙농장들은 합병되는 추세다. 파산 신청을 한 곳도 있고, 나 같은 기자들에게 트위터로 분노가 가득 담긴 메시지를 보내기도 한다. 퍼펙트데이는 소에서 얻는 우유와 경쟁할 제품을 만드는 사업으로 수백만 달러의 투자금을 확보했다. 2020년 7월까지 유치한 투자금만 3억 6100만 달러 이상이며, 직원도 100명 가까이 채용했다.

판디야와 간디를 가장 최근에 만난 건 캘리포니아주 에머리빌의 2층짜리 아르데코 양식 건물에 있는 두 사람의 사무실에 잠깐 들렀을 때였다. 뉴욕 타임스스퀘어의 어느 호텔에서 처음 만나 제품 샘플을 보여주던 게 겨우 3년 전 일인데, 꼭 전생의 일처럼 멀게 느껴졌다. 투자금 유치와 제품 성분의 개발이 어디까지 진행됐는지 이야기한 후 두 사람은 새 소식을 전했다. 마침내 시제품이 나온 것이다. "한번 맛을 보시겠어요?" 두 사람이 개발한 건 바로 아이스크림이었다. 나는 온갖 재료로 만든 아이스크림을 다 먹어본 사람이고 심지어 바닥에서 긁어낸 효모로 만들었다는 아이스크림도 먹어본 적이 있다. 그래서 '당연히 먹어봐야

죠'라고 대답했다.

세련된 유리 테이블이 놓인 회의실을 벗어나 커다란 제품 생산용 주방으로 갔다. 보이지 않는 스피커에서 재즈가 흘러나오고, 흰 카라라 대리석 조리대 뒤에 하얀 요리사 옷을 입은 키 큰 남성이 서 있었다. 전체적으로 생명공학 스타트업이 아닌 번드르르한 요리학원에 온 기분이었다. 판다야가 튤립 모양의 유리컵 두 개를 꺼냈다. 안에는 실험실에서 만든 단백질이 들어 있었다. 한쪽은 유청, 다른 한쪽은 카세인이었다. 유청은 아이스크림에 없어서는 안 될 특징인 크림 같은 부드러운 식감을 만들어낸다. 셰프가 내게 세 가지 맛의 아이스크림을 하나씩 건네기 시작했다. 각각 블랙베리 토피, 밀크초콜릿, 바닐라 솔티드 퍼지 아이스크림이었다.

나는 맛보다 입안에서의 느낌과 식감, 표면의 형태에 주목했다. 그리고 먹으면서 성분 목록을 읽어보았다. 물, 설탕, 코코넛유, 해바라기유, 네덜란드산 코코아에 이어 여섯 번째 성분으로 비동물성 유청 단백질이 적혀 있었다. 내가 아는 아이스크림 맛과는 느낌이 살짝 달랐다. 유지방이 함유된 일반 아이스크림보다는 냉동 요거트와 더 비슷했다. 두 창립자는 입안에서의 느낌, 식감, 지방의 유화 정도 등 내가 느끼는 모든 감각이 제품에 들어간 소량의 유청 덕분에 개선됐다고 설명했다. 좋은 생각이긴 한데, 동물성 유청도 대체품이 필요할까? "정말 좋은데요." 나는 웃으면서 말했다. "맛있어요."

우유 단백질은 치즈, 요거트, 아이스크림 등 우리가 사랑하는 많은 식품의 기본 성분이다. 한편, 식물 단백질을 섭취할 수 있는 식품 중에도 맛있는 제품이 많다. 코코넛을 활용한 식품은 특히 그렇다. 하지만 전부 성공적이진 않다. 아몬드 우유는 너무 묽고, 귀리 우유는 너무 달고, 완두콩 우유는 풀 맛이 강하다. 퍼펙트데이가 우유 단백질을 인공적으로 만들기에 가장 적합한 미생물(또는 효모, 두 창업자는 미생물이나 효모라는 표현을 모두 좋아하지 않는다)을 찾기까지 거의 5년이 걸렸다. 마침내 찾아낸 미생물에는 "버터컵Buttercup"이라는 애칭이 붙여졌다.

퍼펙트데이는 이 효모에 필요한 유전 정보를 도입한 후 발효 탱크에 넣는다. 효모가 잘 자라고 단백질이 만들어지려면 최적의 조건이 맞춰져야 한다. 나는 퍼펙트데이의 최고 기술 책임자인 팀 가이스틀링거 Tim Geistlinger와 인터뷰하면서 발효 공정에 관해 물어보았다. "단백질은 탄소와 질소, 산소로 만들어집니다." 그의 설명이다. "[발효 공정에서] 가장 기본적으로 맞추는 건 온도와 산소, 내용물을 휘젓는 속도예요. 그에 따라서 산소가 공급되고 이동 속도가 조절되며 당과 질소의 전달 속도도 조절됩니다." 나는 설명을 들으면서 고개를 끄덕였다. 이 책에서 다루는 다른 수많은 식품, 즉 자연에 존재하는 주요 성분(대부분 단백질)을 본떠 실험실에서 만드는 식품들은 공통적으로 이렇게 생산된다. 식품 체계의 이 같은 또 다른 산업화는 좋은 일일까? 이런 흐름이 계속된다면, 농부들은 생물 다양성을 늘리려고 노력하는 대신 새롭게 등장한 비동물성 치즈의 재료로 쓰일 밀과 옥수수, 대두를 계속해서 재배할 것이다.

세포 기반 육류에 관한 행사에 참석하던 초창기에 클라라푸드와 퍼펙트데이 설립자들은 여러 사람과 사귀기보다 서로 이야기를 나누기에 바빴다. 이미 다른 업체들과 이들 사이에는 보이지 않는 선이 그어져 있었다. 엘리존도는 자신들이 하는 일이 "대체육을 만드는 일만큼 매력적이지는 않다"는 게 그 이유였던 것 같다고 이야기했다. 그의 말이 맞는지도 모른다. 대체육은 스타트업 수십 개가 시장을 선점하려고 경쟁을 벌이는 상황인 반면, 달걀과 유제품을 대체할 식품 개발에 뛰어든 업체는 지금도 소수에 불과하며 그것도 밥상에 자주 오르는 식품들 위주로만 대체식품 개발이 진행되고 있다.

가이스틀링거는 식품업계에서 쭉 일해온 사람이다. 퍼펙트데이에 합류하기 전에는 비욘드미트에서 이선 브라운을 도와 현재 가장 잘 팔리는 채식 버거가 된 제품을 개발하는 과정에 참여했다. 그전에는 앞서 소개한 닐 레닝거가 만든 생물의약품 기업 아미리스에서 말라리아 치료제를 개발했다. 그리고 이런 경력을 쌓은 후, 여러 첨단식품기술 기업에 이력서를 냈다. 과거에는 과학자의 진로가 학계나 제약업계 중 한 곳으로 정해지는 게 일반적이었지만, 이제는 첨단식품기술 산업이라는 제3의 가능성이 열렸다. 이 세 번째 길에서는 수백만 달러를 벌 수 있고, 가이스틀링거의 말처럼 "세상에 긍정적인 영향을 줄 수 있다".

식품을 벤치 규모(실험실 벤치에서도 만들 수 있을 만큼 생산량이 적을 때 쓰는 표현이다)로 만드는 것도 쉽지 않은 일이다. 하지만 20만 리터 용량의 생물 반응기를 가득 채울 만한 분량을 만들거나 식품 운반용 대형 트럭, 심지어 배 한 척에 가득 실을 화물 컨테이너에 들어갈 분량을 만드는 것보다는 우선 작은 유리병에 담아 백팩에 넣고 다닐 수 있는 정도의 양을 만드는 게 훨씬 수월할 것이다. FDA의 승인까지 받고 나면 해결해야 할 또 한 가지 과제는 이러한 단백질 유사물질 생산에 가장 중요한 재료인 당을 저렴하게 확보할 방법을 찾는 일이다. 나는 단백질 생산에 쓰이는 당의 원천이 무엇인지, 즉 식품 폐기물, 옥수수당, 사탕무 등 가운데 어디에서 얻는 당인지도 문의했고, 당과 효모의 먹이로 공급되는 다른 물질들의 품질이 새로 만들어지는 단백질에 영향을 주는지도 물어보았다. 내게 돌아온 답변은 당의 원천은 중요하지 않으며, 그 이유는 미생물이 새로운 단백질을 만들 때 당을 "다 써버리기 때문"이라는 것이었다. 예전에 인터뷰했던 뉴욕대학교의 한 화학자는 이런 말을 한 적이 있다. "쓰레기가 투입되면 쓰레기가 나옵니다." 나는 창업자들의 말을 믿고 싶다. 하지만 내 생활은 당을 중심으로 흘러가고, 몸에는 탄수화물이 곧 당이므로 이런 발전이 두렵기도 하다.

생산 규모가 실험실보다 커지려면

퍼펙트데이는 성분을 자체적으로 소량 만들 수 있게 되자 대량생산이 가능하도록 공정을 단순화해야 했다. 이해를 돕기 위해 한 가지 비유를 들자면, 우선 여러분이 아는 가장 복잡한 레시피 하나를 떠올려보라. 페란 아드리아Ferran Adrià 셰프가 분자 요리를 선보이고 있는 유명한 레스토랑, 엘 불리El Bulli의 이름을 그대로 따서 붙인 요리책의 음식들이 아마 좋은 후보가 될 것이다. 그리고 네 명을 저녁 파티에 초대해서 그 레시피대로 만든 요리를 대접한다고 해보자. 만약 초대 손님이 네 명이 아니라 1000명, 10만 명, 급기야 100만 명으로 늘어난다면? 우리의 식생활이 축산업에 더 이상 의존하지 않도록 만드는 것이 퍼펙트데이의 목표이므로 사실 100만 명도 시작일 뿐이다. 두 창립자는 전 세계에 생산 공장을 열어서 수십억 명이 먹을 수 있는 수십억 달러 규모의 카세인과 유청을 만들고 싶다는 포부를 밝혔다.

클라라푸드가 동물 없이 만든 대체 유제품 단백질을 상업화하기 위해 인그리디언과 손잡은 것처럼, 퍼펙트데이는 연간 매출액이 640억 달러가 넘는 기업 아처대니얼스미들랜드와 계약을 체결했다. 이 거대 식품 기업과의 파트너십을 통해 퍼펙트데이는 언젠가(아마도) 자체 개발한 대체 유제품 성분의 생산량을 대량으로 늘릴 수 있을 것이다. 혁신적인 변화가 절실했던 ADM벤처스ADM Ventures도 원하던 것을 얻었다. 이제 퍼펙트데이의 운명은 가격 담합 혐의로 기소된 적이 있는 이 다국적 기업의 운명과 하나로 묶였다. ADM벤처스는 그 밖에도 설탕, 인공 감미료, 식품첨가물, 농약을 홍보하거나 옹호하는 행위를 비롯해 식품 안전, 영양 관련 사안이 식품업계가 원하는 방향으로 흘러가도록 압력을 가하는 활동에 자금을 제공해온 기업이기도 하다.

퍼펙트데이는 2018년에 첫 번째 특허를 획득했다. 출원번호 9924728인 '베타락토글로불린 재조합 단백질과 알파락트알부민 재조합 단백질 중 하나, 또는 두 가지가 모두 포함된 식품 성분'에 관한 특허다. 이 두 가지 성분은 각각 유청과 카세인이다.

2019년 6월에는 FDA에 GRAS 신청서를 제출했다. GRAS는 '일반적으로 안전하다고 간주되는 물질Generally Recognized As Safe'의 줄임말로, FDA 홈페이지에는 다음과 같은 설명이 나와 있다. "식품에 의도적으로 첨가하는 모든 물질은 식품첨가물이며, '자격 요건이 검증된 전문가들을 통해 지정된 조건대로 사용할 때 일반적으로 안전하다는 사실이 적절히 밝혀지지 않은 식품첨가물은 FDA로부터 시판 전 검토와 승인을 받아야 한다.'"(작은따옴표는 내가 붙였다.) 무슨 소리냐면, 아주 이례적인 성분만 FDA가 검토하며 그 외에 일반적인 성분(해바라기유나 네덜란드산 코코아 같은)은 자동 통과되어 우리 식품 체계에 들어올 수 있다는 뜻이다. GRAS를 신청하는 업체는 자체 연구 결과와 함께 편향되지 않은 전문가들의 연구 결과를 제출한다. FDA의 GRAS 설명문에서 "자격 요건이 검증된 전문가들"에 해당하는 이들은 대부분 GRAS를 신청하는 업체가 돈을 주고 고용한 과학자들이다. 임파서블푸드가 임파서블 버거의 필수 성분인 헴 단백질의 GRAS 신청서를 제출할 때도 바로 이와 같은 규제 절차를 거쳤고, 그 결과 임파서블 버거는 라벨에 GRAS라고 표시할 수 있게 되었다.

레닛과 인슐린도 같은 절차를 거쳤다. 우유는 사람들이 수 세기 동안 섭취해온 식품이므로 동물 없이 만들어낸 우유 단백질 대체물도 사실상 관리·감독 절차를 대부분 건너뛰거나 아예 거치지 않고 규제 기관의 승인을 받을 수 있다. 달걀 단백질 대체물도 마찬가지다. 그러나 이런 단순한 사고방식은 GRAS의 의미를 흐릴 수 있다. 현재 수많은 첨단식품기술 기업이 GRAS를 규제 기관으로부터 승인을 취득하는 경로로 활용하고 있다는 건 유감스러운 일이다. 우리의 식품 체계에 들어오는 새로운 첨가물을 FDA가 엄격히 평가하지 않는다는 것 또한 유감스러운 일이다. 그런 업체들이 위험한 일을 벌이거나 의도적으로 안전에 해가 되는 일을 한다고는 생각하지 않지만, 적어도 최종 제품과 경제적으로 이해관계가 없는 식품과학자들이 독자적으로 제품을 조사하고 더 심층적인 평가 절차가 마련됐으면 하는 바람이다. 내가 이 글을 쓰는 시점에는 첨단식품기술 기업 중에 그러한 연구나 평가 절차를 진행하는 곳은 거의 없다.

〈찰리와 초콜릿 공장〉의 한 장면처럼 소 대신 탱크 안에서 생산된 우유를 사람들이 받아들이려면 시간이 걸릴 것이다. 2017년《채식주의자 타임스Vegetarian Times》가 실시한 설문조사에서 자신을 채식주의자라고 밝힌 미국인은 730만 명이었고 그중 완전 채식주의자는 100만 명이었다. 미국 전체 인구가 약 3억 2700만 명이므로 식물만 먹고 사는 인구의 비율은 3퍼센트 정도에 그친다는 의미다. 산업화된 농업이 환경에 엄청나게 큰 피해를 준다는 데이터가 넘쳐나는 가운데, 우리는 또 다른 버전의 산업화된 생산 방식으로 나아가고 있다. 동물에 의존하지 않는 식품을 만드는 이 새로운 생산 방식에도 공장과 에너지, 물, 작물이 있어야 하는 건 마찬가지다. 현실적이고 안전한 해결책처럼 보이지만 수십 년 뒤에는 어떻게 될지 누구도 장담할 수 없다.

"제조업체들도 프랑켄슈타인을 연상시키는 이러한 방식에 의구심을 품고 있습니다." 오리건주립대학교의 식품 혁신 전문가인 세라 매소니의 말이다. 달걀 산업이 안정적으로 유지되는 한, 달걀의 자리를 달걀 대체품이 차지하는 일은 쉽게 일어나지 않을 것이다. 매소니는 사람들이 먹는 음식의 성분이 바뀌는 건 엄청난 변화라고 지적했다. "대체식품이 실제로 만들어지고 수용되기까지 얼마나 걸릴지 모르겠습니다. 20년 정도가 될까요?" 매소니는 마침내 제품이 만들어지고 슈퍼마켓마다 새로운 제품이 진열될 정도로 생산 규모가 커지면 "그때는 모두가 또 그다음을 생각할 것"이라고 말했다.

소비자의 마음을 얻는 지름길, 아이스크림

'비동물성 유청 단백질'이라는 성분명은 좀 버거울 만큼 길다. 퍼펙트데이의 판디야는 그렇긴 해도 이렇게 표기하는 것이 제품을 소비자에게 가장 투명하게 알리는 길이라 생각한다고 설명했다. "'식물 기반'이라는 표현은 더 헷갈리잖아요." 퍼펙트데이가 만든 아이스크림은 소에서 나온 성분이 들어가지 않는데도 알레르기 유발 성분이 있으니 주의하라는 문구를 표시해야 했다. 재료로 쓰인 대체 단백질이 실제 우유 단백질과 거의 같기 때문이다. 차이가 있다면, 퍼펙트데이가 사용하는 유청에는 우유에 들어 있는 유당*이 없다. 지난 몇 년간 실시된 여러 조사 결과를 보면, 소비자의 절반 이상은 장을 볼 때 정보를 얻는 가장 중요한 자료로 식품 라벨의 성분표를 꼽았다. 나는 사람들이 '비동물성 유청 단백질'이라는 성분을 보면 경계하지 않을지 궁금해졌다.

그래서 내가 회원으로 활동하는 완전 채식주의 산업계 단체의 페이스북 계정에 퍼펙트데이의 아이스크림 제품 사진을 게시했다. 이곳의 게시물은 9000명이 넘는 이 단체 회원들만 볼 수 있다. 헷갈린다는 의견과 함께 대다수가 머뭇거리는 반응을 보였다. "우유 단백질이 들어 있군요." 누군가 이런 댓글을 달아서 나는 이렇게 설명했다. "네, 하지만 소

---

*   유당은 우유와 유제품에 들어 있는 당류의 하나로, 우유 섭취로 나타나는 알레르기 반응이나 민감한 반응은 유당이 원인인 경우가 많다. — 지은이

에서 나온 건 아니에요." 그러나 내 설명은 별로 도움이 되지 않았다.

"제품 라벨에 '우유 단백질 함유'라고 적혀 있다고 해서 그게 꼭 소의 젖을 의미하진 않는다는 걸 설명해야 해요. 그런 설명이 없으면 집었다가도 다시 내려놓을 것 같거든요." 한 여성은 이런 의견을 밝혔다.

"재밌군요! 전 완전 채식주의자라 사도 될지는 잘 모르겠지만요. 어떤 제품인지 더 조사를 해봐야 할 것 같아요. 비건이 아닌 채식주의자들은 좋아할 것 같고, 고기를 먹지만 대체식품을 원하는 사람들도 좋아할 것 같네요. 새로운 기술로 만든 제품임을 소비자가 분명하게 알 수 있도록 라벨에 써두어야 한다고 생각합니다. 다른 제품들과의 차이점도 알 수 있어야 하고요." 또 다른 의견이다.

이런 의견도 나왔다. "소 없이 생산된 제품이니 윤리적으로 괜찮고 완전 채식주의 원칙과도 잘 맞는다고 생각합니다. 하지만 제 개인적인 건강 기준과는 맞지 않아요. 언젠가는 콜레스테롤이나 포화지방이 없는 유제품도 실험실에서 만들어지는 날이 오길 기대합니다. 이 제품은 콜레스테롤은 없지만, (물과 설탕 다음에) 세 번째 성분이 코코넛유라 포화지방이 많아서요."

전부 완전 채식주의를 철저히 엄격하게 지키는 사람들에게서 나온 의견이다. 퍼펙트데이의 아이스크림과 같은 제품을 충분히 알리고 소비자들에게 투명성을 인정받으려면 홍보가 만만치 않을 것이라는 걸 짐작할 수 있다. 그러나 (완전 채식주의자들에겐 미안한 소리지만) 첨단식품기술 기업들은 이런 틈새시장에 큰 의미를 두지 않는다. 그들이 원하는 건 주류 시장에서 인정받는 것이다.

내가 이 책을 쓰기로 마음먹었을 때 자세히 알고 싶었던 것 중 하나는 이처럼 고도의 기술로 만들어진 발효 단백질의 후처리 공정이다. 단백질 생산에 숙주로 사용된 효모(유전자 재조합 생물체)와 생산된 단백질, 그 밖에 다양한 불순물을 산업용 용매로 정제하는 공정을 거칠 텐데, 이 공정을 기꺼이 공개한 업체는 없었다. 최종 성분에 세포 외 물질이 섞일 가능성이 조금도 없을까? 시간이 지나면, FDA의 감시가 느슨해지는 상황도 벌어질 수 있지 않을까? 세계 곳곳의 공장들이 24시간 가동되어 이런 원료가 생산된다면 그런 일도 일어날 수 있지 않을까? 이런 단백질 대체물질이 다른 식품, 예를 들어 유아용 식품 성분으로 쓰이게 될 경우, 실제로 배합되기 전에 규제 기관의 검사가 이루어질까?

오늘날 젊은 소비자들은 소에 의존하는 식품 공급망은 문제가 심각하다고 확신하는 것 같다. 안전성 문제도 있고, 건강도 우려되며 환경에도 문제가 된다고 생각한다. 하지만 이런 건 다 익숙한 문제들이다. 소에서 짠 우유와 비동물성 우유 대체품, 식물성 우유 대체품이 슈퍼마켓에 모두 나란히 진열되는 날이 온다면 우리는 무엇을 선택하게 될까? 식물성 대체품으로 충분하다고 판단한다면 굳이 고도의 기술이 적용된 비동물성 대체품을 선택할 이유가 있을까?

나는 과학을 전공한 전문가가 아니므로 궁금증을 해결하기 위해 아일랜드 코크대학교에서 박사 학위를 받은 식품과학자 세사르 베가 모랄레스Cesar Vega Morales에게 질문을 던졌다. 소 없이 만든 우유 단백질이 함유된 아이스크림이 어떤 제품인지를 소비자가 정확히 이해하려면 어떤 교육이 필요하냐고 묻자, 이런 대답이 돌아왔다. "저는 개인적으로 그런 구분은 중요하지 않다고 생각합니다. 분자는 그냥 분자예요. 그걸 왜 따져야 하죠? 유제품이 아니면, 그걸로 된 겁니다. 가끔 우리는 너무 세부적인 것까지 알리려고 합니다. 소비자가 굳이 알 필요가 없는 것도 있는 법인데 말이죠."

미래 식품이라고 하면 뭔가 흥미진진한 이야기가 담겨 있으리라 기대하는 사람들은 있어도 거기에 무슨 사연이 있는지 아주 깊이 파헤쳐서 알아내려는 사람은 별로 없을 것이다. 하지만 나는 그런 사람이다. 나는 내가 먹는 식품을 속속들이 전부 알고 싶다. 자연식품을 먹을 때와 자연식품을 대체하는(탄수화물, 단백질, 지방, 섬유질 함량은 같은) 가공식품을 먹을 때 내 몸이 필요로 하는 인슐린의 양에는 큰 차이가 있다.

나는 클라라푸드의 엘리존도에게 식품 성분을 만드는 업체는 오늘날처럼 무수한 정보로 무장한 소비자들에게 정보를 더 투명하게 공개해야 한다고 생각지 않느냐고 물었다. 엘리존도는 "소비자를 무시할 수 없다"는 건 분명한 사실이며, 소비자가 아닌 기업을 상대로 사업해온 업체들도 과거에 같은 일을 했던 기업들과는 아주 다른 방식으로 나아갈 것이라 확신한다고 말했다.

퍼펙트데이와 클라라푸드는 아직 생산 규모를 키우지 못했지만, 두 업체 모두 거대 식품 원료 기업의 지원을 받고 있으므로 분명 언젠가 그 목표를 이룰 것이다. 퍼펙트데이의 주요 투자자인 ADM벤처스의 부사장 빅토리아 데 라 후에르가Victoria De La Huerga는 내게 거대 식품 기업의 주문량을 맞추는 건 쉬운 일이 아니라고 설명했다. "생산 규모를 키울 때 관건이 되는 건 항상 어떻게 해야 최대한 저렴한 비용으로 그 목표를 이루는가입니다. 그러려면 공학적인 도움이 상당히 필요하고요."

두 업체가 목표를 달성했을 때는 회사가 내세우는 윤리적 사명과 돈벌이에 우선순위가 밀려 생산 과정의 투명성이 경시되지 않기를 바란다. 식품과학자인 모랄레스는 더 냉소적인 견해를 밝혔다. "소비자는 속까지 다 들여다보진 않을 겁니다. 그랬다가는 갖가지 방식으로 가공된 그 모든 성분*을 보게 되겠죠. 몰랐던 걸 조금 더 깊이 알게 되면 놀라게 될 거고요. 그게 소비자입니다. 그러니 누가 신경 쓰겠어요?"

나는 그와 함께 웃었지만, 한편으론 당혹스러웠다. 퍼펙트데이는 최근 디즈니Disney CEO 출신인 밥 아이거Bob Iger가 이사회에 합류하면서 자신감이 한층 더 높아졌다. 나는 예전에 아이거를 인터뷰한 적이 있어서 이 사업가가 아이스크림을 굉장히 좋아한다는 걸 알고 있다. 퍼펙트데이의 '비동물성 유청 단백질'은 브레이브로봇Brave Robot, 닉스아이스크림Nick's Ice Cream 등 다른 아이스크림 브랜드에도 사용되기 시작했다.

퍼펙트데이의 평온하고 완벽한 회사 주방으로 돌아가서, 나는 잔잔하게 흘러나오는 재즈를 들으며 숟가락에 담긴 아이스크림을 몇 번 핥은 뒤 혀에서 녹도록 기다렸다. 하겐다즈만큼 진한 맛은 아니었지만, 유제품 대체식품으로 개발된 여러 다른 제품들처럼 얼음 맛만 나지도 않았다. 부드러웠고 내 미각이 '이건 아이스크림이다! 오예!' 하며 환호할 때까지 입안에 오래 머물러 있었다. 맛있었다. 다른 아이스크림과 함께 블라인드 테스트를 했다면 과연 이게 일반 아이스크림이 아니라는 사실

---

* 예를 들어 사람들이 아침 식사로 즐겨 먹는 시리얼에는 말토덱스트린, 덱스트로오스, 콩 레시틴이 들어 있다. ― 지은이

을 눈치챘을지 확신할 수 없었다. 그곳에서 아이스크림 세 스쿱을 먹고 온 지 몇 주 지나지 않아 퍼펙트데이는 1000파인트당 20달러로 아이스크림을 판매하기 시작했다. 세 가지 맛을 다 사면 60달러였다. 출시 당일에는 반나절도 되지 않아 준비한 분량이 다 팔렸다고 한다. 맛있는 제품인 건 분명하지만 비싼 것도 사실이다. 게다가 두 번째로 많이 들어간 성분이 설탕이라, 먹고 난 다음에 내 혈당은 여지없이 치솟았다.

5. 음식물 업사이클링

아직 먹을 수 있는 재료를 모아서... 더 많은 음식을 만든다?

잃어버린 식품

맨해튼에 살 때는 음식물 쓰레기를 냉동실에 보관했다. 당근 껍질과 아보카도 씨, 먹고 남은 사과 가운데 부분, 커피 찌꺼기가 모두 담긴 낡은 비닐봉지가 내 비좁은 냉동실 한쪽을 늘 차지하고 있었다. 최대한 모이면 유니언스퀘어의 농산물 직판장에 가져가서 버렸다. 자전거 바구니에 하나, 핸들 양쪽에 하나씩 음식물 쓰레기가 가득한 봉지 세 개를 담거나 걸고서 유니언스퀘어까지 가려면 짐이 하도 무거워서 자전거를 멈추기도 쉽지 않아 신호등이 녹색으로 바뀔 때마다 얼른 쏜살같이 건넜다. 뉴욕 로어이스트사이드 생태학 센터가 관리하는 회색 쓰레기통까지 가서 싣고 온 쓰레기를 마침내 전부 버리고 나면, 환경에 보탬이 되는 일을 했다는 생각에 뿌듯했다.

그러다 저널리스트 어맨다 리틀Amanda Little이 쓴 『인류를 식량 위기에서 구할 음식의 모험가들』(2019)을 읽고 그게 그렇게 우쭐할 일이 아니라는 사실을 알게 됐다. 리틀은 그 책에서 환경 보호 단체인 미국 천

144

연자원보호협회Natural Resources Defense Council, NRDC의 폐기물 연구자 다비 후버Darby Hoover와 만나서 나눈 대화를 전했다. 후버는 음식물 쓰레기 자체가 "모순투성이"라고 지적했다. 건강에 좋은 식생활을 실천할수록 음식물 쓰레기가 많이 나온다는 것이 그 첫 번째 이유였다. 우리 집 냉동실에 음식물 쓰레기가 늘 가득하다는 것으로도 입증된 사실이다. 걸스카우트에서 주는 환경 보호 배지에도 이런 문구가 적혀 있다. "음식물 쓰레기를 재활용하는 것보다 처음부터 폐기물을 만들지 않는 게 지구에 훨씬 좋아요!"

자전거에 싣고 가서 그렇게 처분하기 전까지 썼던 처리 방법(퇴비 만들기)이 별로였기에, 그때부터 음식물의 업사이클링에 관심을 두게 되었다. 음식물 쓰레기는 불쾌하다. 죄책감이 들고, 적지 않은 돈을 들여서 음식을 사놓고 제대로 활용하지 못했다는 걸 상기하게 만든다. 식품 업계의 업사이클링*, 즉 영양소가 아직 남아 있는 폐기물을 모아서 완전히 새로운 다른 식품으로 만드는 일은 반대로 뿌듯함을 안겨준다. 나는 이런 업사이클링에 관해 열과 성을 다해 취재했다. 폐기물 처리 과정에서 업사이클링을 주도하는 사람들과 만나 이야기를 나누었고《월스트리트 저널The Wall Street Journal》, 《뉴욕 타임스The New York Times》에 그 기사가 실렸다.

폐기물이 마법이라도 부린 것처럼 전혀 다른 결과물로 바뀐 최초의 사례 중 하나는 올레오마가린, 나중에는 간단히 마가린이라고 불리

---

*　　석유나 원유 정제로 나오는 부산물인 아스팔트도 산업 공정의 업사이클링 예시 중 하나다. — 지은이

게 된 식품이다. 마가린은 원래 프랑스의 나폴레옹 3세가 소의 지방으로 만든 것을 가리키는 명칭이었지만, 시간이 흘러 미국에서 육류 포장 업체들이 넘쳐나는 폐기물을 처리하는 방법을 가리키는 말로 변모했다. 19세기 초까지 수십 개 업체가 이 버터 대용품을 만들었다. '업사이클'이라는 그럴싸한 이름이 붙기 전에는 연산물, 또는 부산물로 불렸다. 폐기물을 살려낸 훨씬 성공적인 사례는 요거트나 치즈 생산 후에 남는 액체인 유청이다. 1980년대에 처음 활용되기 시작한 유청은 소화가 잘되고 단백질 함량이 높아서 동물 사료로도 적합하고 사람에게는 훨씬 더 가치 있는 물질이다. 이제는 식사 대용으로 먹는 바 제품이나 단백질 셰이크, 저탄수화물 고지방 식단에 맞춘 크래커 등 수백 종의 식품에 성분으로 활용되고 있다.

"그때는 폐기물이라고 부르지 않았어요. 그랬다가는 사람들이 먹지 않으려고 할 테니까요." 농무부가 운영하는 총 네 곳의 연구센터(과거에는 '활용연구소utilization labs'로 불렸다) 중 하나인 서부 지역 센터의 타라 맥휴Tara McHugh는 이렇게 설명했다. 이제는 폐기물을 먹는다고 해도 다들 별로 꺼리지 않는다. 오히려 잉여 식품을 더 높은 가치를 지닌 새로운 상품으로 바꾸는 것이 생산자의 도덕적 의무로 여겨진다. 폐기물 중 일부는 동물에게 공급되지만, 미국 환경보호청EPA이 환경과 사회, 경제에 가장 유익한 활용법을 정리한 식품 회수 계층화 모형에서는 사람이 먹는 식품은 최대한 사람이 먹는 것으로 다시 활용하는 데에 더 높은 우선순위가 부여된다.

맥휴는 농무부에서 석류 껍질이나 와인 양조 후에 발생하는 찌꺼기 같은 농업 폐기물로 새로운 식품을 만들기 위해 여러 업체와 협력해 왔다. 대기업들도 지속 가능성 목표를 발표하고 이와 관련된 소비자 교육에 점점 더 많은 돈을 쓰고 있다. 맥휴는 환경에 이로운 제품은 앞으로 "소비자들이 구입 시점부터 그런 사실을 더 분명하게 알 수 있게 될 것"이라고 밝혔다. 미국 드렉셀대학교 연구진이 2017년에 업사이클링의 이점을 조사한 결과 "소비자들은 환경친화적인 제품을 구매하는 것이 사회에 더 이롭다고 판단되면 개인적인 이익을 포기"하는 것으로 나타났다.

이러한 사실은 다른 연구 결과로도 뒷받침된다. 2019년에 시카고에서 열린 연례 식품공학자협회Institute of Food Technologists 회의에서는 샌프란시스코만 지역에서 새로운 식음료 제품의 개발을 지원해온 업체 매트슨Mattson이 소비자의 39퍼센트가 업사이클링된 성분이 들어간 식음료를 더 많이 구매할 의향이 있다고 밝혔다는 조사 결과를 발표했다. 이 비율은 그다음 해에는 57퍼센트까지 높아질 것으로 이야기된다. 데이터를 토대로 식품 폐기물 관련 로비 활동을 벌이는 한편 식품 폐기물을 기준으로 업체들을 분류해온 샌프란시스코만 지역의 비영리단체 리페드ReFED는 미국에 폐기되는 음식물을 새로운 식품으로 바꾸는 업체가 최소 70곳이라고 밝혔다. '업사이클식품협회The Upcycled Food Association'(놀랍게도 정말로 그런 단체가 있다)에서는 이 분야의 성장을 지원하고 업사이클 식품의 분류 지침을 마련하고 있다. 이 협회에 가입한 업체는 전 세계적으로 90곳이 넘는다.

소비자들은 코로나19 대유행으로 자택 대기 명령이 광범위하게 내려진 상황에서도 지속 가능성을 중시하는 것으로 나타났다. 생명공학 기업 제노마티카Genomatica가 성인 2000명을 대상으로 조사한 결과에서 는* 응답자의 86퍼센트가 코로나19 대유행이 끝난 후에도 지속 가능성 을 중요하게 고려할 것이라고 밝혔다. 37퍼센트는 경제 불황기에도 지 속 가능한 제품이라면 비용을 조금 더 지불할 의향이 있다고 응답했다. 응답자를 연령대별로 나누면, 그러한 의향을 밝힌 응답자의 비율은 Z세 대**가 43퍼센트로 가장 높았다.

　이렇듯 소비자는 자신의 쇼핑 습관에 따라 스스로 뿌듯함을 느낀 다는 것을 짐작할 수 있지만, 이 모든 상황을 한 번 자세히 들여다볼 필 요가 있다. 제2차 세계대전 이후 미국으로 다시 돌아가서, 생산에 투입 되는 화학물질의 발전과 그에 따른 중대한 변화를 살펴보자. 합성비료 와 대량생산 체계가 새로운 산업적 식품 체계의 형성을 촉진했다면, 전 쟁에 쓸 탄약을 더 이상 생산하지 않게 된 공장들은 이러한 시스템의 문 을 활짝 열어젖히는 역할을 했다. 점점 풍요로워지는 가정의 식료품 저 장실만 봐도 쪼들리던 전쟁의 시기가 지나고 중산층이 점차 늘고 있음 을 알 수 있었다. 이 시기에 정말 많은 '발전'이 이루어졌지만, 대표적으 로는 냉동 간편식품과 플라스틱 식품 포장재의 등장, 간편해진 냉장 보 관, 대량생산을 통한 수익 증대, 정부의 대규모 농업 지원을 꼽을 수 있

---

*　　이 조사에서는 나이, 성별, 거주 지역의 지리적 정보를 반영하여 조사 표본의 균 형을 맞추었으며 오차 범위는 약 ±2퍼센트포인트다. 데이터는 2020년 6월 16일 부터 6월 24까지 수집했다. — 지은이

**　　1990년대 말부터 2010년대 초 사이에 태어나 어릴 때부터 디지털 기술에 익숙하 고 인터넷과 소셜미디어를 일상적으로 접하며 자란 세대를 일컫는 표현.

다. 이 모든 요소가 대규모 식품 산업의 성장을 촉진했고, 그 결과 식품 폐기물도 산업적인 규모로 발생했다.

식품 폐기물을 줄이는 일은 닭 육수를 낼 때 남는 당근 껍질도 함께 넣고 끓이는 정도로 간단히 끝나지 않는다. 우리는 수십 년 전부터 완벽하게 동그랗고 멍든 곳 하나 없는 사과나 별나게 툭 튀어나온 부분이 없는 매끈한 당근을 골라서 사는 문화를 유지해왔다. 대유행병의 영향으로 너도나도 화장지와 손 세정제를 사재기하느라 몇 차례 특정 제품이 품귀 현상을 빚은 사례를 제외하면 슈퍼마켓마다 진열대가 상품들로 항상 꽉 차 있는 시대다. 이런 시대에 매장 뒤편에 있는 쓰레기통에는 가장 맛있게 먹을 수 있다고 여겨지는, 권장 소비기한이 지나 버려진 유제품이나 구운 지 하루가 지나서 버려진 빵과 과자, 갈변되어 버려진 바나나, 너무 많이 익어서 버려진 베리류 등 완벽하지 않다는 이유로 폐기물이 되었으나 아직 먹을 수 있고 영양소도 풍부한 식품들이 가득하다.

수십 년간 외면당했던 식품 폐기물은 이제 명백히 사람들의 최우선 관심사가 되었다. 혁신을 주도하는 요리사들은 '폐기된 식품'을 활용한 요리를 개발해 임시 레스토랑을 열어 선보이고, 식품 공급 과정의 비효율성을 알리는 유료 행사들도 개최되고 있다. 식품 체계의 감춰진 폐기 공정을 새롭게 활용하고 수익도 창출하겠다는 훌륭한 포부를 밝힌 업체들도 등장했다. 홀푸드마켓의 2021년 동향 보고서에는 이런 내용이 나온다. "식품 폐기물을 줄이는 노력이 시작되면서 그동안 경시됐거나 잘 사용되지 않던 식재료를 새롭게 활용한 포장 식품이 대거 증가했다."

버려진 보물을 가리키는 용어도 다양하게 등장했다. NRDC에서는

"낭비된 음식"이라 칭하고, 이런 표현을 씀으로써 "버려지는 음식이 쓰레기가 아니라 훌륭한 음식으로 여겨지는 인식의 전환이 일어나고 있음을 알릴 수 있다"고 설명한다. 나는 홀푸드의 공동 CEO인 월터 롭Walter Robb이 미국 서부 천연 제품 박람회에서 사용한 "잃어버린 식품"이라는 표현을 좋아한다. 비난의 의미가 내포된 '낭비'보다 '잃어버렸다'는 표현이 좀 더 마음을 움직일 여지가 크다고 생각한다. 잃었다는 건 다시 찾을 수 있다는 것, 다시 살려내고 활용할 수 있다는 의미로 다가온다.

이 분야의 전문 용어로 '산업 공생Industrial symbiosis'이라고도 하는 업사이클링이 지구에 도움이 되는 건 사실이지만, 우리의 과소비 습관이나 과소비를 강화하고 더 부추기려는 식품 생산업계의 노력에 영향을 주지는 않는다. 찬장에 1년간 먹고도 남을 만큼의 간식이 쌓여 있는 집과 하루 또는 일주일을 연명할 음식도 겨우겨우 마련하는 집이 동시에 존재하는 이 불평등한 상황을 해소하는 데도 도움이 되지 않는다. 업사이클링된 재료로 만든 식품이 건강에도 좋은지, 아니면 그렇지 않아도 심각한 미국인들의 간식 의존도를 더 키울 것인지는 두고 봐야 할 일이다. 어쨌든 우리 뇌가 화학적인 특성상 바삭하고, 짭짤하고, 기름기 많은 음식을 거부하지 못한다는 사실은 변치 않을 것이다. 트위터에서 내가 팔로우하는 한 계정의 주인이자 《워싱턴 포스트The Washington Post》의 칼럼니스트인 재담가 타마르 해스펠Tamar Haspel도 내게 비슷한 우려를 전했다. "그 모든 음식물 쓰레기에서 과연 건강에 유익한 음식이 나올 수 있을지 의구심이 듭니다."

맥주, 마시지 말고 먹어라

맥주 양조의 첫 단계는 큰 통에 보통 맥아가 주가 되는 곡물을 가득 넣고 물도 넣은 후 열을 가하는 것이다. 매시mash라 불리는 이 혼합물을 가열하면 곡물의 세포벽이 분해되어 당이 방출되고 이 당이 알코올로 전환된다. 양조를 시작하고 몇 시간 후 발생하는 남은 곡물인 맥주박은 폐기된다. 양조업체들은 이 젖은 곡물 찌꺼기가 축산 농장에서 가축에게 먹이는 보충 물질로 쓰일 수 있도록 최대한 노력하지만, 대부분은 그냥 버려진다.

양조장이나 증류주 시설에서 나오는 이런 곡물을 재활용하기 위한 아이디어가 처음 등장한 건 1913년이다. 벨기에의 화학자 장 에프롱Jean Effront은 양조장과 증류주 시설에서 나온 폐기물로 쇠고기보다 영양이 세 배 더 우수하고 진한 "고기 맛"이 나는 새로운 식품을 만들 수 있다고 밝혔다. 그리고 미래를 내다본 듯한 말을 남겼다. "이 육류 유사품은 동물 없이 만들 수 있는 고기이므로 경제적으로 더 우수하다." 오늘날 식물성 육류나 세포 배양육을 지지하는 사람들의 주장과 비슷한 내용이다.

라이즈Rise, 브루어스크래커Brewer's Crackers, 그레인포그레인Grain4 Grain, 넷제로NETZRO 등 미국 전역의 여러 업체에서는 이러한 곡물을 동물 사료 외에 다르게 활용할 방안을 찾고 있다. 빵으로도 만들어보고, 구워도 보고, 쿠키로도 만드는 등 다양한 시도를 하고 있지만 쉽지 않은 상황이다. 먹을 수 없는 결과물이 나오거나, 먹을 순 있어도 맛이 형편없는 더 나쁜 결과가 나왔다. 먹고 나면 반쯤 눌린 채 속이 비어 있는 곡물 알갱이가 치아 사이에 끼어 있는 등 원치 않는 곳에 남아 있는 것도 문제였다. 기분 좋게 즐길 수 있는 식품으로 만들려면 양조 후 나온 곡류를 추가로 가공해야 한다. 맥주박을 고온에 말린 다음(일부 업체에서는 병원체를 없애기 위해 적외선 기술을 활용하기도 한다) 분쇄해서 고운 가루로 만드는 것도 그러한 추가 가공 중 하나다.

'맥주를 먹어라'가 모토인 댄 커즈록Dan Kurzrock의 회사는 슈퍼 그레인 플러스Supergrain+라는 분말 제품을 만들었다. 커즈록은 캘리포니아주 버클리에 문을 연 '리그레인드ReGrained'라는 스타트업의 CEO이자 공동 창립자다. 나는 커즈록이 어딜 가나 자전거를 타고 다닌다는 사실에 일단 친근감을 느꼈다. 지금 하는 일을 하지 않았다면 아마 훌륭한 공원 경비대원이 되었을 법한 사람이다. 괜찮은(혹은 별로 안 괜찮은) 사업 아이디어는 사람들과 맥주잔을 기울이며 떠들다가 나오는 경우가 많은데, 리그레인드도 마찬가지였다. 이 회사를 공동 설립한 조던 슈워츠Jordan Schwartz(지금은 이 회사와 작별했다)는 커즈록과 유대인 학교에서 처음 만났고 로스앤젤레스 캘리포니아대학교 재학 시절에 함께 양조 기술을 배웠다. 한 묶음 단위인 맥주 6병만 만들어도 약 500그램의 폐기물이 발생한다는 사실을 알게 된 두 사람은 이 폐기물을 영양가 있는 식품으로 보았다. 그리고 맥주를 이렇게 소량만 양조해도 폐기물이 이만큼 나온다면, 버드와이저Budweiser나 밀러Miller, 몰슨쿠어스Molson Coors 같은 대형 맥주 회사에서 나오는 수백만 톤의 폐기물을 활용해볼 수 있겠다는 아이디어를 떠올렸다. 몰슨쿠어스는 리그레인드의 투자사 중 한 곳이 되었다.

맥주 양조로 엄청난 양의 폐기물이 발생한다는 건 아무도 인정하지 않으려고 하는 사실이다. 맥주 양조 산업은 전문 양조자들로 구성된 협회부터 양조 화학자들로만 구성된 협회, 지역 협회, 전국 단위 협회 등 무수한 협회가 있지만, 이들 가운데 농장으로 보내지거나 다른 용도로 활용되는 맥주박의 양이 얼마나 되는지 추적해봤다는 곳은 한 군데도 없다. 그래서 내가 직접 미국 주류·담배 과세무역청에서 공개한 통계 자료를 토대로 대강 계산해보았다. 2019년에 미국에서는 8000곳이 넘는 양조장에서 약 1억 9100만 배럴의 맥주가 생산됐다. 미국양조자협회US Brewers Association에 따르면 맥주 1배럴에 사용되는 맥아는 건조 중량 기준 약 32킬로그램이다. 상당 부분이 수분으로 이루어진 젖은 곡물은 무게가 더 많이 나간다. 또한 수제 맥주를 소량 생산하는 양조장에서는 일반적으로 대형 맥주 공장보다 맥아를 3~4배 더 많이 넣는다는 점도 고려해야 한다. 이런 요소를 다 무시하고 딱 32킬로그램의 맥아가 사용된다고 가정하면, 1년에 무려 63억 킬로그램의 맥주박이 발생한다는 계산이 나온다. 이 가운데 일부는 농장에서 쓰이지만, 그 양이 얼마나 되는지는 추적된 적이 없다. 그 외에 나머지는 폐기된다. 양조장이 있는 지역에 따라 퇴비로 쓰일 가능성도 있다.

양조 과정에서 나는 특유의 퀴퀴한 냄새는 가정에서 오트밀을 끓일 때 나는 효모 냄새에서 달콤한 향만 제거된 느낌이다. 양조 후 남은 곡류를 말리면 구운 현미 조각과 비슷한 형태가 된다. 당은 거의 없어서 곱게 빻으면 우리가 잘 아는 하얀 밀가루와는 전혀 다른 가루가 된다. 하지만 커즈록의 말처럼 이 가루는 영양가가 높다. 리그레인드가 맥주박으로 만든 이 곡물 가루는 통밀 가루보다 섬유질이 3.4배 더 많고 단백질 함량은 아몬드 가루와 비슷하다. 철과 망간, 마그네슘도 포함되어 있다. 이렇듯 영양소만 보면 놀랍지만, 이 가루를 단독으로 쓰기에는 활용도가 좋지 않아서 다른 식품의 성분으로 배합해서 쓰는 게 가장 적합하다. 이 가루가 스낵 시장에서 쓰이게 된 이유도 그래서다.

2020년에 스낵업계의 선택은 퍼프 과자*였다. 병아리콩을 재료로 한 '히피스Hippeas'라는 영리한 이름의 퍼프 과자도 나왔고 피토스PeaTos, 피스플리즈Peas Please, 하비스트스냅스Harvest Snaps처럼 완두콩으로 만든 제품도 있었다. 구석기 식단에 맞춰 카사바 또는 전분 함량이 높은 뿌리채소로 만든 스낵도 나왔다. 리그레인드에서는 그래놀라 바에 이어 옥수수와 맥주박 가루로 퍼프 과자를 만들었다. 커즈록은 내게 리그레인드 제품은 비GMO 옥수수를 재료로 사용하며 그 이유는 "맛이 더 좋기 때문"이라고 설명했다. 먹어보니 진짜 맛있었다. 하지만 퍼프 과자도 과자인 건 마찬가지여서 먹고 나니 단시간에 혈당이 급상승했다. 앞 장에서 설명한 압출기를 사용해, 먹으면 금방 소화되는 제품으로 만들었기 때문이다.

압출기로 생산된 '고도로 가공된' 식품의 영양에 관한 연구 결과는 명확하다. 식품은 가공 수준이 높을수록 우리 몸의 혈당 부하를 높인다. 많이 가공한 식품일수록 섭취 시 혈당이 급속히 치솟는다는 뜻이다. 호주 시드니대학교에는 식품의 혈당 지수만 연구하는 사람들이 있다. 이들에 따르면, 혈당 지수가 높은 식품은 "먹으면 순식간에 소화되는데,

---

*   우리나라의 뻥튀기처럼 재료를 부풀려서 만드는, 가볍고 바삭한 식감이 특징인 과자.

이는 생산 공정의 특성상 전분이 체내에서 아주 쉽게 분해되는 상태로 만들어지기 때문"이다. 혈당 관리는 당뇨병 환자들에게 당연히 매우 중요한 일이고, 의사들은 혈당이 급격히 오르내리는 건 환자뿐만 아니라 누구에게든 좋지 않다고 이야기한다. 임상 영양학자인 마이클 그레거 박사가 자신의 웹 사이트 NutritionFacts.org에서 지적한 대로 우리가 먹는 음식의 질은 하루 동안 느끼는 허기의 강도와 직결된다. 그레거는 불리지 않고 금방 먹을 수 있도록 가공된 귀리를 먹고 나면 금세 다시 배고픔을 느끼고 귀리를 강철 롤러로 압착한 제품, 즉 가공 수준이 훨씬 낮은 제품을 먹을 때보다 하루 동안 먹는 음식의 양이 늘어난다고 설명했다.

드렉셀대학교에서 요리와 과학을 가르치는 조너선 도이치Jonathan Deutsch 교수는 업사이클링 분야의 전문가다. 나는 특수식품협회Specialty Food Association가 매년 개최하는 전문 식품 박람회에서 심사위원을 맡았을 때 그와 처음 만났다. 그런 행사의 심사위원이 되면 좋은 점도 있지만 나쁜 점도 있다. 25가지 초콜릿 바를 전부 조금씩 맛보고 14가지 샐러드드레싱을 포크로 찍어 먹어야 하는 일이기 때문이다. 도이치는 드렉셀대학교에서 식품 연구실을 총괄하면서 업체 수십 곳의 제품 개발을 도왔다. 업사이클링은 그가 가장 좋아하는 분야다. "제 생각은 이렇습니다. 우리가 먹는 식품은 대부분 가공된 겁니다, 농산물도 마찬가지고요. 그러니 가공식품과 가공이 안 된 식품을 이야기할 게 아니라 초가공식품을 이야기해야 합니다." 도이치는 업사이클링 산업은 "식품 체계 전체에서 기회를 찾을 수 있다"고 전망했다. 업계가 업사이클링된 성분으로 무엇을 할 것인지, 그러한 성분이 최종 제품에 얼마나 쓰이는지가 관건이다.

리그레인드가 바와 퍼프 과자를 만드는 동안 미니애폴리스에 있는 넷제로의 수 마셜Sue Marshall은 팬케이크를 개발했다. 코로나19 대유행 기간에 수요는 더 늘어났다. "제게 밀가루가 없다고 연락한 사람들이 있었어요." 마셜은 이 말을 듣고 얼른 지역 제분소와 협력해서 맥주박이 20퍼센트 들어간 호밀과 밀 혼합 제품을 만들었다. 마셜이 활용하는 또 한 가지 재료는 달걀 껍데기다. 달걀 껍데기는 거의 다 그냥 폐기되지만, 쓰레기통에서 구출하면 칼슘과 콜라겐을 얻을 수 있다. 마셜은 업사이클링의 잠재성이 무궁무진하다고 본다. 물론 돈이 있다면 그렇다는 말이었다. "투자자들은 우리가 한 가지에 집중하기를 원합니다. 하지만 사업가는 하나만 하려고 하질 않죠. 저는 여자고, 뭐든 할 수 있어요."

다른 대부분의 식품 회사와 달리 리그레인드는 자사 제품의 성분 검사를 외부 기관에 의뢰한다. 소상공인을 위한 대출도 신청하고, 농무부와 협력하여 영양 연구도 진행했다. 그 1단계가 동물을 대상으로 한 사료 연구였다. 리그레인드의 공동 창업자인 슈워츠는 내게 예비 결과 중 일부를 이메일로 보내주었다. 실험동물의 콜레스테롤 수치가 감소하고 장내세균군의 증가 가능성이 확인되는 등 "긍정적인 결과가 나올 수 있다"는 내용이었다. 추가 지원을 받게 된다면 사람이 섭취했을 때 어떤 결과가 나오는지 확인하는 2단계 연구를 진행하게 될 것이다. 슈워츠는 동물 실험 결과로 볼 때, 리그레인드가 만든 분말을 섭취하면 일반

적으로 장내세균군의 활력에 영향을 준다고 여겨지는 프리바이오틱스*
의 하나인 섬유질의 체내 농도를 높일 수 있을 것으로 기대한다.

리그레인드는 농무부와 공동으로 맥주박의 건조와 제분 기술을 개
발했다. 공정 특허도 출원했고, 캘리포니아주 버클리에 작은 공장도 짓
고 있다. 공사가 끝나고 공장이 가동되면 현재 일주일에 1톤인 생산량
이 시간당 1톤으로 늘어날 것이다. "맥주박은 공급받을 곳이 상당히 많
습니다." 커즈록의 말이다. 사실상 무한하다고 할 수 있는 공급업체 중
에 현재 리그레인드가 손잡은 곳은 샌프란시스코 프리시디오에 1300제
곱미터 규모의 양조장이 있는 포트포인트비어컴퍼니Fort Point Beer Company
다. 리그레인드가 현재까지 확보한 사업 자금은 420만 달러가 넘는다.
투자사 중 한 곳인 이탈리아의 파스타 생산업체 바릴라Barilla는 리그레인
드가 만든 가루를 건조 파스타에 활용하는 방안을 적극적으로 시험해보
고 있다. 100년 전통의 식재료 생산업체 그리피스푸드Griffith Foods도 비슷
한 시험을 진행 중이다. 그 밖에도 리그레인드의 가루를 사용하려는 업
체들이 있지만, 모두 비밀 유지 계약NDA을 체결해서 더 이상의 정보는
알아낼 수 없었다.

식품의 성분과 가공법, 생산법, 유통 과정에 이르기까지 관련한 모
든 정보를 비밀스럽게 다루는 이러한 사업 방식은 식품업계에 만연하
다. 하지만 소셜미디어로 모든 게 공유되는 시대인 만큼 이제는 달라져
야 한다. 밀레니얼 세대, Z세대 같은 젊은 소비자들은 더욱 투명한 정보

---

*   소화가 되진 않지만 장에 있는 유익한 균의 생장에 도움이 되는 물질.

공개를 원한다. 그러나 거대 식품 기업들은 사업 계획이나 방법을 계속 감추려고 하고, 소규모 기업들에게도 이런 방식을 따르도록 압박한다. 내가 이 책을 쓴 목적도 이러한 상황과 관련이 있다. 우리 식품 체계를 어떻게 해야 개선할 수 있는지를 조목조목 설명하거나 산업화된 식품에 반대하는 주장을 펴는 것은 이 책의 주된 목적이 아니다. 그보다는 신생 식품업계가 거대 식품 기업이 걸어간 길을 그대로 따르고, 대기업의 투자를 받아들이고, (심지어) 오래된 기존 브랜드에 흡수되어버리는 상황에(모든 기술 분야에서 일어나는 일이다) 경각심을 일깨우려는 것이 목적이다. 다르게 이야기하면, 소규모 업체들 자체에 불만이 있다기보다는 그런 업체들이 소비자가 현명한 선택을 했다고 느끼게 만들면서도 실제로는 소비자를 대기업과 똑같이, 간편식과 값싼 저품질 고열량 스낵이 가득한 진열장 앞으로 안내한다는 게 나의 불만이다.

초창기 업사이클링

1950년대 말에는 '방사 단백질', 즉 단백질 섬유가 식품의 미래였다.(3장에서 소개한, 식물 성분을 산업화된 식품으로 바꾸기 위해 로버트 보이어가 개발한 기술을 기억할 것이다.) 보이어는 대두와 같은 원재료를 활용하는 기술과 더불어 가축에게 제공되거나 버려지는 식품 폐기물의 활용 방안에도 관심을 기울였다. 그가 주목한 건 땅콩, 홍화, 알팔파 같은 유지 종자에서 지방 성분을 제거하고 남은 탈지박이었다. 제너럴밀스는 그때부터 이미 식품 폐기물을 활용하는 일이 중요하다는 사실을 인지했다. 역사가 나디아 버렌스타인은 단백질의 다양한 용도와 잠재성을 연구하고, 단백질을 얻는 과정에 막대한 투자가 들어가는 이유의 중심에는 "세상을 구하는 일이라는 담론"이 깊이 뿌리내리고 있으며 이것이 단백질이 인간에게 필요한 영양소 중에서 높은 우선순위를 차지하게 된 것이나 단백질에 과도한 투자가 이뤄진 상황의 중요한 원인이 되었다고 본다. "단백질은 적정 수준을 크게 뛰어넘어 지나친 관심을 얻고 있습니다." 버렌스타인의 말이다. "단백질은 전부 기량과 연결됩니다. 인체 대사를 촉진하는 연료, 남성성을 키우는 일, 힘과 근육을 늘리는 일 같은 거요."

제너럴밀스에서 1965년에 분리 단백질 사업을 이끌었던 책임자는 저개발국가에서 버려지는 단백질원으로 그 국가 구성원들의 부족한 영양을 보충하게 될 수도 있다고 전망했다. 꽤 유망한 전망이었지만, 다른 나라의 고유한 식품 문화를 파괴하는 데 도가 튼 미국이 그 방면에서도 솜씨를 발휘하는 바람에 업사이클과 단백질 섬유 사업은 1960년대를 넘기지 못했다. 하지만 이 분야에서 발전한 식품기술과 산업화는 스낵 식품에 큰 도움이 되어, 1960년대부터 식료품점 진열대에는 이러한 기술이 적용된 스낵들이 놓이기 시작했다.

보이어가 아직 살아 있다면 카놀라유와 올리브유의 생산 과정에서 압착 후 남은 찌꺼기에 주목했을지도 모른다. 하지만 여전히 대두에 기대를 거는 기업가들이 있다. 미국인들이 대두를 바라보는 시각은 양면적이나, 클레어 슐렘Claire Schlemme만큼은 대두에 관한 명확한 견해를 가지고 있다. 슐렘과는 2016년에 식품 사업가 라크나 조바니Rachna Govani가 매월 맨해튼에서 개최하던 '굿 푸드 스포트라이트Good Food Spotlight'라는 친목 행사에서 처음 만났다. TV쇼 〈샤크 탱크Shark Tank〉*의 시초가 된 행사이기도 한데, 차이가 있다면 조바니의 행사에는 그 프로그램처럼 막대한 상금이 없고 심사위원단의 혹독한 비난도 없다는 것이다. 나는 최대한 자주 참석했다. 당시에 아직 스타트업이던 푸드스탠드Foodstand가 가장 크게 후원하고, 몇몇 대형 브랜드도 후원하던 이 행사에서는 창업 초기 단계인 식품업체 대표가 사업 아이디어를 발표하면 세 명의 심사 위원이 제품의 가격과 맛, 포장 등 다양한 부분에 의견을 제공했다. 음식을 좋아하는 일반인들도 참여해서 그 과정을 지켜보고 휴대전화로 투표했다. 투표 결과는 심사위원석 뒤에 세워진 전광판으로 공개됐다.

이 행사에 발표자로 나선 슐렘은 플라스틱 용기를 하나 들고 나와서 통 안에 가득 들어 있는 것이 "폐기물" 쿠키라고 설명했다. 쿠키의 기본 재료는 비지였다. 비지는 두부를 만들고 나면 남는, 섬유질이 풍부한 찌꺼기다. 음식물 쓰레기를 줄일 방법을 찾고 있었던 나는 슐렘의 아이디어에 열광했다. 당시에 슐렘은 동업자와 함께 '리뉴얼밀Renewal Mill'이라는 회사를 운영하고 있었고 내가 들을 수 있었던 정보는 그 정도가 다였다. 내가 이야기를 더 나누려고 하자 "아직 언론과 인터뷰할 준비는 안 됐어요"라며 거절했다.

두부는 수천 년간 소비된 식품이다. 두부를 처음 먹기 시작한 아시아에서는 애초에 비지를 버리지 않지만, 미국에서는 동물 사료로 쓰이거나 그냥 버려진다. 슐렘은 동업자와 함께 가까운 두부 제조 시설에서

---

*   미국 ABC에서 2009년부터 방영되고 있는 사업 아이디어 심사 프로그램. 샤크는 심사위원들을 가리킨다.

비지를 얻어다가 말린 후 곱게 빻아서 밀가루처럼 만들었다. 비지 가루 한 컵에는 동량의 하얀 밀가루보다 섬유질이 47그램 더 많이 들어 있을 뿐만 아니라 단백질은 더 많고 탄수화물은 약간 더 적다. 또한 비지는 대두에서 나온 물질이므로 중요한 필수 아미노산, 즉 우리 몸에서 만들어지지 않는 아미노산이 모두 들어 있다. 비지는 인체의 다양한 기능에 쓰이는 중요한 아미노산인 L-글루탐산 또는 글루타민이 가장 많이 함유된 식품이기도 하다. 격렬한 운동을 하면 체내 글루타민 농도가 감소한다. 2015년에 대학 운동선수들을 대상으로 비지로 만든 쿠키를 하루 2개씩 6주간 섭취하도록 한 연구에서는 "피로와 근육 손상 지표가 현저히 감소"했다는 결과가 나왔다.

업사이클링되어 가루 형태로 만들어진 식재료는 대부분 글루텐이 적은 편이지만, 비지에는 글루텐이 아예 없다. 글루텐은 부풀어 오르는 특징이 있으므로 비지로 만든 비스킷에 푹신한 식감을 기대할 수는 없다는 의미이기도 하다. 나는 작년 어느 연휴에 파티를 열면서 비지와 아몬드, 패스트리용 흰 밀가루를 섞어서 감 푸딩을 만들었다. 감 특유의 질감으로 커스터드 느낌이 나면서도 일반적인 디저트보다 단백질 함량이 높은 푸딩이었다. 모양이 썩 예쁘진 않았지만, 파티에 온 사람들 모두 맛있다고 했다. 하지만 그 디저트로 미국인의 식생활에서 가장 부족한 영양소인 칼슘과 섬유질까지 섭취할 수 있다는 사실을 아는 사람은 아마 별로 없었을 것이다. 업사이클링의 승리다!

리뉴얼밀은 처음에 미국 동부 해안에서 문을 열었다가 2018년에 샌프란시스코만 지역으로 이전하여 오클랜드에 있는 '호도푸드Hodo

Foods'와 파트너십 계약을 체결했다. 호도푸드의 CEO이자 창립자인 민차이Minh Tsai는 대두의 마법 같은 가능성을 굳게 믿는 사람 중 하나지만, 일단 그는 사업가였다. "두부는 천 년의 역사를 가진 식품입니다." 민차이의 이야기다. 호도푸드는 지속 가능성을 위해 노력한다. "물이 낭비되고 있지는 않은가? 비지 같은 부산물이 낭비되고 있지는 않은가? 재고가 낭비되고 있지는 않은가?" 이런 질문을 계속해서 던진다. 민차이는 선형 경제가 아닌 순환 경제를 믿는다. 산업 폐기물이 발생하지 않도록 하고 유한한 자원의 고갈도 막는 재생형 사업 방식을 추구한다는 의미다. 유럽이 2050년까지 세계 최초로 기후 중립 대륙이 되기 위해 수립한 계획에도 이와 같은 지속 가능한 성장에 관한 내용이 포함되어 있다.

"저는 두부를 직접 만들어보기 전부터 [비지가 생긴다는 걸] 알고 있었습니다." 민차이의 설명이다. "[그걸] 그냥 버리고 싶지 않았어요." 2005년에 설립된 호도푸드에서는 비지를 동물 사료로 판매해왔다. 그게 가장 간단한 해결책이었기 때문이다. 그러다 2018년에 리뉴얼밀이 등장하자, 이제 민차이는 비지를 사람이 먹는 식재료로 바꿀 때라고 판단했다. 이 변화는 공급망의 가치를 높인 계기가 되었다. 리뉴얼밀은 캘리포니아주 오클랜드의 호도푸드 공장 내부에 두부 가공이 끝나면 곧바로 비지를 수거할 수 있는 예비 생산 라인을 만들고 있다.

호도푸드의 분주한 두부 공장에서 벗어나 길을 따라 조금만 내려가면 리뉴얼밀의 사무실이 나온다. 나는 찌는 듯이 무더운 날 그곳을 찾아갔다. 사무실 문이 거리 쪽으로 활짝 열려 있었다. 가만히 보니 바닥을 신나게 기어다니는 통통한 아기가 보였다. 화물을 옮길 때 쓰는 팔레트가 문 대신 입구를 막고 있었다. 태어난 지 10개월 된 슐렘의 아들 알로Arlo였다. 육아도우미가 와서 알로를 데려가고, 나는 집 안에 들어온 듯 편안하게 회의실 테이블 쪽으로 의자를 가지고 가서 앉았다. 테이블 위에 놓인 은색 통에는 각종 베이킹 도구가 꽂혀 있었다. 그곳에서 슐렘, 그리고 리뉴얼밀의 최고 운영 책임자인 캐럴라인 코토Caroline Cotto와 미래 식품에 관해 이야기를 나누었다.

대두의 인기가 오락가락한다는 점, 대두가 식품 알레르기를 유발하는 8대 주요 원인 중 하나가 된 이유에 관한 이야기도 나왔다. 리뉴얼밀이 비지 가루를 활용하는 회사로만 인식되지 않도록 노력하는 이유이기도 하다. 슐렘과 코토는 바닐라 생산 후에 남는 재료나 현재 큰 인기를 얻고 있는 귀리 우유 등 재료로 쓸 만한 다른 괜찮은 폐기물도 조사하고 있다. 리그레인드의 슈퍼 그레인 플러스 제품도 그렇듯, 미국에서 비지로 만든 식품은 일부 지역에서만 구할 수 있다. 샌프란시스코만 지역에 사는 사람이라면 리뉴얼밀의 다크초콜릿 브라우니 믹스를 구입할 수 있다. 온라인에서 구입할 수 있는 비슷한 제품으로는 카사바와 선인장, 비지 가루를 혼합한 티아루피타Tia Lupita의 밀가루와 브라우니 믹스, 쿠키, 글루텐이 없는 토르티야가 있다.

착즙

업사이클링 사업에 뛰어든 사람들에게선 좀처럼 단점을 찾기가 어렵다. 다들 환경에 도움이 되는 일에 열정적으로 매달리고 있으며 정말 다정하고 질문에 성심껏 답변한다. 드렉셀대학교의 연구에 따르면 새로운 원재료로 만든 식품보다 업사이클링된 재료로 만든 식품을 구입하겠다고 밝힌 사람이 더 많았는데, 나 역시 그런 사람 중 하나다. 업사이클링 산업의 규모는 2020년에는 470억 달러에 이를 것으로 추정된다.

꽤 오래전인 2014년에 나는 《월스트리트 저널》에 '샐비지 서퍼클럽 Salvage Supperclub'에 관한 기사를 쓴 적이 있다. 거대한 쓰레기 수거통 안에 여러 명이 둘러앉아 버려진 재료로 만든 저녁 식사를 함께하는 파티다. 나는 이때 사진작가가 사진을 찍는 위치를 미처 파악하지 못하고 맨 앞자리에 앉았다가 태어나 처음으로 신문에 얼굴이 실렸다.(엄마, 나야!)

1년 후 댄 바버 셰프가 맨해튼에 있는 자신의 레스토랑 블루 힐Blue Hill을 '웨이스티드wastED'라는 이름으로 잠시 변경하고, 재활용한 재료로만 만든 메뉴들을 판매할 계획이라고 발표했다. 바버는 식당 내부의 벽을 전부 캔버스 천으로 가리고 다른 셰프들을 초대해서 가오리 뼈, 파스타를 만들고 남은 자투리 반죽, 생선 머리와 몸통 사이의 토막 같은 저렴한 재료로 다양한 고급 요리를 선보였다. 얼마든지 완벽한 음식이 될 수 있는 자투리 재료들이 너무 쉽게 버려지고 있음을 알리려는 시도였다. 그날 나는 아이폰 카메라로 사진을 몇 장 찍었는데, 너무 어두워서 제대로 나온 게 없었다. 식당 내부의 조명은 촛불이 전부였다. 빵을 찍어 먹는 소스로도 쓰는 쇠고기 기름으로 만든 촛불이었다. 촛불의 정체를 알고 나서도 거부감은 들지 않았다.

2019년, 시장조사 기관인 이비스월드IBIS World는 2020년에 미국의 착즙 주스 판매점에서 발생할 수익을 전년도보다 1.9퍼센트 성장한 27

억 달러로 예상했다.* 이러한 주스 판매점에서 폐기물이 얼마나 발생하는지는 추정치를 찾기가 쉽지 않았지만, 대략 1년에 수십만 톤에 이르는 것으로 보인다.** 이 폐기물이 이대로 버려지면 최종 제품이 나오기까지 들어간 물과 에너지, 노동력, 각종 재료와 같은 자원은 물론 과일과 채소를 키우려면 꼭 필요한 토양, 씨앗, 비료까지도 전부 버려지는 것이다.

착즙 찌꺼기로 만든 햄버거라고 하면 영 이상하게 들릴 수도 있지만, 댄 바버의 '웨이스티드'에서 내가 가장 맛있게 먹은 메뉴는 뉴욕시의 주스 체인점 '리퀴테리아Liquiteria'에서 나온 바로 그 찌꺼기로 만든 햄버거였다. 조직이 치밀한 버거 패티는 감칠맛이 가득하고 기름기도 충분했다.(치즈, 아몬드, 카놀라유에서 나온 기름이었다.) 그리고 상당히 푸짐했다.(콩과 버섯이 들어 있었으므로.) 단백질을 섭취할 수 있다는 점도(두부와 달걀이 들어갔다) 아주 만족스러웠다. 그 햄버거는 내게 소비자들이 환경에도 도움이 되고 건강에도 좋고 맛도 좋은 식품을 찾고 있다는 사실을 주요 식품업계에 제대로 보여줄 수 있는 음식으로 각인됐다. 기억에 남을 그날의 식사를 마치고 얼마 지나지 않았을 때 쉐이크쉑Shake Shack이 주스 착즙 후 남은 찌꺼기로 만든 버거를 한시적으로 판매한다고 발표했다. 그 소식을 듣자마자 전철을 타고 그래머시 공원 근처에 있는 쉐이크쉑 매장으로 향했다. 줄을 서서 한 시간을 기다린 끝에 마침내

---

*   2019년 2월에 나온 데이터인데, 이후 코로나19가 대유행했으므로 실제 수익은 이보다 낮았을 가능성이 있다. — 지은이

** '모던파머Modern Farmer'는 2016년 매립지에 버려지는 착즙 주스 폐기물이 17만 5000톤이라고 보도했다. — 지은이

계산대 앞에 섰지만, 직원은 그 버거가 이틀 전에 딱 하루 판매된 메뉴라고 알려주었다. 나는 좌절감과 주린 배를 안고 돌아서야 했다.

햄버거가 미국인들에게 새로운 음식을 판매하는 경로로 활용된다는 사실은 거대 식품 기업들도 일반 버거와 비슷한 채식 버거 개발에 우르르 뛰어들어서 임파서블푸드, 비욘드미트와 경쟁하고 있다는 사실로도 확인할 수 있다. 이런 상황인데도, 게다가 착즙 찌꺼기로 만든 쉐이크쉑의 버거가 순식간에 동이 났는데도 착즙하고 남은 재료를 재사용하는 것은 아직 유용한 아이디어들을 모아둔 통 속에만 머물러 있다. 착즙 찌꺼기에 포함된 귀중한 섬유질이 농장에서 동물 사료로 쓰이는 것 말고 다르게 활용될 수 있는 방법이 절실하다는 의미이기도 하다.

케이틀린 모젠탈레Kaitlin Mogentale는 착즙 폐기물이 처리되는 과정을 알게 된 후 새로운 아이디어를 떠올렸다. '펄프팬트리Pulp Pantry'는 주스에 유난을 떨기로 악명이 높은 도시인 로스앤젤레스의 착즙 폐기물 문제를 모젠탈레가 직접 목격한 후에 탄생한 회사다. "착즙 후에 나오는 폐기물의 양이 엄청나다는 걸 알게 됐습니다." 모젠탈레의 설명이다. 주스를 주문했는데 퇴비로 재활용할 수 있는 대나무 쟁반에 주스와 사업 아이디어가 함께 담겨서 전달된 셈이다. 하지만 어떻게 사업으로 실현해야 할지는 고민이었다. 처음에는 어린이 건강에 좋은 식품을 떠올렸다가, 착즙 찌꺼기로 그래놀라를 만들어서 지역 농산물 직판장에서 팔기도 했다. 이 초기 제품들로 여러 창업 지원 사업과 투자 사업에 신청서를 냈고, 뉴욕의 스타트업 지원 사업인 푸드엑스Food-X에 선정된 데이어 유통업체 타깃Target의 창업 지원 대상으로도 선정됐다. 2019년 말에는 펄프팬트리의 첫 번째 상품이 나왔다. 업사이클링한 재료로 만든 토르티야 칩이었다.

칩의 재료로는 여전히 옥수수가 가장 인기다. 하지만 가까운 마트에 가서 과자 진열대를 살펴보면 다른 재료들로 만든 칩들이 치열하게 경쟁하고 있다는 걸 알게 된다. 카사바, 병아리콩, 달걀흰자, 닭고기 같은 새로운 재료로 만든 칩들이 바닥부터 눈높이까지 쌓여 있다. 농담이 아니라 정말로 닭고기 칩도 있다. 이러한 '짭짤한 스낵' 시장은 계속 성장하는 추세다. 소비재 분석업체인 IRI의 보고서에 따르면 2019년에 이같은 스낵 시장의 규모는 4.9퍼센트 성장한 249억 달러로 추정됐다. 토르티야 칩의 시장 규모도 4.9퍼센트 성장한 55억 달러였다.

모젠탈레가 개발한 칩은 옥수수 대신 케일과 셀러리 착즙 후 남은 찌꺼기를 혼합해 만들어진다. 이 원료는 캘리포니아주 오션사이드의 주스 회사 수자Suja에서 얻는다. 매출액이 1억 달러 규모인 수자의 최고 운영 책임자 마이크 박스Mike Box는 인근 농장에 동물 사료용으로 보내는 착즙 찌꺼기의 양이 연간 약 300만 킬로그램이라고 밝혔다. 미국 환경보호청이 정한 식품 회수 계층화 피라미드 모형에서는 동물의 먹이보다 배고픈 인간의 먹거리를 생산하는 것이 우선순위가 더 높다.(우선순위가 높을수록 더 많은 자원을 절약할 수 있다는 의미다.) 수자는 착즙 후에 나오는 찌꺼기 중 소량을 얼려서 모젠탈레의 회사로 배송한다. 냉동 상태로 공급하면 건조 후 빻아서 가루로 만들기 전까지 신선함을 유지할 수 있다. 펄프팬트리가 만드는 칩에는 리뉴얼밀의 비지 가루와 치아 씨, 카사바, 타피오카 가루도 들어간다. "저는 섬유질에 집중하려고 해요. 다음에 일어날 변화의 중심은 섬유질이라고 생각합니다." 모젠탈레의 말이다. 섬유질이 우리 장을 건강하게 만들고 기능을 원활하게 만드는 마법의 총알이라는 영양학계의 연구 결과들과도 일치하는 생각이다.

현재 우리의 식품 체계는 가공 공정에서 벗어나기가 힘들다. 나는 내가 먹을 식품이 총 몇 단계를 거쳐서 생산됐는지를 알아보고 선택한다. 즉, 재료를 공급한 곳은 몇 군데인지, 완성되기까지 몇 단계의 과정을 거쳤는지 확인한다. 모젠탈레가 만든 칩에도 나만의 이 비공식적인 기준을 적용해보니, 재료의 출처와 생산 단계가 한 손으로도 다 셀 수 있을 만큼 간소했다. 마침내 먹어본 샘플 제품은 맛도 훌륭했다. 네모난 칩은 굉장히 바삭했고 한 줌 정도만 먹어도 포만감이 들었다. 영양 조성은 일반적인 토르티야 칩과 비슷하고 섬유질은 두 배 더 많았다. 나는 얼른 모젠탈레 앞으로 이메일을 보냈다. "정말 맛있어요!" 이렇게 쓴 다음 덧붙였다. "바다소금 맛 제품은 소금이 아주 살짝 부족한 느낌이고, 바비큐 맛은 양념이 좀 과한 것 같지만요." 건강에 조금이라도 더 나은 스낵을 평생 찾아 헤맨 사람으로서 그 이상 더 할 말이 없었다.

전망

버려지는 재료를 활용해서 만든 업사이클링 식품은 배합되는 각 원료의 출처와 생산 공정의 각 단계를 일일이 확인하기가 굉장히 어렵다. 이건 모든 가공식품에 적용되는 문제다. 공급망의 각 단계를 디지털 기록으로 남기는 블록체인 기술이 도입되면 어느 정도 해결될 수 있지만, 현재 그러한 기술 도입은 거의 진행되지 않았다. 또 하나의 궁금한 점은 압착하고, 가열하고, 끓인 재료들의 영양학적인 품질이다. 그러한 처리를 거치고도 건강에 유익한 특성이 남아 있을까?

저술가이자 영양학자인 지니 메시나Ginny Messina (온라인에서 쓰는 아이디는 TheVeganRD이다)는 자연식품과 채식을 장려하면서도 가공식품의 필요성을 부정하지 않는다. 임파서블 와퍼의 열렬한 팬인 메시나는 그 와퍼를 가끔 즐겨도 되는 음식이라 생각한다고 밝혔다. 메시나는 예를 들어 대두로 만든 두유에는 식이섬유가 거의 없고, 두유를 만들고 남은 두부는 칼슘이 풍부하다는 것이 식품 가공의 장점을 보여주는 좋은 예라고 설명하면서 이렇게 덧붙였다. "가공을 통해 식품의 좋은 특성이 강화되거나 소화가 더 잘 되는 식품이 되기도 합니다."

나는 농무부의 타라 맥휴에게도 가공식품이 건강에 이로울 수 있는지 물어보았다. "섬유질, 폴리페놀처럼 열을 가해도 안정성이 유지되는 성분이 많습니다." 자연에서 발생하는 물질인 폴리페놀은 주로 과일과 채소, 시리얼, 음료로 섭취된다. 폴리페놀을 많이 섭취하면 항산화 성분을 다량 얻을 수 있다는 주장도 큰 힘을 얻고 있다. 하지만 맥휴는 "물질마다 차이가 있다"고 말했다. 농무부는 영양을 "최적화"하기 위해 노력한다고 주장하지만 내 귀에는 그냥 홍보 차원에서 하는 말로 들린다.

주방에서 올리브유를 쓰는 집은 많아도 올리브유를 만들 때 발생하는 부산물, 즉 기름을 짜고 남은 찌꺼기까지 생각하는 사람은 별로 없다. 맥휴는 올리브유 생산업체들이 별로 달가워하지 않을 정보를 알려주었다. "건강에 유익한 올리브 성분 중 일부는 올리브유보다 짜고 남은 찌꺼기에 더 많다"는 것이다. 맥휴는 현재 대규모 생산자들과 협력하여 이 찌꺼기를 활용할 방법을 찾고 있다. 문제는 올리브 찌꺼기가 품질과 안전성 면에서 식용 등급으로 인정받으려면 올리브유 생산 공정부터 재구성해야 한다는 것이다. 이번 장에서 소개한 모든 업체가 공통적으로 봉착한 문제이기도 하다. 리뉴얼밀의 경우 호도푸드의 두부 생산 라인에 장비를 추가로 설치하고 제조 단계도 늘려야 했으므로 호도푸드는 제조 시설을 확장해야 했다. 리그레인드도 버클리에 맥주박으로 곡물 가루를 생산할 수 있는 자체 공장을 세웠다. 하지만 맥휴는 "업체 대부분은 생산 라인을 재구성할 생각이 없다"고 전했다. 앤호이저부시 Anheuser-Busch나 몰슨쿠어스 같은 대형 맥주 회사가 투자한다면 이런 분위기도 바뀔지 모른다.

폐기물을 살려내려면 시간과 돈을 투자해야 한다. 둘 다 기업들이 꺼리는 일이다. '업사이클식품협회'의 대표인 터너 와이엇Turner Wyatt은 대기업이 업사이클링 사업에 발 벗고 나선 스타트업들과 긴밀히 협력하면, 새롭게 떠오르는 쟁점인 기업의 책임을 강화하는 데 도움이 되므로 가치 있는 시도가 될 것이라고 전망했다. "대기업은 정해진 기한까지 지속 가능성 목표를 달성해야 한다는 압박을 받고 있습니다." 와이엇의 설명이다. 실제로 많은 기업들이 2030년까지 완수하기로 한 지속 가능성 목표를 앞에 두고 있다. 업사이클링 사업에 뛰어든 스타트업과 손잡는다면 이런 목표를 더 신속하게 달성할 수 있을 것이다. 업사이클식품협회의 실무진에서도 활동 중인 조너선 도이치는 기업이 환경에 유익한 활동을 했다는 사실을 증명하는 방법은 아직 논란이 되는 문제라고 지적했다. "온실가스 배출량을 줄였거나 식품 폐기물을 다른 용도로 활용했다면 환경에 도움이 되었다고 봐야 할까요? 아니면 매립지로 갈 뻔한 폐기물을 구출한 것만으로도 충분하다고 봐야 할까요?" 내가 그 실무진의 일원이라면 대기업의 지속 가능성 목표에 제조 공정에서 발생하는 식품 폐기물을 줄이는 것도 포함되어야 하며 업사이클링된 원료의 사용을 의무화하자고 제안할 것이다.(완벽한 세상이라면 영양 수준이 낮은 간식류의 광범위한 유통을 막는 장치가 더 폭넓게 마련되었을 것이다.)

현재와 같은 환경에서 지속 가능성은 훌륭한 사업 방향이다. 2017년 NRDC 연구에서는 식품 폐기물을 줄이려고 노력한 업체의 투자 수익이 평균 14배라는 결과가 나왔다. 하지만 그 정도 수준에 이르려면 우선 소규모 업사이클링 업체들이 충분히 발전해야 한다. 리그레인드의 커즈록은 업사이클링 사업이 구체적으로 어떻게 개선되어야 하는지 자세히 설명했다. "업사이클링은 개념으로 축소되어 가치가 약해졌습니다. 제대로 활용되지 못하고 간과되기도 하고요. 업사이클링된 재료로 식품을 만들거나 식품의 특정한 맛을 없애는 용도로 이를 활용할 경우, 재료 특유의 풍미 문제를 해결해야 합니다." 업사이클링된 재료는 글루텐이 적고 섬유질은 많은 경향이 있으므로 대부분 다른 가루와 혼합해야 더 효율적인 식품 성분이 된다. 그로 인해 최종 식품에서 업사이클링된 성분이 차지하는 비중은 5~10퍼센트에 그치거나 그보다 적다.

업사이클링 산업은 미래가 보장된 것처럼 보이지만, 우리 식품 체계는 아주 완고하고 변화를 반기지 않는다. 오리건주립대학교의 식품 혁신 전문가인 세라 매소니는 주 정부의 지원을 받아 포도 껍질과 씨를 식품으로 재활용하는 방안의 실효성을 조사하기 위한 연구 계획을 세왔을 때를 떠올렸다. "오리건주의 한 와인 회사에 연락해서 제 연구 계획을 설명했더니 비웃더군요." 나는 아주 오래전에 있었던 일이겠거니, 생각하면서 언제 있었던 일이냐고 물었다. "2019년이었습니다. 그냥 버리는 게 재활용하는 것보다 돈이 덜 든다고 하더라고요."

　우리 식품 체계에서 주목받지 못하는 구석구석을 잘 들여다보면 분명 얻을 수 있는 게 많다. 그리고 업사이클링 식품은 앞으로 진열대에 계속 나타날 것이다. 카카오 열매에서 씨를 둘러싸고 있는 하얀 과육으로 만든 음료와 과일 스낵 제품도 있다. 남은 옥수수 배아로 만든 토르티야 칩, 수분이 제거된 과일의 즙으로 만든 탄산수, 바나나 농장의 너무 많이 익은 바나나로 만든 과자, 코코넛 즙을 추출한 뒤 남은 과육을 말려 육포처럼 만든 간식도 있다. 초록색 바나나 껍질, 거의 대부분 버려지는 커피 열매의 겉껍질로 만든 가루, 자투리 채소로 만든 새로운 향신료도 등장했다. 버클리의 리플푸드는 게이츠 재단의 지원을 받아 식용유 생산에 쓰이는 유지 작물에서 기름을 짜내고 남은 찌꺼기를 활용해 저렴한 비용으로 우유 대체품을 만드는 방법을 연구하고 있다.(농무부의 맥휴 연구진과도 협력 중이다.) 누에콩과 유채 종자에서 이미 긍정적인 결과가 나왔다. 리플푸드는 앞서 개발한 완두콩 우유보다 더 저렴한 비용으로 우유 대체품을 만들어서 슈퍼마켓 진열대에 내놓을 날이 오기를 고대하고 있다.

　신생 식품업계가 넘어야 할 마지막 장애물은 가격이다. 더 광범위한 소비자들이 저렴하게 구입할 수 있는 식품, 그리고 전 세계 다양한 소비자를 만족시킬 수 있도록 다양한 형태와 맛을 구현할 수 있게 될 때까지는 경제적으로 여유가 있는 사람들, 새로운 식품에 호기심이 많고 훌륭한 일에 동참한다는 뿌듯함을 느끼고 싶어 하는 사람들의 관심을 꾸준히 얻을 수 있어야 한다. 나 또한 그런 사람 중 하나다. 내가 이런 혁신을 지지하게 된 이유는 경제적으로 그럴 만한 여유가 있고 호기심도 느끼기 때문이다. 나는 좋은 영향을 끌어내는 변화가 일어날 수 있다고 믿고 싶고, 식품이 낭비되지 않았으면 좋겠다. 하지만 가공된 성분으로 또 다른 가공식품을 만든다는 사실을 알고 나니 주춤하게 된다. 우리의 입맛에 맞추기 위해 어떤 성분들이 추가될까? 설탕, 지방, 소금, 향미료다. 치즈잇Cheez-Its이 아무리 맛있는 크래커라도 더 혹할 만한 새로운 버전의 치즈잇이 존재할 필요는 없다고 생각한다. 드렉셀대학교의 도이치는 더 현실적으로 설명했다. "식품 체계를 구성하는 식품의 영양가가 다양한 이상, 업사이클링된 제품의 영양가 역시 다양할 겁니다."

6. 채식 버거

식물이 적색육을 대체할 수 있을까?

딱 한 입

2017년, 임파서블 버거가 출시되기 몇 달 전에 나는 고기 요리의 성지로 여겨지는 샌프란시스코 콕스콤Cockscomb 레스토랑에서 임파서블 버거를 처음 맛보았다. 콕스콤의 크리스 코센티노Chris Cosentino 셰프는 임파서블푸드가 신제품 출시를 주도할 책임자로 채용한 트레이시 데스 자딘스Traci Des Jardins 셰프에게서 식물성 '고기'를 처음 접했다.* 그리고 육회, 돼지 귀 등 호기심을 자극하는 다른 메뉴들과 더불어 양상추와 디종 머스터드, 그뤼에르 치즈, 캐러멜화가 일어나도록 오래 볶은 양파, 피클을 곁들인 임파서블 버거를 콕스콤의 메뉴로 선보였다. 두툼한 햄버거 빵에는 '임파서블'이라고 적힌 작은 깃발이 이쑤시개를 깃대 삼아 꽂혀 있었다. 일단 양이 엄청 푸짐했다. 보통 생각하는 1인분 양의 두 배 정도였다. 나는 브리오슈 번과 함께 두께가 1인치쯤 되는 패티를 조금 잘

---

* 2020년 7월, 임파서블푸드는 트레이시 데스 자딘스의 저서 『임파서블Impossible』을 자체 출판했다. ─ 지은이

라보았다. 패티 안쪽도 결이 촘촘하고, 중심부엔 불그스름한 빛이 돌았다. 오직 식물 재료로만 만든 패티인데도 피가 흐르는 버거라는 광고 문구와 잘 어울렸다. 맛은 분쇄한 쇠고기로 만든 일반 패티에 비해 조금 퍼석하다는 점만 제외하면 쇠고기가 아니라는 사실이 믿기지 않을 정도였다.

내 맞은편에는 임파서블푸드 커뮤니케이션 부서 책임자 제시카 애펠그렌Jessica Appelgren이 앉아 있었다. 친근하고 수다스러운 애펠그렌은 아직 개선할 점이 있다고 인정했다. 미국인들은 일주일에 평균 2.4개씩 햄버거를 먹는다고 알려졌는데, 임파서블푸드는 환경에 도움이 되고 윤리적으로도 더 나은 햄버거 대체품을 만들기 위해 노력하는 업체 중 하나다. "우린 사람들이 습관적으로 먹는 음식을 만들려고 합니다." 애펠그렌이 말한 '습관'이란 패스트푸드를 습관처럼 먹는다고 할 때와 같은 의미일 것이다. 즉, 의식적으로 선택하는 게 아니라 외부 자극에 따라 자동적으로 손이 가는 일상적인 식품으로 만들겠다는 뜻으로 해석된다. 패스트푸드가 전 세계인의 건강에 악영향을 미친 요인 중 하나라는 건 분명한 사실이다. 임파서블푸드가 마케팅 전략으로 '내 몸에 들어가는 음식이 어떤 음식인지는 생각하지 말고 내가 먹는 음식이 지구에 더 유익한지 아닌지만 생각하라'는 메시지를 전달하는 것은 그 때문이다.

나는 식물 재료로 만든 패티가 맛과 식감, 피가 흘러나오는 듯한 모습까지 진짜 고기와 어떻게 이렇게나 비슷하게 만들어질 수 있는지 알아보기 위해 캘리포니아주 오클랜드 산업 단지에 자리한 약 6220제곱미터 규모의 창고로 향했다. 케이크와 컵케이크를 생산하는 디저트 공장이었던 그 시설은 2017년에 임파서블푸드의 첫 번째 제조 시설로 문을 열었다. 시간이 흘러 제품 수요가 늘어나고 생산량을 맞추기가 힘들어지자, 임파서블푸드는 전 세계 17개국에서 65개의 시설을 운영하는 일리노이의 식품 제조업체 OSI그룹과 협업 계약을 맺었다. 임파서블푸드의 1호 직원이었던 닉 할라Nick Halla가 지금은 홍콩에 살면서 회사의 아시아 지역 진출을 위해 일하고 있다는 사실로도 임파서블푸드가 얼마나 성장했는지 알 수 있다.

나는 로비에 마중 나와 있던 애펠그렌의 안내로 위층으로 올라가 빈 회의실로 들어갔다. 사람은 거의 보이지 않았다. 임파서블푸드의 직원 대부분은 레드우드시티의 거대한 재활용 센터 두 곳 사이에 형성된 평범한 상업 지구에서 근무한다. 잠시 기다리는 동안 애펠그렌은 내게 진한 커피를 한 잔 내주었다. 잠시 후 당시 임파서블푸드의 공급망 수석 책임자였던 크리스 그레그Chris Gregg와 공장 관리자 줄리앙 그라스코어Julien Grascoeur를 만날 수 있었다. 키가 큰 프랑스인인 그라스코어는 새로운 생산 라인을 얼른 보여주고 싶은 눈치였다. 우리는 회의실에서 잠시 가벼운 대화를 나눈 후 모두 하얀 실험복과 플라스틱 보안경을 착용하고 공장 안으로 들어갔다.

시멘트 바닥은 먼지 하나 없이 깨끗했다. 작업 구역은 노란 선으로 표시되어 있고 안전 표지판, 위험 경고판이 눈높이에 부착되어 있었다. 주 작업장과 떨어진 별도의 공간에는 높은 금속 선반이 설치되어 있고 각종 재료가 담긴 종이 상자와 대형 가방이 높이 쌓여 있었다. 어떻게 그런 건조한 재료들이 고기를 즐겨 먹는 사람들까지 고기라고 속을 만큼 쇠고기와 비슷한 버거 패티로 바뀔 수 있는지 더 궁금해져서 그 재료들을 힐끗 쳐다보자, 시설을 둘러보는 내내 내 곁을 한시도 떨어지지 않던 애펠그렌이 상자나 가방에 붙은 라벨은 읽지 말라고 말했다. 꼭 극비리에 진행 중인 첩보 활동에 가담한 기분이 들었다.

주요 생산 구역 안에서는 스테인리스강 기계에 달린 노처럼 생긴 막대가 혼합물을 휘젓고 있었다. 나도 모르게 코를 찡그렸다. 고약한 냄새가 났는데, 무슨 냄새인지 알 수가 없었다. 임파서블 버거에는 총 17가지 재료가 들어간다. 조직화된 대두 단백과 감자 단백질 같은 고도로 가공된 성분과 함께 코코넛, 해바라기유, 리보플래빈, 아연 등 건강에 좋다는 인상을 주는 첨가물도 포함된다. 내가 맡은 냄새는 무엇일까? 가열기에서 나온 걸까? 아니면 여러 식물성 재료를 반죽으로 혼합하는 공정에서? 여러 가지 질문을 던졌지만 독점적 정보라는 이유로 대부분 답을 듣지 못했다. 임파서블푸드는 단백질을 추출하고 정제하는 기술부터 대두로 만든 치즈, 분쇄육 대체품, 그리고 메탄올을 탄소원으로 활용하는 유전자 재조합 효모에 이르기까지 약 140건의 특허를 출원했다. 헴 분자를 만들어내는 숨은 주역이 바로 그 효모다. 헴heme('팀team'처럼 '힘'이라고 발음한다)에 관해서는 잠시 후에 다시 알아보기로 하자.

휑해 보일 만큼 널찍한 시설을 둘러보는 동안 '허위·과장 광고 금지법Truth in Advertising'이 자동으로 떠올랐다. 임파서블 버거에서는 광고 문구처럼 정말로 "피가 흘렀고", 어떤 장비 아래로 흘러가는 검붉은 액체가 내가 햄버거 패티에서 본 바로 그 피 같았다. 내가 맡은 냄새도 거기서 온 게 분명했다. 나중에야 나는 공장에서 나던 냄새가 헴일 가능성이 가장 높다는 사실을 알게 됐다. 고기에 열을 가하면 불그스름하던 조직이 갈색으로 바뀌는 캐러멜화 현상을 마이야르 반응이라고 하는데, 임파서블 버거에는 헴이 들어가므로 이 반응을 활용할 수 있었다. 임파서블 버거의 공장은 내부에서 풍기는 냄새나 범벅이 된 반죽, 서늘한 냉기까지 전부 내가 과거에 방문해본 육류 가공 시설과 똑같았다. 딱 하나 중요한 차이는 진짜 피가 흘러나오는 재료는 없었다는 것이다.

왕이 된 햄버거

한때 요식업계의 불모지로 여겨지던 식물성 버거 시장은 '채식 버거'라는 새로운 이름으로 제품이 출시된 후부터 빌 게이츠Bill Gates, 샤킬 오닐Shaquille O'Neal을 비롯한 다양한 투자자들의 관심을 사로잡고 있다. 별로 특별한 점도 없고 인기도 없었던 식물성 패티에 돈이 쏠린 데에는 이유가 있다. 2019년에 미국의 소비자 4명 중 한 명은 육류 섭취량을 줄였다고 밝혔다. 식물성식품협회의 보고서에 따르면* 대체육 시장은 2년 전보다 29퍼센트 성장한 50억 달러 규모에 이르렀다. 일반 육류 시장의 성장률이 2퍼센트에 그친 것과 달리 (임파서블 버거와 비욘드 버거를 포함한) 냉장 대체육 시장은 37퍼센트 성장했다는 사실도 전통적인 육류업계가 더욱 경계해야 할 변화다.

여기까지 들으면 전망이 밝아 보이지만, 전 세계 대체육 매출액은 128억 5000만 달러고 일반적인 육류의 매출액은 2조 달러에 이른다.

---

* 데이터 기술업체 스핀스SPINS가 2020년 3월 3일에 발표한 데이터를 토대로 비영리단체 우수식품연구소와 함께 작성한 보고서다. ― 지은이

대체육에 관한 소식이 언론의 머리기사로 하도 자주 다루어져서 일반 육류 시장을 위협하고 있다고들 생각하지만, 실제 점유율은 전체 육류 판매량의 겨우 0.6퍼센트다. 코로나19 대유행으로 장 보는 습관에도 변화가 생겼고 슈퍼마켓의 대체육 판매량이 대폭 늘어난 건 사실이다. 하지만 일반 육류와 경쟁하려면 아직 어마어마한 노력이 필요하다.

임파서블푸드를 비롯한 여러 업체들처럼, 과거에도 대체육 사업에 뛰어든 회사들이 있었다. 그렇지만 성공적이진 않았다. 1896년, 성경이 채식을 권장한다고 믿는 보수적인 개신교 교단인 제칠일안식일예수재림교회에서는 프로토스protose라는 대체육을 만들었다. 대두와 땅콩, 밀 글루텐를 분쇄해서 빽빽한 반죽으로 만든 다음 물과 밀가루를 섞어 농도를 맞추고 증기에 찐 후 살균 처리한 것으로, 오늘날 이 분야의 스타트업들이 활용하는 공정과 별로 큰 차이가 없다.

프로토스는 통조림으로 포장되어 시리얼로 재벌이 된 윌리엄 키스 켈로그William Keith Kellogg의 형제 존 H. 켈로그John H. Kellogg가 설립한 회사인 배틀크릭 푸드컴퍼니Battle Creek Food Company를 통해 유통됐다. 1944년에는 《볼티모어 선Baltimore Sun》에 가짜 고기에 관한 기사가 실렸다. 식품 분야 프리랜서 저술가로 활동하던 클레먼타인 패들퍼드Clementine Paddleford가 쓴 기사였다.

콩고기는 고기가 없는 고기다. 포장되어 나오는 가루에 물을 섞고 패티로 만들어서 튀기면 햄버거 패티와 비슷한 음식이 된다. 대두 가루와 밀가루, 크래커 가루, 수분이 제거된 양파가 혼합된 이 가루에는 단백질 유도체와 여러 양념이 적절히 배합되어 고기와 같은 풍미가 더해졌다. 분쇄육과 절반씩 섞어서 요리하면 음식의 양도 늘어나고 더욱 맛있게 즐길 수 있다.

1947년, 제2차 세계대전이 끝나고 고기를 더 이상 배급받지 못하게 되자 뉴욕의 월도프아스토리아 호텔은 프로토스를 전채 요리로 제공했다. 미트로프와 거의 비슷한 형태였을 것으로 추정되는 이 메뉴는 "재료의 이색적인 조합으로 섬세한 입맛을 가진 사람들에게 큰 인기를 얻었다"고 알려졌다. 어떤 양념이 들어갔을지는 추측만 할 수 있다.

이후 수십 년 동안 쇠고기 패티를 대체할 만한 식품을 만들어보려는 다른 시도들이 이어졌다. 하지만 햄버거 빵 사이에 끼워서 먹어보면 맛이 너무 밋밋하거나 식감이 지나치게 질퍽했다. 고기라기보다는 과하게 익힌 채소에 가까워서 누구의 마음도 얻지 못했고 자연식품 판매점 이외에 다른 판로는 거의 찾을 수 없었다. 그러던 중 석유 추출 물질이 들어간 비료가 등장하자 소에게 먹일 식물을 재배하는 집약적인 농업이 가속화됐다. 농사지을 땅이 부족하지도 않았다. 그러나 프랜시스 무어 라페의 생각은 달랐다. 수확되는 농산물의 절반이 가축의 사료로 쓰인다는 사실을 알게 된 라페는 1971년에 "육류 위주의 식생활은 캐딜락을 수집하는 것과 같다"고 주장했다. 자원을 전부 쏟아부어서 수익률이 낮은 상품을 잔뜩 생산하는 이런 상황이 경제 양극화를 심화시킨다는 의미였다. "곡물을 사고 싶은 사람들, 곡물이 필요한 사람들은 그럴 형편이 안 되는데 가축은 곡물을 먹는다." 현재 동물 사료로 쓰이는 식물이 재배되는 땅의 면적은 미국에서만 5600만 에이커에 이른다. 사람이 먹는 식물이 재배되는 땅은 400만 에이커 정도다.

꽤 그럴듯한 육류 대체품이 등장한 지금도 육류 수요는 그 어느 때보다 높다. 베러미트Better Meat Co.의 CEO인 폴 셔피로Paul Shapiro는 블로그 플랫폼인 미디엄Medium에 게시한 글에서 코로나19 대유행으로 새로운 식물성 대체육 제품 판매가 기록적으로 증가했지만, 식료품점에서 판매되는 냉장육과 냉동육의 99퍼센트는 여전히 일반 육류라고 밝혔다. 어떤 상황인지 짐작할 수 있는 수치다.

이제 미국에서 햄버거는 정말 어디서나 먹을 수 있는 대표적인 음식으로 여겨져서, 사람들은 맥도날드 매장이 처음 문을 연 1955년 전까지는 햄버거가 지금처럼 전 국민이 사랑하는 음식이 아니었다는 사실을 잊곤 한다. 수익 규모를 기준으로 할 때 맥도날드는 전 세계 119개국에 매장을 둔 세계 최대 패스트푸드 체인이다. 이제는 해마다 햄버거 판매량을 집계하지 않지만, 인터넷에서 찾은 맥도날드의 예전 교육 자료를 보니 "매일, 매시간 1초당 75개가 넘는 햄버거가 판매된다"고 나와 있었다. 그러니 연간 판매량은 수십억 개라고 봐도 좋을 것이다. 개스트로팟Gastropod이라는 식품 분야 팟캐스트를 듣다가 알게 된 또 다른 사실은, 미국 국립보건통계센터 보고에 따르면 전 세계 인구의 36퍼센트 이상이 매일 패스트푸드를 먹는다는 것이다.

햄버거가 이렇게나 보편적인 음식이 된 걸 보면 미국의 식생활이 세계 곳곳에 퍼졌다는 사실을 더더욱 반박할 수가 없다. 결국 미국은 기후 변화와 건강 악화라는 두 가지 악순환을 일으킨 나라라는 비난을 면하기 어렵게 되었다. 이런 자각은 새롭게 등장한 기업가들이 다시 햄버거에 주목하게끔 만들었다. 여러 조사에 따르면 유사 고기라고도 불리는 육류 대체품 시장이 빠르게 성장 중이다. 임파서블푸드와 그의 가장 치열한 경쟁 상대인 비욘드미트는 최신 식품 과학 기술로 무장한 뒤 기존 제품들과는 조금 다른 채식 버거를 개발했다. 두 업체의 목표는 전 세계적으로 계속 늘고 있는 쇠고기 수요의 일부를 차지하는 것, 그리고 채식에 큰 관심을 쏟기 시작한 미국인들에게 죄책감 없이 먹을 수 있는 '고기'를 제공하는 것이다.

더 나은 버거

임파서블푸드와 비욘드미트는 현재까지 규모가 작은 나라를 1년 정도 운영할 수 있을 만한 투자금을 확보했다. 2020년 8월을 기준으로 임파서블푸드가 유치한 투자금은 15억 달러다. 비욘드미트는 기업 공개 IPO 전까지 최소 1억 2200만 달러를 모았고, 2019년 5월의 IPO에서는 수익이 전혀 없을 수도 있다는 경고가 무색하게 2억 4000만 달러를 추가로 확보했다. 투자자들이 고기 없는 햄버거를 만드는 시도에 있어 다른 업체들은 몰라도 이 두 업체만은 성공하리라고 믿는 이유는 무엇일까? 미국인들이 종류를 불문하고 햄버거에 이렇게 집착하는 건 무슨 의미일까?

임파서블푸드와 비욘드미트라는 두 거대 햄버거 회사의 설립자들은 모두 완전 채식주의자다. 그리고 두 사람 다 인간의 식량을 동물에게 의존하는 행위가 기후 변화와 직결되어 있으며 이 문제를 해결하는 것이 그들의 목표라고 이야기한다. 2011년에 임파서블푸드를 창업한 팻 브라운은 스탠퍼드대학교 출신 생화학자이자 여러 차례 상을 받고 업적을 인정받은 세계적인 유전학자다. 그가 개발한 유전자 분석 기술인 DNA 마이크로어레이microarray는 지금도 사용되고 있다. 팻 브라운은 분명 똑똑한 사람이다. 2017년 10월 26일에 그의 사무실로 찾아갔을 때 우리의 대화는 꼭 토론 같았고, 나는 아무 준비 없이 토론에 뛰어든 기분이었다.

우리는 샌프란시스코와 가까운 레드우드시티의 임파서블푸드 본사에서 만났다. 브라운은 실리콘밸리 엔지니어들의 전형적인 복장인 운동화에 후드티 차림이었다. 애펠그렌도 함께 와서 노트북을 펴고 우리의 대화를 기록했다. 최고 홍보 책임자인 레이철 콘라트Rachel Konrad는 브라운이 공개하면 안 되는 이야기를 하려고 할 때마다 옆에서 눈짓을 보내 입을 막았다.

브라운은 스탠퍼드대학교 교수 시절에 안식년을 보내다가 좀 더 급진적인 일을 해서 사람들에게 기억되고 싶다는 생각을 했다고 한다. 그가 떠올린 건 인간의 식량을 더 이상 동물에게 의존하지 않도록 만드는 일이었다. 브라운은 육류와 그 육류를 생산하는 동물을 분리하지 않는 것이 문제라고 보았다. 미디엄에 쓴 글에서 그는 이렇게 설명했다. "지금까지는 식물로 고기를 얻는 유일한 방법이 식물을 먹는 동물의 고기를 얻는 것이었다." 브라운은 전형적인 과학자다. 효율적으로 움직이며 정확한 사실과 데이터, 증거를 중시한다. 그런 그가 '쇠고기' 맛이 나는 식물성 식품이 전 세계 식탁에 오르도록 하겠다는 새로운 목표에 다소 광적인 열정을 쏟고 있다.

임파서블 버거의 초기 제품은 당시 개발팀 직원의 표현을 빌리자면 "상한 옥수수죽" 같은 맛이 났다. "이제는 좋아졌지만요." 브라운의 말이다. "6개월 뒤에는 [지금보다도] 또 더 좋아질 거고요." 임파서블푸드가 미국 중서부 지역에서 진행한 블라인드 테스트에서는 겉으로 보면 일반 고기처럼 보이는 두 가지 샘플이 나왔다. 하나는 임파서블 버거였고 다른 하나는 흔히 '80 대 20'이라고 불리는, 쇠고기의 살코기와 지방을 80 대 20의 비율로 섞은 일반적인 쇠고기 버거 패티였다. 브라운은 이 테스트에서 참가자의 절반이 채식 버거를 선택했다고 전했다. 임파서블푸드가 의뢰한 연구에서도 채식 버거의 선호도가 절반에 가까운 46퍼센트로 나왔다. 패스트푸드 판매점에서 출시되면 선호도는 절반을 훌쩍 넘어설 가능성이 크다.

실제로 몇몇 햄버거 체인에서는 임파서블 버거가 일반 버거보다 잘 팔렸다. 전 세계에 22곳이 넘는 매장을 보유한 우마미버거Umami Burger의 경우, 총매출액이 가장 큰 5개 메뉴 중 하나가 임파서블의 패티 두 장과 구운 양파, 아메리칸 치즈 대체품, 미소된장, 머스터드소스와 우마미Ooh-Mami소스, 딜 피클, 양상추, 토마토가 들어간 임파서블 버거다. 참고로 이 메뉴의 영양 조성을 보면 소스와 햄버거 빵, 곁들여 먹는 감자튀김을 제외하고 패티 두 장의 열량만 480칼로리고 포화지방은 총 16그램, 단백질은 38그램이 들어 있다.

이러한 채식 버거가 지구에 더 이로운 건 분명해 보인다. 임파서블푸드는 자신들의 생산 공정이 산업적인 쇠고기 생산 과정과 비교할 때 토지 사용량은 95퍼센트 적고 물 사용량은 25퍼센트가 적으며 대기로 배출되는 온실가스도 89퍼센트가 적다고 주장한다. 지속 가능성을 고려해야 한다는 압박에 예외 없이 시달리는 맥도날드도 2020년까지 자사 쇠고기 공급망으로 인한 삼림 파괴 행위를 없애겠다고 약속했다. 산업적으로 생산되는 쇠고기의 최대 단일 구매자인 이 거대 패스트푸드 기업은 2020년까지 쇠고기에 쓰이는 항생제도 점검하겠다고 밝혔다. 하지만 내가 조사했을 땐 이 두 가지 약속을 정말로 지키고 있는지 확인할 수 있는 데이터는 전혀 찾을 수 없었다. 임파서블푸드의 생산량이 늘어나서 맥도날드에 제품을 공급할 수 있게 될 경우, 그때도 자사의 생산 방식이 환경에 더 유익하다는 자체 분석 결과가 지금처럼 유효할지는 두고 봐야 할 일이다.

영양학자들은 얼마 전부터 식품 가공 수준에 전 세계가 더욱 주의를 기울여야 한다고 목소리를 높여 왔다. 식품을 가공 정도에 따라 네 가지로 분류하는 '노바NOVA 척도'는 그러한 정보를 얻는 한 가지 방법이다. 네 가지 분류란 각각 미가공식품과 씨앗, 과일, 달걀, 우유, 버섯, 조류와 같은 최소 가공식품, 소금, 설탕, 올리브유, 식초 등 요리에 쓰는 가공 재료 및 빵, 치즈, 훈제육과 같은 가공식품, 그리고 탄산음료, 아이스크림, 햄버거, 인스턴트 수프 같은 초가공식품이다. 임파서블푸드의 햄버거는 초가공식품에 해당한다. 노바 척도를 개발한 브라질 연구진은 다음과 같이 설명한다. "초가공식품들은 우수한 감칠맛과 세련되고 매력적인 포장, 멀티미디어 광고 및 어린이와 청소년을 대상으로 한 공격적인 마케팅, 건강에 유익하다고 강조하는 광고 카피, 높은 수익성, 브랜드화, 다국적기업 소유라는 점을 공통적인 특징으로 갖고 있다." 임파서블푸드의 제품에 들어가는 17가지 재료는 전부 제각기 다른 업체에서 생산되고 그중 일부는 "특정한 감각적 특징을 모방하는 것이 목적인 첨가물"이라는 점도 이 햄버거가 초가공식품으로 분류되는 이유다.

임파서블푸드 사람이라면 누구도 달가워하지 않을 이런 분류도 문제지만, 이 제품에 제기되는 가장 큰 우려의 목소리는 유전자 변형 철이 포함된 헴에 관한 것이다. 헴은 여러 단백질의 핵심이고 동물에게서 얻는 육류의 기본적인 성분이다. 사람의 근육 조직에도 있다. 육류에는 미오글로빈으로, 식물에서는 "비非헴 철"이라고도 불리는 레그헤모글로빈으로 존재한다.* 임파서블푸드는 헴('루비아RUBIA'라는 별칭으로도 불린다)을 대두식물의 뿌리혹에서 발견되는 레그헤모글로빈에서 얻는데, 유전자 변형 효모를 활용해 이 레그헤모글로빈을 대량 생산하여 제품에 사용한다. 업체 측에서는 이렇게 만든 레그헤모글로빈을 간단히 "헴"이라고 부른다. 헴 단백질은 동물의 피와 같은 붉은색이다. 내가 공장에서 본 붉은 액체도 바로 이것이었다. 혈액의 성분이므로 냄새도 피와 비슷하다. 동물의 피가 아닐 뿐이다.

우리는 지난 수십 년간 실험복 입은 사람들의 손에서 만들어진 식품을 먹고 살았다. 그러니 이런 식품들이 나오는 것도 새삼스럽지는 않지만, 임파서블푸드가 팔고 있는 음식이 무엇인지 우리가 그 정체를 다 안다고 할 수 있을까?

---

* 식품에 함유된 철분은 크게 헴 철과 비헴 철로 나뉜다. 동물성 식품에는 이 두 가지 철분이 모두 들어 있고, 식물성 식품에는 비헴 철만 들어 있다. 비헴 철은 철이 헴과 결합되어 있지 않은 형태로 존재한다는 의미다.

샌프란시스코대학교 의과대학의 딘 오니시Dean Ornish 교수는 자연식품 중심의 채식 식생활과 생활 방식의 변화를 통해 관상동맥 심장 질환을 물리칠 수 있다는 주장이 맨 처음 제기됐을 때부터 이를 지지해온 사람이다. 헴에 관해 그는 다음과 같은 우려를 전했다. "연구가 더 필요합니다. 적색육에 함유된 헴 철은 채소에 들어 있는 헴보다 [인체 세포에] 훨씬 쉽게 흡수되고, 산화 스트레스*를 일으킵니다. 이는 관상동맥 심장 질환과 뇌졸중, 다른 만성 질환의 위험성이 커지는 것과 관련이 있고요." 이것이 의사들 대부분이 육류 중심의 식생활을 부정적으로 평가하는 이유 중 하나다. 헴 철을 식육, 가금육, 생선으로만 다량 섭취하는 사람들과 헴 철의 섭취량이 그보다 적은 사람들을 비교한 여러 전향적 연구** 중 2014년 이후에 나온 결과들을 메타 분석하자, 헴 철의 섭취량이 큰 사람들은 관상동맥 심장 질환이 생길 위험성이 31퍼센트 더 높다는 결론이 내려졌다. 내가 임파서블 버거에 함유된 헴도 심장 질환에 똑같이 악영향을 줄 수 있느냐고 묻자 오니시 박사는 답하지 못했다.

지금껏 건강에 관한 책을 일곱 권 쓴 오니시 박사는 새로운 제품들이 판매되는 건 반가운 일이라고 했다. "채식 인구가 늘어나는 데 도움이 되는 건 다 좋은 거니까요." 하지만 오니시 박사는 임파서블 버거에 함유된 헴의 잠재적 위험성이 아직 불분명하고, 비욘드 버거처럼 헴을

---

*   음식물 소화, 에너지 생산, 세균이나 바이러스 제거 등 다양한 과정에서 발생하는 체내 활성산소가 세포와 결합해서 세포를 손상시키는 현상. 산화 스트레스는 여러 질병의 원인이 된다.
** 연구하려는 대상, 요소가 연구 시작 시점부터 일정 기간 동안 시간 경과에 따라 어떻게 변화하는지 추적하는 연구 방식. 결과를 시작점으로 삼아 역추적하는 후향적 연구와 대조되는 연구 방식이다.

사용하지 않아도 맛있는 다른 채식 버거가 있다면 안전성이 확실히 밝혀질 때까지 구태여 헴이 함유된 제품을 먹을 이유가 있겠느냐고 했다.

비욘드미트의 제품에는 임파서블 버거와 달리 헴이 들어가지 않는다. CEO인 이선 브라운은 내게 비욘드미트는 헴을 쓰지 않으며, 임파서블푸드가 유전자 변형 성분을 쓰는 건 "아주 영리한 일이거나 아킬레스건이 될 수 있다"고 반쯤 농담처럼 언급했다. 비욘드 버거의 주성분은 완두콩 단백질이다. 비욘드미트는 단백질원을 한 가지만 고집하기보다는 녹두, 유채, 누에콩 등 다양한 원료를 활용하려고 하며, 마케팅에 프로 스포츠 선수들을 활용해왔다. 그러나 비욘드미트의 제품 역시 초가공식품으로 분류된다.

임파서블푸드는 유전자 변형 성분에 대한 소비자의 불안감을 잠재우기 위해 FDA에 헴 성분을 GRAS('일반적으로 안전하다고 간주되는 물질')로 인정해달라는 신청서를 제출했다. 의무 사항이라서가 아니라, GRAS가 안전성을 입증하는 근거로 여겨지기를 바란 것이다. FDA는 "대두식물의 뿌리는 사람이 일반적으로 섭취하는 식품이 아니다"라는 의견과 함께 임파서블푸드가 이 성분을 "먹어도 안전하다는 사실을 입증하지 못했다"는 이유로 처음에는 거부 의사를 밝혔다. 그러자 임파서블푸드는 이 일에 더 집중적인 노력을 기울이기로 하고, 대두 레그헤모글로빈을 래트에게 한 달간 매일 총 200회씩 먹이는 추가 연구를 진행했다. 미국인의 일일 평균 쇠고기 분쇄육 섭취량에 맞춘 분량이었다. 임파서블푸드는 FDA에 제출한 1066쪽 분량의 보고서에서 이러한 연구 결과 부정적인 영향은 나타나지 않았다고 밝혔다. 그러나 앞서도 언급했듯이 이 연구는 임파서블푸드가 직접 수행했으며 외부 연구진이 독자적으로 분석해서 얻은 결과가 '아니었다'. "대체하려는 식품보다 더 나은 점이 없는 제품이라면 절대로 소비자에게 팔지 않겠다는 것이 우리의 핵심 원칙 중 하나입니다." 브라운은 나와 인터뷰하며 이렇게 말했다.

왜 작은 성분 하나에 그렇게까지 매달릴까? 달걀, 닭고기, 돼지고기, 생선 대체식품에 이르기까지 임파서블푸드가 만드는 모든 제품이 헴에 의존하기 때문이다. 또한 임파서블푸드는 식품 산업을 규제하는 여러 절차를 넘어야 하긴 하지만 중국에 진출할 계획도 세우고 있다. 업계 전문가들은 유전자 변형 기술로 만든 헴을 쓰는 한 쉽지 않을 거라고 본다.

수십억 달러의 투자금을 유치한 이 스타트업은 미국 전역 구석구석까지 손을 뻗치고 있다. 처음에 임파서블푸드의 제품은 레스토랑을 운영하는 셰프들이나 음식점에서만 수요가 있었지만, 이제는 슈퍼마켓과 패스트푸드 체인점에도 공급되고 있으며 회사가 직접 운영하는 웹 사이트에서 온라인 판매도 이뤄지고 있다. 2018년 말에는 FDA로부터 마침내 GRAS 인증을 받았다. 소비자들의 진입 장벽이 사라진 것이다. 임파서블 버거 패티의 불그스름한 색은 헴 성분에서 나온 것이므로 헴을 색소 첨가물로 사용해도 된다는 승인도 받아야 했는데, GRAS 인증을 받을 때보다 시간이 더 오래 걸렸지만 결국 색소 첨가물 승인도 받았다.*

나는 분리 단백질을 조사하던 중에 랠스턴퓨리나의 대두 생산 시설

---

* FDA는 대부분 28일 정도의 짧은 기간 동안 실시된 연구 결과를 토대로 색소의 승인 여부를 결정한다. 하지만 이런 단기 연구의 결과로는 장기적인 안전성을 보장할 수 없다. 임파서블푸드는 2018년 11월 5일에 헴을 색소 첨가물로 승인해달라는 신청서를 제출했고 2019년 7월 31일에 승인이 떨어졌다. ― 지은이

을 듀폰이 매입했다는 사실을 알게 됐다. 듀폰은 식수에 독성 물질을 폐기한 일로 널리 알려진 화학 회사이자 유전자 변형 대두 작물의 약 36퍼센트를 생산하는 업체다. 공장 매입 사실과 유전자 변형 작물의 생산량, 이 두 가지 사실을 종합해보니 듀폰이 임파서블푸드와 손을 잡았음을 짐작할 수 있었다. 마침 브루클린에서 열린 첨단식품기술 콘퍼런스에 전문가단으로 참가했을 때, 듀폰에서 나온 과학자가 식품 생산에 효소가 어떻게 쓰이는지 설명하는 시간이 있었다. 얼마나 흥미로웠는지 모른다! 발표가 끝나고 질의응답 시간에 나는 그 과학자에게 임파서블푸드와 함께 헴 같은 새로운 성분을 만들게 된 소감을 물었다. 그는 중립적인 표현을 쓰면서 흥미로운 협력이었다고 답했다. 나는 그가 무대에서 내려온 뒤에 찾아가서 그 원료가 어디에서 생산되느냐고 물었고, 그는 멕시코에 있는 듀폰의 시설에서 헴을 생산 중이라고 알려주었다.

임파서블푸드의 창립자는 대체육 제품에서 쇠고기와 비슷한 풍미가 나는 핵심 성분이 헴이라고 이야기한다. 대체육 버거 하나에 헴이 차지하는 비중은 0.02퍼센트밖에 안 되지만, 직원들에 따르면 헴이 들어가지 않은 패티에서는 어묵과 비슷한 맛이 난다고 한다. 어떤 맛일지 대충 짐작은 가지만, 헴이 빠진 임파서블 버거를 먹어볼 기회는 없었다. 헴은 아미노산과 당류, 지방산에 스파크를 일으켜서, 먹었을 때 미각이 고기라고 느끼도록 유도하는 일종의 촉매다. 임파서블푸드가 다른 업체들과의 경쟁에서 월등히 앞서고 투자자들을 끌어모을 수 있었던 고유한 노하우이기도 하다. 그런데 정말로 헴이 들어가지 않은 식물 단백질에서는 고기 같은 맛이 날 수 없다면, 다른 업체들은 육류 대체식품을 어떻게 만들고 있을까?

비욘드 버거의 이선 브라운

임파서블푸드가 최첨단 기술로 무장한 스탠퍼드 연구단지를 떠올리게 한다면 비욘드미트는 어느 집 차고를 연상시킨다. 비욘드미트의 본사는 정유 공장들이 들어선 곳으로도 잘 알려진 곳이자 힙합 그룹 어 트라이브 콜드 퀘스트A Tribe Called Quest의 인기곡에 등장하는 지명으로 더욱 유명해진 캘리포니아의 해안 도시 엘세군도에 있다. 비욘드미트는 IPO 이후 10년간 기업 가치가 역대 두 번째로 큰 스타트업의 자리를 지켰다. 2020년이 되어서야 숙박 서비스 기업 에어비앤비Airbnb와 음식 배달 플랫폼 도어대시DoorDash가 그 뒤를 바짝 쫓아왔다.

운동선수 출신에 키카 훤칠한 이선 브라운(임파서블푸드의 창립자 팻 브라운과는 아무 관계도 아니다)은 주말이면 메릴랜드에 있는 가족 소유의 낙농장에서 시간을 보내던 사람이었다. 컬럼비아대학교에서 경영학 석사 학위MBA를 따고 청정에너지 분야에서도 일한 경험이 있다. 완전 채식주의자인 그는 "동물 없이도 고기를 만들 수 있다"는 사실을 증명해 보기로 마음먹었고, 이 목표를 실현해줄 기술을 찾으려고 논문을 뒤지기 시작했다. 그리고 2009년, 가족 농장의 이름을 따 새비지리버Savage River라는 회사를 열었다.

사업 초기에는 모교인 메릴랜드대학교의 전 교수이자 식품과학자인 마틴 로Martin Lo 박사와 함께 일했다. 두 사람이 맨 처음 시도한 건 채식주의자를 위한 '닭고기'였다. 닭고기의 힘줄을 이루는 섬유 단백질과 비슷한 물질을 만들려고 했지만 쉽지 않았다. "첫 제품은 찢어진 타이어와 비슷했다."로는 동창회지에서 이렇게 언급하기도 했다.

어느 정도 만족스러운 결과물이 나오자, 브라운은 하루에 몇 시간씩 샘플을 들고 중서부 전역의 식료품점을 찾아다니면서 사람들과 만났다. "여성들은 이렇게 묻더군요. '남편이 이걸 먹게 하려면 어떻게 해야 할까요?'" 나는 브라운과 직접 만나기도 하고 통화도 하면서 여러 차례 인터뷰를 진행했다. 브라운은 청소년인 아들을 포함해서 가족들에게도 자신이 새로 개발한 제품을 먹어보도록 했다. 아들은 이제 비욘드 버거를 매주 여러 번 먹는다고 한다.

비욘드 버거는 여러 단계에 걸친 가열, 냉각, 압축 공정으로 식물의 섬유질을 재결합시켜서 만든다. 닭 한 마리를 키우려면 14개월이 걸리지만, 이렇게 하면 단 2분 만에 버거 하나가 나온다. 환경 보호를 내세우는 창립자들에게는 이런 시간 단축이 매우 중요하다. 이들은 사람이 쓸 에너지를 동물에게서 얻는 게 얼마나 비효율적인지를 지적하는 것도 즐긴다. 이를테면 소에게 23칼로리의 에너지를 공급해야 사람이 쓸 수 있는 열량 1칼로리가 생긴다는 식이다. (참고로, 이 계산에서 효율성이 가장 우수한 동물은 닭이다. 닭에게 9칼로리를 공급하면 사람이 쓸 수 있는 에너지 1칼로리가 생긴다.)

효율을 이런 식으로 따질 때 발생하는 큰 문제 중 하나는 이 계산대로라면 식물도 좋은 점수를 얻지 못한다는 것이다. 시금치가 다 자라려면 6주가 걸리고, 토마토는 3개월이 걸린다. 몽유병에 걸린 사람들처럼, 다들 너무 아무 생각 없이 미래의 식품은 전통적인 식품보다 더 단시간에 얻을 수 있어야 한다는 확신으로 미래를 향해 나아가고 있는 건 아닐까? 그러다가 재배나 생산에 고작 몇 분이 더 걸린다는 이유로 특정 식품을 거부하는 시대가 온다면 어떻게 될까?

수많은 업체가 버거와 너겟 개발에 뛰어들고 있는 만큼, 식물성 식품에 관한 논쟁은 앞으로도 뜨거울 것이다. 하지만 이런 식품을 식물성 식품이라고 부르는 건 슬림짐Slim Jim 육포를 일반 고기라고 하는 것과 마찬가지다. 사실 이 육포에 비유하려는 생각은 즉흥적으로 떠올랐는데, 어떤 식품인지 찾아봤다가 충격적인 사실을 알게 됐기 때문이다. 2009년 기술 전문지 《와이어드Wired》에 실린 한 기사에 따르면 슬림짐 육포는 다음의 과정으로 만들어진다. "가금육의 자투리 고기를 모아 압출기로 채를 통과하도록 만들면 뼈는 (대부분) 걸러지고 분홍색 반죽이 된다." 이는 분쇄한 '쇠고기' 대체육 제품들과 별반 다르지 않다. 항균 활성이 있어서 균을 "잠들게 만든다"고 알려진 덱스트로스가 첨가된다는 것도 슬림짐 육포와 채식 버거의 공통점이다. 슬림짐 육포에는 갈변을 막기 위해 질산나트륨이 들어가고, 임파서블 버거에는 익힌 후에도 패티의 불그스름한 색이 유지되도록 헴과 함께 토코페롤이 들어간다.

그래도 각각 다른 제품 아닌가? 다른 제품이 맞다. 그럼 만드는 과정이 비슷하다는 말인가? 바로 그 말이다.

맛은 어떨까?

작년 가을까지 아침 식사용 소시지를 비롯해 임파서블푸드와 비욘드미트 두 업체의 다양한 제품을 여러 번 먹어보았다. 손님들로 북적이는 어느 바에서 이선 브라운과 함께 비욘드 버거를 먹은 적도 있다. 버거는 나올 때부터 반으로 잘려 있어서 갈색으로 잘 익은 가장자리와 붉은빛이 도는 패티의 중심부를 볼 수 있었다. 철판에서 지글지글 구워지는 모습이 떠올라 군침이 돌았다. 뇌의 신경세포와 혀의 미각 수용체는 맛있다는 신호를 보냈지만, 내 뇌와 위장은 결론을 내리지 못하고 계속 다투었다. 여느 햄버거들처럼 푸짐하고, 달고, 짜고, 감칠맛이 느껴지는 완벽한 양념 맛 때문에 맛있다고 느끼는 건 아닐까? 맛있게 느끼라고 만들어진 식품은 대부분 조심해야 한다. 도리토스? 정말 맛있다. 트윙키*도 마찬가지다. 하지만 맛있다고 그런 음식을 매일 먹거나 매주 꼬박꼬박 먹어도 될까? 글쎄, 그건 아닌 것 같다.

나는 공인 영양사이자 완전 채식주의자인 지니 메시나와 만나 햄버거에 관한 이야기를 나누었다. 바로 전날에도 임파서블 와퍼를 먹었다는 메시나의 말에 나는 깜짝 놀랐다. 메시나는 채식을 지지하지만, 그 버거에 별다른 생각은 없는 것 같았다. 하지만 맛있는 것과 별개로 건강에 좋은 식품은 아니며 패스트푸드인 건 사실이라고 말했다. "정말 맛있고 재밌는 음식이라고 생각해요. 가끔 즐기는 별미일 뿐 제 주식은 아니에요." 문제는 채식 버거를 만드는 업체들이 투자자들에게 수익을 안겨주려면 제품을 가끔 즐기는 별미가 아니라 더 자주 먹는 음식으로 만들어야 한다는 것이다.

집에서 비욘드 버거 패티 한 장을 프라이팬에 구웠더니 진한 기름

---

* 　　　　스펀지케이크 안에 설탕이 듬뿍 첨가된 크림이 채워진 과자.

이 흘러나오고 튀긴 음식 특유의 냄새가 남아서 며칠 동안이나 빠지지 않았다. 다 구운 패티는 디종 머스터드소스와 매콤한 케첩을 듬뿍 찍어서 먹었다. 내가 좋아하는 두 가지 양념을 곁들여서인지 아주 맛있었다. 하지만 다 먹고 나니 속이 거북했고, 그 느낌은 진짜 고기를 먹었을 때와 크게 다르지 않았다. 캘리포니아주 나파에 있는 고츠로드사이드Gott's Roadside에서 임파서블 버거를 주문해서 먹은 적도 있다. 양상추, 토마토, 아메리칸 치즈가 들어 있는 버거에 케첩과 머스터드소스를 추가로 뿌린 다음 크게 한 입 베어 물었다. 눈을 뜨고 맛을 느낄 때도, 눈을 감고 음미할 때도 확실히 맛이 좋았다.

버거를 먹으며 인상 깊었던 점은 식감이었다. 섬유질과 지방에서 비롯된 쫄깃함과 씹는 맛은 고기를 즐기는 이유로 많이들 꼽는 특징인데, 두 채식 버거에서도 이러한 특징을 느낄 수 있었다. 이 새로운 채식 버거들은 아무 맛도 없고 질퍽하기만 하던 과거의 제품들보다 분명 매력적인 대체품이다. 짭짤하고 풍미도 가득하며 코코넛유가 동물의 지방만큼 깊은 맛을 낸다. 뇌에서도 맛있는 음식을 먹을 때 일어나는 긍정적인 자극이 발생해서 얼른 더 먹으라는 신호를 보낸다.

신생 식품업체 대부분은 임파서블푸드와 비욘드미트가 식물성 식품 시장이 확장되는 신나는 변화의 물꼬를 텄다고 생각한다. 나는 이러한 변화가 앞으로 어떻게 전개될지 궁금하다. 쇠고기, 닭고기, 생선 같은 전통적인 동물성 식품을 모방한 제품들이 나왔고, 미국에서는 아주 미국 햄버거다운, 그러니까 백인 남성들이 떠올리는 햄버거의 특징을 가진 채식 버거도 나왔다. 미래에는 아직 상상조차 할 수 없는 새로운 대체식품도 등장할까? 아시아 지역에서 예전부터 소비되던 다채로운 육류 대체식품처럼 다양한 문화와 인종에 맞는, 각 지역의 고유한 식생활이 반영된 대체식품을 개발하려는 새로운 주자들이 등장할까? 그러기를 바란다.

앞으로 나아갈 길

2019년 2월, 임파서블푸드는 제품에서 글루텐을 없애기 위해 레시피를 변경하여 밀을 대두로 대체했다. 그리고 이 새로운 제품에 마치 새로 출시된 소프트웨어처럼 '임파서블 2.0'이라는 이름을 붙여서 광고했다. 2020년 1월에는 라스베이거스에서 열린 소비자 가전 박람회Consumer Electronics Show에서 신제품인 돼지고기 소시지를 선보였다. '비즈니스 인사이더Business Insider'는 임파서블푸드가 "모든 적색육이 아닌 돼지고기만을 목표로 삼아 고기의 밀도를 더 정확하게 재현하기 위해 헴의 조성을 변경했다"고 보도했다. 임파서블 버거에 들어가는 헴이 불그스름한 색부터 노릇한 갈색까지 패티에 어울리는 색을 내고 쇠고기와 비슷한 맛을 내는 걸로도 모자라 밀도까지 개선할 수 있다니? 믿기지 않을 만큼 뛰어난 기능이다.

현재 임파서블푸드의 연구소에서는 스테이크의 풍미에 관한 연구가 진행되고 있다.

식품 과학은 아주 오래전부터 우리의 저녁 식탁에 개입했다. 그러나 오늘날 첨단식품기술 스타트업들이 몇 년씩 공들여서 투자를 따낸 연구 결과들은 엄청난 양의 지식 재산으로 변모했다. 이 업체들은 자신들의 고유한 기술이 특허를 취득할 수 있을지 여부를 걱정하지만, 나는 투자자들이 요구한다는 이유로 기술을 공유하지 않고 우리가 주식으로 먹는 가장 기본적인 식품들까지 전매특허품으로 팔까 봐 걱정한다. 나는 임파서블푸드의 팻 브라운에게 이 책에서 소개한 모든 업체에 던진 것과 똑같은 질문을 던졌다. 기업의 투명성을 높여야 한다는 요구에 신경을 쓰고 있는가? 새로운 기술이 생산 공정을 감추고 있지는 않은가? 자세한 답변을 듣고 싶었다. 내가 가장 관심을 두는 사안이니만큼 업체들에게서 최선을 다하고 있다는 확실한 대답을 듣고 싶었다. 하지만 그런 일은 아주 드물었다.

브라운은 자신도 이런 상황은 원치 않는다고 설명했다. "소비자는 제품에 뭐가 들어가는지 알아야 합니다. 그러나 공개할 수 없는 민감한 정보가 소비자의 구매 판단에 영향을 줄 만한 내용은 아닙니다." 브라운의 사무실에서 이야기를 나누었을 때, 그는 특허를 취득하고 나면 회사 기밀 정보를 공유하겠다고 약속했다. 미국의 특허 심사에는 2년 이상이 걸리고, 임파서블푸드가 출원한 특허는 139건, 또는 그 이상이다.

그의 대답은 얼마든지 할 수 있는 약속이었고 나는 궁금증이 풀리지 않았다. 이윽고 임파서블푸드 홍보팀에 이메일을 보냈더니 불쾌하다는 반응이 돌아왔다. 그쪽에서는 내가 회사의 지저분한 비밀을 캐서 사람들의 관심을 끌려고 하며, 회사가 알려주는 내용을 내 마음대로 바꿔 말하려 한다고 판단했다. 임파서블푸드의 최고 홍보 책임자가 보낸 이메일에는 이런 내용이 있었다. "우리 데이터가 과연 공정하게, 적절한 맥락으로 소개될지 의구심이 들기 시작했습니다." 제품의 성분과 생산 공정에 관해 묻자 돌아온 답이었다. 하지만 내가 제기한 질문들은 취재 시에 흔히 던지는 내용이었다. 질문을 받는 쪽에선 짜증이 날 수 있지만, 그렇다고 내가 선을 넘은 건 아니었다. 급기야 공장 내부 온도를 물었다는 이유로 내가 자체적으로 자사 제품에 대한 '전 과정 평가'를 계획 중이라고 의심하기에 이르렀다. 전 과정 평가는 정교한 실험 장비를 동원할 수 있는 과학자가 각종 수치를 계산해줄 대학원생들의 도움을 받아가면서 겨우 진행하는 엄청나게 힘든 일인데, 한낱 기자가, 그것도 나 혼자서 그게 가능하다고 생각한 모양이다.

이 모든 일이 일어나기 전, 작은 회의실에서 홍보팀 직원들과 함께 만났을 때 팻 브라운은 내게 이렇게 말했다. "우리가 햄을 어떻게 만드는지 투명하게 공개하고 싶습니다." 하지만 그건 사업 기밀 정보이므로 지킬 수 없는 약속이다. 그가 이 과학적인 정보를 공유하면, 투자자들이 투자한 돈을 회수하지 못한다. 그날 브라운이 마지막으로 한 말은 "대체하려는 식품보다 더 나은 점이 없는 제품이라면 절대로 소비자에게 팔지 않겠다는 것"이라는 약속이었는데, 이 또한 지킬 수 없는 약속이다. 신뢰할 만한 영양 분석 결과를 내놓지 않는 이상, 어느 쪽이 더 나은지는 결론을 내릴 수 없다.

7. 수직농업

로봇이 수확하는 고급 잎채소가 세계의 식량이 될 수 있을까?

알고리즘으로 만들어지는 잎채소

"이런 말은 아마 한 번도 들어본 적이 없을 거예요. '난 케일 맛이 정말 좋아, 케일 씹는 맛도 좋고'라거나 '쌉쌀한 게 최고라니까' 같은 말이요." 뉴저지주 뉴어크에 6500제곱미터 규모로 지어진 '에어로팜스 AeroFarms'를 찾아갔을 때 앨리나 졸로타레바Alina Zolotareva가 한 말이다. 졸로타레바는 소비자들이 케일을 손질하기가 "까다롭다"고 여기는 것도 상황을 더 나쁘게 만든다고 덧붙였다. "요리사들은 케일의 줄기를 발라내고, 잎을 잘게 썰어서 소스에 담가 푹 재워두거나 산성 재료로 잎을 마구 문질러요. 그러려면 시간이 엄청 많이 걸리죠. 그렇게 시간을 들여가며 고생해서 식사를 준비하는 건 정말 너무 힘든 일이잖아요."

맞는 말이지만, 그런 고생을 감수하게 만드는 이유가 있다. 케일은 샐러드 채소의 왕이다. 하루에 케일 한 컵을 먹으면 섬유질과 항산화 성분, 특히 알파리포산과 칼슘, 칼륨, 비타민 K, 비타민 C, 비타민 B_6, 철분이 따라온다. 단백질도 3그램을 얻게 된다. 이런 특성만으로도 케일은 많이 먹어야 하는 채소가 분명하다.

사실 이미 많이들 먹고 있다. 미국의 경우 무수한 샐러드 체인에서 사용하고 있고, 맥도날드에서 파는 사우스웨스턴 샐러드에 들어 있는 딱딱한 녹색 잎도 케일이다. 칙필레Chick-fil-A*에서는 사이드 메뉴로 케일 샐러드를 판매한다. 파네라Panera**의 그릭 샐러드에도 케일이 들어 간다. 하지만 에어로팜스처럼 수직농법을 쓰는 곳, 즉 도심지의 초대형 건물 내부에서 모든 작물을 재배하는 농장은 그런 음식점들의 공급업체 명단에서 볼 수 없다.

수직농장들이 중시하는 건 맥도날드에 제품을 납품하는지가 아니 라 제품의 안전성이다. 수직농법으로 재배되는 농산물은 사람의 손이 거의 닿지 않는다. 또한 생산지와 배송지 사이의 거리가 짧아서 더 맛있 고 신선하다. 이러한 농장들이 성공하면, 우리는 잎이 얇고 더 가벼우면 서 단맛이 더 많이 나는 케일과 적당히 맵싸한 아루굴라, 냉장고에 넣어 놔도 다음 날 다 시들어버리지 않는 물냉이 등 기존에 알던 것과는 전혀 다른 과일과 채소를 먹게 될 것이다. 미래에는 개인 맞춤형 식생활이 점 점 더 자리를 잡을 것으로 전망되므로, 농장에서 개개인의 특성에 맞춰 구성한 녹색 채소를 직접 배달해주는 날이 올지도 모른다는 예상 역시 영 엉뚱하게만 들리지는 않는다. 배달된 제품 포장에 이런 문구가 적혀 있지 않을까? '칼륨이 많아서 고혈압 관리에 도움이 될 거예요!'

하지만 수직농법의 이면도 살펴봐야 한다. 이렇게 고도로 특화된

---

*   미국의 치킨 전문 패스트푸드 체인점.
**   미국과 캐나다에 있는 베이커리 기반 카페 겸 캐주얼 레스토랑.

환경에서 자란 농산물이 전통적인 농장에서 재배된 농산물만큼 영양이 우수할까? 이 궁금증을 풀려면 영양 밀도와 함께 아직 다 밝혀지지 않은 요소들도 확인해야 한다. 구체적으로는 이런 질문으로 정리할 수 있다. 흙 없이 재배된 이 새로운 종류의 케일이 흙에서 자란 전통적인 케일만큼 우리 몸에 이로울까? 작물학에서 토양의 미생물군이 인체 영양에 주는 영향이나, 흙과 식물의 뿌리에서 발견되는 미생물 사이의 중요한 상호작용에 관한 연구는 이제 막 시작됐다. 수직농법이 보편화된다면, 우리의 생존에 도움이 되거나 심지어 생존에 꼭 필요한 상호작용 중에 잃는 부분이 생길까?

병원체가 실내 환경에 유입되면 통제하기가 매우 어렵다는 점도 짚어봐야 할 문제다. 야외 농장에서 생산된 농산물이 감염의 원인이 되어 회수되는 사례를 빈번히 겪고도(특히 로메인상추가 대장균에 오염되는 사례가 많다) 수직농장에서 대규모 오염이 일어나 대규모 회수 사태가 일어날 수 있다는 가능성은 잘 떠올리지 못한다.(엄격한 검사 절차를 거친 농산물만 건물 밖으로 내보내는 방법도 있지만, 그런 방법을 쓴다면 감시할 요소가 수십 가지, 혹은 그 이상이 될 수도 있다.) 지속 가능성도 따져봐야 한다. 이런 초대형 시설에서 생산되는 녹색 채소는 전기에 얼마나 의존할까?(재생에너지가 사용되는 경우는 드물다.) 일회용 플라스틱 용기에 담겨서 판매되는 고급 채소를 만들어내기 위해 값비싼 인공 비료는 얼마나 사용될까?

타임머신

수직농장은 하루아침에 등장한 것이 아니다. 일반적인 재배 기간과 상관없이 작물을 기르게 한 최초의 인물 중 한 명은 황제 티베리우스 카이사르Tiberius Caesar다. 2세기에 그의 주치의는 "황제의 질병을 치료하려면" 오이를 매일 하나씩 먹어야 한다고 조언했다. 수분이 96퍼센트인 이 소박한 박과식물을 환자에게 처방한 진짜 이유는 수분을 보충하라는 의미였을 수도 있지만, 오이에는 장 기능을 높이는 펙틴도 들어 있다. 정확한 이유가 무엇이든 황제를 위해 오이를 일 년 내내 재배할 방법을 찾아야 했다. 날씨에 따라 식물이 자라는 밭을 실내로 들이거나 밖에 둘 수 있어야 했고, 추운 계절에는 식물의 열을 높일 수 있도록 퇴비(천연 비료)의 양을 늘려서 성장을 촉진하고 수확 빈도를 높이는 등 재배 방식을 혁신적으로 바꿔야 했다.

단 한 사람을 위한 이런 극단적인 재배법은 널리 활용되지는 않다가 13세기부터 탐험가들이 가져온 오렌지, 레몬, 석류, 도금양, 협죽도 같은 귀중하고 섬세한 식물을 키우는 방법으로 유럽과 아시아 전역에서 활용되기 시작했다. 이탈리아에서는 외부와 완전히 분리된 공간에 열을 가두거나 기계로 열을 공급하는, '식물원giardini botanici'이라고 불리는 시설이 등장했다. 하지만 대다수의 식물은 여전히 흙과 태양에 의존해서 재배됐다.

점차 늘어가던 온실은 캘리포니아대학교 버클리캠퍼스의 과학자 윌리엄 프레더릭 게릭William Frederick Gericke이 1929년 학술지《미국 식물학회지American Journal of Botany》에 발표한 연구 결과에 힘입어 본격적으로 주목받기 시작했다. 게릭이 처음 중점을 둔 작물은 밀이었다. 그는 밀을 통에서 키우고 물과 영양소를 계속 공급하면서 아르곤 램프의 불빛을 "태양"처럼 식물의 줄기에 하루 16시간씩 비추면 성장 속도가 빨라진다는 사실을 발견했다. 그리고 토마토와 다른 작물도 이와 같은 방법으로 키울 수 있음을 알게 됐다. 「양액 재배aquaculture」라는 이 논문에 실린 농법은 적재적소에 맞게 활용할 수 있는 기술이었고, 게릭의 이름은 널리 알려졌다. 1800년대 중반부터 어업에서 '수경 양식aquaponics' 기술이 활용됐다는 사실을 알게 된 게릭은 동료가 제안한 대로 자신이 개발한 기술에 수경 재배hydroponics라는 이름을 붙였다.

　게릭의 논문이 발표된 직후부터 세계 박람회World's Fairs에 미래형 농법들이 속속 등장했다. 1939년에 뉴욕 플러싱메도스 공원에서 열린 박람회에는 자동화 기술을 통해 사람 손에 흙을 묻히지 않고 식량이 생산되는 미래가 제시됐다. 하인즈가 케첩을 홍보하기 위해 행사장에서 선보인, 줄기가 3미터까지 자라는 토마토 수경 재배 농장은 "미래의 정원"이라고 불렸다. (지금은 사라진 식품업체인) 보든Borden은 소의 젖을 짜는 과정을 자동화한 '로토락터Rotolactor'라는 기계를 공개했다. 농무부는 대공황 이후부터 이러한 박람회에 영양과 관련한 전시관을 설치하고 '사람=화학물질=식량'이라고 적힌 현수막과 함께 식량 생산을 강조했다. 이에 질세라 듀폰도 자사의 풍부한 과학 지식을 과시하듯 '화학의 경이로운 세계'라고 적힌 현수막을 자사 전시관에 내걸었다. 당시에 이런 박람회는 오늘날의 어떤 행사와도 비교할 수 없는 즐거운 오락거리였다. 플러싱메도스에서 열린 세계 박람회에는 거의 4500만 명에 이르는 방문자가 다녀갔다. 우리 할머니도 그중 한 분이셨다.

우리 집에는 할머니가 박람회장 밖에서 증조할아버지와 나란히 앉아 있는 흑백 사진이 액자에 걸려 있다. 사진 속 할머니는 꽃무늬 원피스에 무릎까지 오는 양말과 하얀 운동화를 신고 있다. 나는 할머니의 모습을 늘 하나로 질끈 묶은 백발과 주름진 얼굴로 기억하는데, 내게 익숙한 것과는 전혀 다른 어린 시절의 모습이 그 사진에 담겨 있다. 할머니도 미래형 농장들을 구경했는지, 제너럴푸드가 박람회에서 새롭게 선보인 냉동식품 샘플을 받으려고 줄을 서서 기다렸는지 궁금하다. 할머니는 할아버지가 일찍 돌아가신 후(제1형 당뇨병 환자셨다) 다시 공부를 시작해서 조경사로 일하셨다. 캘리포니아 밴나이스의 할머니 댁에 가면 뒷마당에서 멋지게 자라는 맛 좋은 토마토를 볼 수 있었다.

1970년대에 전문가들이 미래의 식량 부족 사태를 예고하자, 이를 해결할 방법으로 실내농법이 각광받기 시작했다. 주류 언론마다 식량 부족을 경고하는 내용이 반복적으로 보도되던 때였다. 오늘날에도 사람들을 불안하게 만드는 비슷한 질문들이 제기되곤 한다. "2050년이면 90억 명에 이를 인구를 어떻게 먹여 살릴 것인가?" 1970년대에 작성된 농무부 보고서는 미래지향적인 농법에 "환경 제어식 농업controlled environment agriculture, CEA"이라는 공식 명칭을 부여했다. 이 보고서의 작성자인 농업경제학자 데이나 댈림플Dana Dalrymple은 온실을 이용한 식량 생산의 전망을 집중적으로 다루었다. 보고서에는 CEA의 발전 과정과 함께 이러한 농법으로 온도, 빛, 공기의 흐름과 조성, 뿌리가 자라는 매질 같은 다양한 생육 조건을 강화하거나 약화시키는 방법이 담겨 있다. "이산화탄소와 빛이 충분히 공급된다고 가정할 때, 일반적으로는 온도가 높을수록 광합성이 더 빠른 속도로 일어난다." 댈림플은 이렇게 설명했다.

오늘날의 CEA는 댈림플이 상상도 못 했을 수준으로 발전했지만, 기본 원리는 그때와 같다. 먼저 씨앗을 배양토에 심는다. 코코넛 겉껍질부터 쌀겨, 삼, 심지어 합성 물질도 배양토로 활용된다. 그런 다음 따뜻하고 밀폐된 환경에 두면 싹이 튼다. 그 상태로 장시간 빛을 받으며 자라도록 둔다. 햇빛은 지속 시간이나 강도가 일정하지 않지만, 실내조명은 식물이 잘 자랄 수 있도록 일정한 주기로 빛을 공급하고 씨앗의 종류에 따라 특정 스펙트럼을 강화하거나 줄일 수도 있다. 이렇게 빛을 충분히 공급하는 동시에, 야외 환경에서 자라는 식물이 흙이나 비료에서 얻는 것과 비슷한 영양소를 얻을 수 있도록 영양 용액을 공급한다. 작물의 종류마다 용액에 포함된 질소, 인, 칼륨 함량은 제각기 다르다. 실내 환경에서는 성장 속도가 빨라지므로 전통적인 농장보다 더 자주 수확할 수 있고 재배된 작물의 생산량과 맛도 (대체로) 일정하다. 일부 실내농장은 흙에서 작물을 키우는 전통적인 농장보다 농산물을 350배 더 많이 생산할 수 있다고 밝혔다. 투자자들의 관심을 충분히 끌 만한 수치다. 실내 온실에서 가장 많이 재배되는 세 가지 작물은 토마토와 허브, 그리고 예상대로 오이다.

CEA의 성장을 일으킨 가장 큰 동력은 저렴한 광원이다. 2010년에 조명 기술이 발전하고 장비 가격이 내려가자 실내 농업이 급속히 확장됐다. 이전까지 CEA는 단시간에 수익을 내기 힘들다고 여겨졌지만, 그때부터 기술 기업가들도 CEA에 뛰어들기 시작했다. 로봇과 인공지능,

컴퓨터 비전*이 활용될 수 있다는 점, 그리고 전 세계에 식량을 공급할 수 있는 사업이라는 전망이 이들의 관심을 잡아끌었다. 하지만 CEA가 정말로 유망한 산업이 될 것인지, 더불어 식품 안전과 저장 기간이 보장되고 누구에게나 양질의 제품을 공급할 수 있을지는 아직 미지수다.

LED 조명은 수직농업이 확장될 수 있었던 기반이자 운영비에서 가장 큰 비중을 차지하는 항목이다. 그 이유는 두 가지로, 하나는 조명을 거의 항상 켜두어야 하므로 에너지가 그만큼 많이 들기 때문이고 다른 하나는 조명에서 발생하는 열로 인해 내부 온도가 과도하게 상승하면 온도를 낮추기 위해 추가로 에너지가 들어가기 때문이다. 또한 식물은 자라면서 '호흡 작용', 즉 숨을 쉬므로 내부 공간의 습도도 관리해야 한다. 높은 곳까지 식물로 가득한 실내 공간은 환경을 조절하기가 어렵다. 따라서 공기를 순환시키고 필요할 때 실내 온도를 낮출 수 있도록 고가의 공조 설비(난방, 환기, 공기 조화 설비)를 갖추어야 한다. 퍼듀대학교의 빅터 멘데즈 퍼레즈Victor Mendez Perez는 2014년에 발표한 논문에서 미국의 농업이 수직농법을 쓰는 방향으로 바뀐다면, 매년 조명에 들어가는 전력량은 미국의 모든 발전소에서 매년 생산되는 전력의 8배에 이를 것이라고 추정했다. 수직농업의 물 사용량은 이와 반대로 일반적인 농법에 비해 70~80퍼센트 적다.

이렇듯 실내농장의 성패는 안정적이고 저렴한 에너지에 달려 있으므로, 학계는 과연 기업들이 전 세계로 수출할 수 있는 적절한 수직농

---

*   영상과 이미지 같은 시각 정보를 컴퓨터가 처리하는 기술.

업의 형태와 기능을 찾아낼 수 있을지 의문을 제기한다. 운송용 컨테이너나 도시에 비어 있는 빌딩, 대형 창고 같은 곳이 활용될까? 모든 조건이 딱 들어맞는 곳이 한 곳 있다. 바로 우주다. 미국 항공우주국NASA은 2001년부터 실제로 우주에 묘목을 보내고 있다. 그리 잘 알려지지 않은 식물인 일본 겨자(미즈나)를 단순한 구조의 상자에서 물과 빛의 공급량이 자동 제어되는 방식으로 재배하는 실험을 비롯해 지금까지 국제우주정거장에서 20건이 넘는 농업 실험이 진행됐다.

2014년에는 우주에서 재배된 적로메인상추가 분석을 위해 냉동 상태로 지구에 돌아왔고 2015년에는 우주비행사들이 우주에서 키운 상추를 바로 수확해서 먹을 수 있게 되었다. 궁금한 분들을 위해 살짝 알려주자면, 그런 상추를 먹고 건강에 이상이 생긴 사례는 한 건도 없었다. 2020년에 《식물과학 프론티어Frontiers in Plant Science》에는 우주에서 재배한 상추의 안전성에 관한 연구 결과가 실렸다. 논문에 의하면, 우주 상추에서 병을 일으키는 미생물은 발견되지 않았으며 영양 면에서는 지구에서 자란 상추와 같았다. 지구보다 중력이 적고 방사능에 더 많이 노출되는 환경에서 재배됐지만 먹어도 안전하다는 분석 결과가 나와 있다. 상추는 키우기 쉬운 식물이고 NASA가 이렇듯 지대한 관심을 기울인 채소인데도 수직농장들은 다들 상추 재배를 꺼린다. 밭에서 자란 로메인상추가 오염됐다는 사실이 밝혀져 회수되는 일이 너무 잦기 때문이다.

댈림플의 보고서는 거의 50년 전에 작성됐지만, 그가 밝힌 이 업계의 전망은 최근에 쓴 내용이라고 해도 손색이 없을 만큼 지금 상황과 정확히 맞아떨어진다.

재배 환경을 통제할 수 있게 되자 온실에서 양질의 식량을 산업적인 규모로 생산할 수 있게 되었지만, 문제가 해결된 건 아니다. 오히려 정반대다. 불확실한 날씨의 영향은 어느 정도 줄일 수 있었지만, 높은 간접비와 막대한 운영비, 큰 시장 변동성으로 인한 경제적 불확실성과 운영상의 어려움은 더 커졌기 때문이다. 따라서 문제가 덜어진 게 아니라 문제의 종류가 조금 달라졌을 뿐이다.

업계 거물들의 지속적인 투자만 보면 CEA 농장은 영구적으로 승승장구할 것 같지만, 실제로는 경제적인 성장 속도가 더딘 상황이다. 2019년, 시장 데이터를 분석하는 업체 스태티스타Statista는 수직농업 시장의 가치가 44억 달러에 달한다고 밝혔다. 전 세계에 통계 데이터를 제공해온 스태티스타는 유기식품(수직농장에서 생산된 제품에도 이 라벨을 붙일 수 있는지를 두고 기존 농민들과 갈등이 일어날 가능성이 있다)의 수요가 늘고 인구가 밀집된 도시에서는 계속해서 인구가 큰 폭으로 증가할 것이므로 2025년이 되면 수직농장의 시장 가치는 157억 달러에 이를 것으로 추정했다. 하지만 해결해야 할 중대한 문제가 산적해 있고, 포기하는 업체들도 나타나고 있다. 수익을 내지 못하는 농장이 그만큼 많다는 의미다. 2019년의 법원 자료를 토대로 로이터는 CEA 농장 595곳이 파산 신청서를 제출했다고 보도했다. 소규모 수준에서 벗어나는 농장이 더 많아져야 세계 시장에 적합한 수직농장의 규모가 초대형인지, 중간 정도인지, 작은 규모인지를 파악할 수 있을 것이다. 그리고 더 중요한 문제는 수직농장이 이러한 기술을 가장 필요로 하는 사람들이 있는 곳,

즉 식량 공급이 불안정하고 신선식품의 이용에 제약이 있거나 경작지가 거의 없는 지역에서도 활용될 수 있는가, 하는 것이다.

그냥 수경 재배가 아닌 분무식 수경 재배

스타트업이 2억 3800만 달러의 투자금을 유치하는 건 일반적인 일이 아니므로, 이곳은 다른 스타트업들과는 분위기가 많이 다르리라고 예상했다. 하지만 사무실 벽은 벽돌로 되어 있고 내부는 전부 트인 개방형 구조에 주방에는 아무나 집어 먹을 수 있는 음식들이 마련되어 있었다. 빈백이나 테이블 축구대처럼 잘나가는 스타트업에 있을 법한 물건들은 하나도 보이지 않았다. 사업을 시작한 2011년부터 여전히 채소 한 가지만 판매하는 업체 에어로팜스를 찾아간 이유는 그 유일한 상품의 샘플을 맛보기 위해서였다. 나는 그곳에서 수분이 많은 연한 줄기에 살짝 말려들어간 작은 잎이 달린 새싹 케일과 그보다는 더 굵고 진한 색의 줄기에 뒤로 휘어져 자란 잎이 붙어 있는 에티오피아 케일을 맛보았다. 잎이 깃털처럼 가벼운 새싹 케일에서는 단맛이 났고, 에티오피아 케일에서는 짭짤한 맛과 함께 끝맛에서는 살짝 후추 느낌이 났다. 청경채 새싹은 달고 수분이 많았다. 대중성을 고려해 개발된 여린 아루굴라에는 보통 아루굴라를 씹을 때 느끼는 아삭함이 없어서 내 입에는 별로 맞지 않았다.

식물 육종에는 보통 수십 년씩 걸리지만, 에어로팜스의 실내농장에서는 그 시간이 엄청나게 단축된다. CEO인 데이비드 로젠버그David Rosenberg는 지난해에만 거의 1000가지 품종을 시험했다고 전했다. 이번

장 첫 부분에서 케일에 대한 사람들의 인식을 이야기할 때 잠깐 등장했던 졸로타레바는 에어로팜스에서 마케터이자 제품의 맛을 심사하는 공인 영양사로 일하고 있다. 그래서인지 다른 사람들보다 쓴맛을 잘 받아들이는 편이다. 홀푸드마켓에 공급하기 위해 특별히 생산된 약 60그램짜리의 얇은 어린잎이 들어 있는 채소 상자들 옆을 지나면서 졸로타레바는 "영양소 밀도가 엄청나게 높은 제품"이라고 설명했다. 식물은 수확 후 빨리 먹을수록 영양소를 더 많이 얻을 수 있다. 나는 클로버처럼 생긴 연한 잎을 몇 개 집어서 머리를 젖히고 먹어보았다. 잎 자체의 미묘한 맛이 느껴졌다. 친구로부터 이런 식품을 '핀셋 식품'이라 부른다는 이야기를 들은 적이 있다. 손님에게 내기 직전에 핀셋으로 값비싼 요리 맨 위에 살짝 올리는 섬세한 재료라는 의미였다.

에어로팜스은 성장 속도가 빠르고 수확하기 쉬운 품종을 선별했다. 이곳에서는 단 14일이면 다 자라는 식물이 컨베이어벨트를 통해 절단기로 옮겨진 후 몇 인치 크기로 다듬어진다. 직원들은 이렇게 손질된 제품을 냉장 컨베이어벨트로 옮긴다. 냉장 상태에서는 식물의 호흡 작용이 느려지므로 보관 기간을 늘릴 수 있다. 수작업으로 플라스틱 통에 담는 것이 공정의 마지막 단계다. 홀푸드는 에어로팜스와 공급 계약을 체결하기 전에 보라색 채소를 더 늘려달라고 요청했고, 이에 에어로팜스는 이름과 달리 적색보다 보라색에 더 가까운 적양배추 새싹을 추가했다. 인스타그램이 중시되는 지금과 같은 세상에서 이런 생동감 넘치는 색은 매출로 직결된다.

에어로팜스는 분무식 수경 재배법으로 식물을 키운다. 모종을 흙도 아니고 화분도 아닌, 포근한 담요 같은 천에 기계로 심는 방식이다. 플러시 천과 비슷한 이 부드러운 천은 플라스틱병을 재활용해서 만들며, 여러 번 재사용할 수 있다. 지속 가능성의 측면에서는 정말 대단하다고 느낀 부분이다. 이후 싹이 트면 위로 곧게 자라도록 뿌리에 물과 영양소를 분무한다. 미국에서 이 재배법은 특허 번호 8782948B2로 등록되어 있다. 나는 이렇게 자라난 뿌리를 처음 봤을 때 보고도 믿기지 않아서 계속 눈을 껌벅이며 쳐다봤다. 내가 아는 뿌리는 흙이 잔뜩 붙어 있어야 하는데, 너무 하얗고 깨끗했다. 에어로팜스에서는 굉장히 넓고 길쭉한 플라스틱 화분을 사용한다. 화분들 위쪽에는 색상 스펙트럼을 제각기 따로 조정할 수 있는 LED 조명이 쭉 달려 있었다. 식물이 자라는 동안 붉은색에서 푸른색으로 바꾸는 등 빛의 색을 바꾸면 식물의 맛과 색깔, 식감이 달라진다. 다양한 실내농법 중에 물 사용량이 적은 방법이 무엇인지에 관해서는 의견들이 크게 엇갈리지만, 분무식 수경 재배업체들은 이 농법이 다른 수경 재배법보다 물을 40퍼센트 적게 쓴다고 이야기한다. 이에 다른 업체들은 너무 과장된 수치라고 맞선다.

브루클린 그린포인트의 어느 건물 옥상에서 처음 사업을 시작한 실내농장 고담그린스Gotham Greens도 자사의 물 사용량이 매우 적다고 주장한다. "우리가 쓰는 물은 상추 한 뿌리당 3.8리터 미만입니다." CEO인 비라지 푸리Viraj Puri의 설명이다. 고담그린스의 두 번째 실내농장은 브루클린 고와누스에 있는 홀푸드마켓 건물 옥상에 마련됐다. 소비자와 단 몇 걸음 떨어진 곳에서 생산됐다고 해도 반박하기 힘든 입지다. 고담그린스는 2019년 말까지 메릴랜드와 로드아일랜드, 일리노이를 비롯한 미국 다섯 개 주에 총면적 4만 6000제곱미터에 이르는 실내 온실들을 열었다.

수직농장에서 생산된 채소는 흙에서 자란 채소보다 더 비싸게 팔린다. 보통 제품당 1달러 정도가 비싼데, 사람들이 채소를 더 많이 먹게 하는 것이 목표라면 과연 이게 올바른 전략일까, 하는 생각이 들었다. 에어로팜스가 여러 갈래로 시도 중인 기술을 한 가지로 확정하고 제품 가격을 낮출 수 있을 만큼 생산 규모가 커진다면, 그리고 채소 공급이 필요한 지역에 시설을 만들고 다양한 소매점에 제품을 공급할 수 있게 된다면 에어로팜스나 고담그린스, 그 밖에 이들과 유사한 CEA업체들이 농업을 재창조할 수 있을 것이다. 이 분야의 스타트업들이 벤처 투자금으로 부유층을 겨냥한 채소를 생산하는 이 한 가지 수익 모형에서 벗어나 두 가지 이상의 수익 모형으로 사업 계획을 세운다면 어떨까? 가령 가격 계층화 모형을 적용한다면 소득 수준에 따라 누구나 채소를 저렴하게 사 먹는 환경을 만들 수 있다. 정부가 '건강보험 개혁법' 적용 범위에 의사가 작성한 '신선식품 처방'*도 포함되도록 하고 이 처방에 따른 신선식품 구입비는 보험에 의해 지급되도록 만드는 것도 좋은 방법이 될 수 있다. 핏비트FitBit 같은 제품에 이미 이와 같은 방식이 적용되고 있는데 식품기술이라고 안 될 이유가 있을까?

수직농업을 택한 창업자들은 공통적으로 신선 농산물에 대한 사람

---

* 시카고에서는 2019년부터 식생활 관련 질병을 앓는 환자를 지원하는 '채소 처방 VeggieRx' 제도가 시행되고 있다. 1차 의료기관에서 의사와 영양사로부터 이 처방을 받는 환자에게는 매주 과일과 채소가 제공되며, 요리 수업도 진행된다. 코로나 19 대유행으로 이 처방을 받는 환자 수도 대폭 늘었다. — 지은이

들의 사고방식을 바꾸고 싶다고 이야기한다. 이들은 사람들이 과일과 채소를 잘 안 사는 이유 중 하나는 너무 빨리 상하기 때문이라고 생각한다. 첨단식품기술이 파고든 이 틈새 산업에서 내가 흥미롭다고 느낀 부분은 산소를 제거하고 수분은 유지하여 신선 농산물의 저장 기간을 늘리는 방식이다. 어필사이언스Apeel Sciences는 미국의 크로거 매장에서 판매되는 아보카도, 라임, 아스파라거스에 씌울 식용 코팅 물질을 개발한 업체로, 신선식품의 저장 기간을 늘리는 사업들을 통틀어 가장 큰 투자금을 유치했다. 산타바버라에 문을 연 이 스타트업은 과일과 채소에 분무하면 특별한 처리를 하지 않은 농산물보다 저장 기간이 짧게는 며칠에서 길게는 일주일 더 길어지는 코팅 물질을 생산하고 있다. 이미 식품으로 쓰이는 재료의 껍질이나 씨앗, 과육의 지질과 글리세롤지질(예를 들어 지방산, 글리세롤 같은 성분)이 코팅 성분으로 쓰인다. 어필사이언스의 CEO 제임스 로저스James Rogers는 자신의 회사나 수직농장들이 식품의 유통기한을 늘릴 수 있게 되면, 식품 포장업계의 영향을 크게 받는 우리의 장 보는 습관이 달라지고 스낵 식품이 계속 늘어나는 흐름도 끊을 수 있을 것으로 전망했다.

셰프들 마음부터 사로잡을 것

에어로팜스에서 샘플을 맛볼 때 내 맞은편에는 공동 창립자인 마크 오시마Marc Oshima가 앉아 있었다. 이 회사가 과연 성공할 수 있을지 의구심이 들더라도 그건 창립자들의 헌신과 노력과는 무조건 무관하다. 오시마는 식품 분야 콘퍼런스에서 우연히 마주칠 때마다 노트북에 뭔가를 기록하거나 휴대전화 두 대를 붙들고 통화하느라 늘 정신없이 바빴다. 그가 회사에서 보이지 않을 때는 출장 중일 때뿐이다.

내가 방금 수확한 채소를 우물거리는 동안, 오시마는 요식업계가 어떤 반응을 보였는지 전했다. "미식가들, 구매업체들, 요리사들은 '미각이 다시 깨어난 것 같아요!'라고들 이야기합니다." 나는 부유층을 겨냥한 이런 식품들을 보면, 첨단식품기술 분야의 수많은 스타트업이 시장에 첫발을 내딛기 위해 흔히 활용하는 경로가 떠오른다. 먼저 고급 음식점의 셰프들에게 제품을 한번 써보라고 설득하고, 그게 잘 되면 좀 더 편하게 식사할 수 있는 일반음식점에 유통하고, 식료품점에 납품하는 순서다. 이후 최종적으로는 할인매장, 식품 잡화점, 염가 판매점까지 유통망을 확장한다.

2014년에 에어로팜스를 처음 방문했을 때는 이 업체에서 채소를 키우는 시설이 딱 한 곳이었다. 원래는 나이트클럽이 있던 자리였는데, 시커먼 벽 위로 어두울 때 환하게 빛나는 형광 페인트가 칠해진 공간에 언뜻 보면 거대한 흰 썰매처럼 보이는 화분들이 놓여 있고 거기에 모종 수백 개가 자라고 있었다. 그 공간에서 나는 직원들과 수다를 떨고 즉석에서 만든 큼직한 샐러드로 함께 점심을 해결했다. 수직농장이 있던 그곳에 이제는 사무실 책상이 들어왔을까? 나는 2019년 11월에 다시 뉴어크로 갔다. 철강소가 있던 6500제곱미터 규모의 부지에 들어선 에어로팜스의 상업 농장은 회사 이름 대신 "룸 212"라는 주소로 불리고 있었다. 건물 내부로 들어서자 공간을 확장하기 위한 리모델링 공사가 한창이었고 높게 쌓인 농산물을 보호하려고 비닐로 덮어둔 게 보였다. 정말 거대한 규모였는데, 버지니아주 댄빌에 들어설 예정인 1만 4000제 곱미터 규모의 '더 새로운' 농장에 비하면 아무것도 아니었다. 에어로팜스는 이 새 시설이 "농업을 혁신할 것"이며 "안전하게 재배된 농산물을 가장 맛있을 때 공급할 것"이라고 약속했다. 이 정도 규모의 농장을 운영하려면 엔지니어가 엄청나게 필요하다. 그런데 에어로팜스의 엔지니어들은 대부분 원격으로 근무하고 있었고, 시설에 직접 나와서 직접 농산물을 심고, 키우고, 수확하는 인원은 92명뿐이었다.

에어로팜스의 엔지니어들은 알고리즘이라 불리는 컴퓨터 코드로 식물의 성장 주기와 LED 조명, 영양소 공급, 물, 수확 날짜 등을 제어한다. 기계 학습의 장점은 시간이 흘러 더 많은 정보가 입력될수록 알고리즘의 정확도가 계속해서 향상된다는 것이다. 지금은 호스가 막히거나, 영양소 농도가 떨어지거나, 조명이 고장 나면 센서가 울리고 현장 직원(사람)이 해결하는 피드백 순환 방식으로 운영되지만 언젠가는 사람의 손길이 전혀 필요하지 않게 될 수도 있다. 이미 수직농장에 필요한 작업의 상당 부분을 알고리즘이 맡고 있고 이는 대부분 독점 기술이다.

오시마와 함께 농장을 둘러보러 가기 전에, 나는 그 특별한 알고리즘에 관해서는 정말로 살펴볼 마음이 없다고 재차 사양했다. 내 능력으론 봐도 훔칠 수도 없을뿐더러 한 번 본다고 해서 내가 이해할 수 있을 것 같지도 않았다. 나는 오시마에게 운영에 기반이 되는 코드가 아니라, 이 정도로 기술 의존도가 큰 농장이 운영되는 방식을 알고 싶다고 다시 설명했다. 농산물마다 고유한 알고리즘이 마련되어 있을까? 아니면 서늘한 환경에서 잘 자라는 채소와 그보다 따뜻한 환경을 좋아하는 농산물 정도로 나누어서 각각 다른 알고리즘으로 관리하는 걸까? 여러 질문이 떠올랐다. 그러나 내 질문에 오시마는 웃어 보이며 대답 대신 잎채소 시장의 잠재력이 80억 달러 규모에 이르렀다고 말했다. 거기까지 얘기한 후, 우리는 시식을 마무리하고 함께 차에 올라 3.2킬로미터쯤 떨어진 롬스트리트 212번지로 향했다.

허기가 가시질 않아서 가는 길에 무료로 나눠준 견과류를 뜯어서 먹었다.

식물계의 피리 부는 사나이

"전 그 제품 좋아해요, 정말로 맛있다고 생각하고요." 샘 모거넘Sam Mogannam은 플렌티Plenty에서 판매하는 채소를 어떻게 생각하느냐는 내 질문에 문자 메시지로 이렇게 답했다. 모거넘은 샌프란시스코의 소규모 식료품 체인점 바이라이트Bi-Rite의 소유주다. 바이라이트에서는 선뜻 먹기가 아까울 만큼 귀한 식품을 선별해서 판매한다. "그런 재배 시설을 가동하려면 엄청난 에너지가 들어간다는 사실은 마음에 들지 않아요. 농산물에 공급되는 영양소도 조금 걱정되고요. 하지만 물이 절약된다는 점이 멋지고 제품의 맛과 품질이 훌륭하다고 생각합니다. 농산물을 키울 비옥한 땅이 없는 지역에는 이런 기술이 더욱 필요할 겁니다."

나는 캘리포니아에 살고 있다. 기온이 극단적으로 치달을 때도 있고 산불, 가뭄 같은 문제도 있지만, 비옥한 땅이 부족해 문제가 된 적은 아직 없다. 캘리포니아주 농림부에 따르면 미국 전역에 유통되는 채소의 3분의 1 이상, 과일과 견과류의 3분의 2 이상이 캘리포니아주에서 생산된다. 플렌티가 샌프란시스코만 지역에 매장을 낸 '이유'도 정확히 거기에 있다. 즉 가장 우수한 농산물과 일대일로 경쟁해보기 위해서다. 예전부터 창업자들의 주 활동지였던 실리콘밸리가 차로 멀지 않은 곳에 있고, 그곳에는 기술 분야의 인재들 역시 많다는 점도 이곳에서 문을 열어도 나쁘지 않겠다고 판단한 이유였다.

플렌티에 농부는 한 명도 없지만 '재배자'라는 직함을 가진 사람들은 있다. 공항 바로 북쪽 샌프란시스코 남부에 마련된 생산 시설에서는 현재 직원 300명이 일하고 있고 계속해서 직원 규모가 빠르게 늘고 있다. 테슬라Tesla에서 일했던 사람들을 포함한 여러 엔지니어와 좀 지나치다 싶을 만큼 많은 채용팀도 그 인원에 포함된다. 사방이 벽으로 둘러싸인 실내에서 식물을 기를 인력을 구하는 건 쉽지 않은 일이다. 플렌티가 확보한 투자금은 에어로팜스의 거의 2배인데(5억 4100만 달러) 투자 유치 활동은 더 적게 이뤄졌다. 아마존 회장인 제프 베이조스도 투자자 중한 명이다. 플렌티의 소박한 사무실만 보면 그렇게 큰돈을 끌어모은 회사라는 사실을 전혀 느낄 수 없었는데, 노란색 로봇 팔이나 거액 연봉을 받고 일하는 엔지니어들이 잔뜩 모여 있는 걸 볼 때, 잎의 넓이와 모양, 줄기의 길이 같은 아주 세세한 사항에 관해 직원들이 토론하는 소리가들릴 때 그 엄청난 투자 규모가 새삼 떠올랐다. 먹었을 때 치아에 음식물이 얼마나 남는지를 "이에 박히는 정도tooth packing"와 같은 용어를 써가며 의논하는 소리도 들렸다. 그래서인지 화장실에 가보니 치실과 구강 청결제가 마련되어 있었다.

아직 사람 손이 필요한 플렌티의 첫 번째 농장 타우루스Taurus는 이 업체가 판매하는 채소 대부분을 생산하는 곳이다. 방문한 날, 나는 그곳은 보지 못했고 플렌티의 엔지니어링 책임자라고 소개받은 사람의 안내를 받아 거의 전 생산 과정이 자동화된 티그리스Tigris라는 다른 농장을 구경했다. 입장 전, 몸에 착용한 장신구를 전부 제거하고 파란 우주복 같은 위생복을 입은 다음 운동화 위에 덧신을 신고 머리망도 썼다. 마침내 거대한 상자처럼 생긴 건물의 안으로 들어섰다. 여유 공간이 많이 보이는 넓은 곳이었다. 우리는 생산 첫 단계부터 차례로 살펴보기 시작했다. 씨앗이 화분에 자동으로 심어지는 단계였는데, 화분에 담긴 건 흙이 아니었다. 보통 농부들은 작물을 얼마나 건강한 흙에서 키우고 있는지 기회만 있으면 직접 흙을 보여주면서 자랑하려고 하지만, 플렌티에서 쓰는 배양토는 독점 기술이었다. 아무 냄새도 나지 않는 코코넛 겉껍질을 가늘게 자른 것과 펄라이트, 초탄*이 포함되어 있을 것으로 추정된다. 씨앗이 심어진 까만색 화분은 컨베이어벨트에 실려 배양실로 옮겨졌다. 배양실 내부는 성장을 촉진하기 위해 굉장히 따뜻하고(정확한 온도는 "사업 기밀"이란다) 엄청나게 밝게 유지된다. 꼭 8월의 팜스프링스 같았다.

두꺼운 까만색 방수포가 덮인 배양실로 들어가기 전에, 강렬한 백색광으로부터 눈을 보호하려면 써야 한다며 무척 검고 커다란 선글라스가 제공됐다. 받아서 썼더니 너무 어두워서 빛이 흐릿하게 일렁이는 것 말고는 잘 보이지 않았다. 살짝 내리고 맨눈으로 보려고 했는데, 선글라

---

*　이끼나 식물이 습한 땅에 쌓여서 분해된 것. 비료나 연탄 원료로 쓰이며 토탄이라고도 한다.

스를 조금 내리자마자 일식을 볼 때처럼 눈이 타들어가듯 뜨거웠다.

식물은 이 따뜻한 안식처에서 8일 내지 14일을 보낸 후 봉투에 싸여 플랫폼이 설치된 다음 구역으로 옮겨진다. 그 구역에서는 로봇 팔이 식물을 2~4미터 높이의 높고 폭이 좁은 탑 같은 곳에 옮겨 심는다. 탑 하나당 40~150그루의 식물이 자라고 있었다. 이후 다른 노란색 로봇 팔이 식물이 채워진 탑을 천장에 설치된 밧줄에 걸면 도르래를 통해 최종 단계인 재배실로 옮겨졌다. 재배실에 들어갈 수 있는 사람은 소수로 제한됐다. 대신 병원의 신생아실처럼 커다란 유리창이 있어서 나 같은 방문자는 그 창문 너머로 새 생명을 볼 수 있었다.

인터넷에 '수직농장'을 검색해보면, 분홍색과 보라색 LED 조명과 천장까지 높이 쌓인 새하얀 화분들과 선반 틀, 줄지은 작은 구멍으로 머리를 내민 싹, 흠 하나 없는 초록색 잎들이 줄줄이 자라는 모습 등의 상징적인 이미지들이 담긴 사진을 볼 수 있다. 사람들이 떠올리는 이상적인 농장의 모습, 즉 마당에서 닭이 먹이를 쪼아 먹으며 퍼덕이고, 거무스름한 비옥토에서 돋아난 당근의 부슬부슬한 이파리와 꽃 위로 꿀벌이 윙윙 날아다니며 꽃가루를 옮기는 등의 낭만적인 풍경과는 상당히 거리가 먼 광경이다.

『렌틸콩 지하조직Lentil Underground』의 저자이자 캘리포니아대학교 산타바버라캠퍼스에서 농업생태학과 지속가능한 식품체계를 가르치고 있는 리즈 칼라일Liz Carlisle 교수는 전통적인 농업의 장점에 관해 할 말이 아주 많은 것 같았다. "[농업의] 모든 장점을 흙을 쓰지 않는 환경에서 재현할 수 있다는 건 저로선 상상할 수도 없는 일입니다. 토양과 식물이 우리 몸속 장과 맺는 미생물학적 관계에 관해서 아직 다 밝혀지지도 않았어요."

생태학에 관심이 많은 캘리포니아대학교 샌프란시스코캠퍼스의 임상의학 교수 대프니 밀러Daphne Miller 박사도 자신은 토양을 지지한다고 밝혔다. 밀러는 내게 미생물이 풍부한 흙에서 자라는 식물과 멸균 환경에서 자라는 식물을 비교해보면, 후자는 잘 자라지 못한다고 설명했다. "살아 숨 쉬는 흙이 그런 차이를 만든다는 사실을 모두가 알고 있습니다. 가장 큰 문제는 식량을 키워낼 흙은 많지만, 우리는 지금 그 흙을 마구잡이로 쓰고 있고 거기에 엉뚱한 것을 기르고 있다는 겁니다."

전문가들의 이러한 견해를 뒷받침하는 장기적인 연구 결과는 아직 나오지 않았다. 하지만 대다수의 의사들이 유기농산물을 먹어야 한다고 설교한다. 흙도 없고 균도 전혀 없는 화분에 심고 인공 비료를 공급해서 키운 과일과 채소를 토양에서 자란 것과 똑같이 유기농산물로 볼 수 있는지에 관해서는 아직 의견이 엇갈린다. 유기농법 지지자인 마이클 그레거 박사는 살리실산을 예로 들어 자신의 견해를 밝힌 적이 있다. 가장 많이 쓰이는 진통제의 하나인 아스피린에는 항염증 효과가 있는 활성성분 살리실산이 들어 있다. 식물 영양소 중 하나이기도 한 이 살리실산은 식물을 방어하는 호르몬으로 작용해서, 식물을 해치려는 배고픈 벌레가 나타나면 농도가 증가한다. 그레거 박사의 글에는 이런 내용이 나온다. "살충제를 뿌린 식물은 벌레에 갉아 먹힐 일이 적다. 그러한 식물의 살리실산 농도가 낮은 것은 그런 이유인지도 모른다." 과일과 채소에 소량 함유된 이 미량 영양소를 섭취하면 인체의 염증 반응을 막는 데 도움이 된다.

2014년 《영국 영양 학회지A British Journal of Nutrition》에는 유기식품에 관한 연구 343건을 분석한 전문가 검토 결과가 실렸다. 이 분석에서 유기농법으로 재배된 식물은 해충을 막는 페놀과 폴리페놀의 농도가 더 높고 항산화 성분의 농도도 더 높은 것으로 나타났다. 연구진은 "유기농 과일과 채소에는 일반 농산물보다 항산화 성분이 약 20퍼센트에서 40퍼센트 더 많다"고 밝혔다. 수직농장은 먹는 행위를 비롯해 먹고살기 위해서 인간이 유구히 반복해온 모든 활동들이 우리의 건강과 긴밀히 관계맺고 있다는 관점은 별로 신경 쓰지 않는 것 같다. 오히려 인간은 그러한 공식에서 예외라고 여기고 신선식품의 유통 거리를 최소화하는 일에만 중점을 두고 있다는 생각이 든다.

전통적인 농업이 거쳐온 모든 역사를 건물의 실내에서 전부 재현해내는 광경은 머릿속에서 좀처럼 잘 그려지지 않는다. 현대를 사는 우리는 우리가 먹는 음식과 마시는 물이 어디에서 오는지에 관해 과거 어느 때보다 무지하다. 뭐든 다 돈으로 해결할 수 있다고 믿는 미국의 배금주의 문화는 이 무지함을 더 키우는 데 일조하고 있다. 재생농업이 해결 과제로 삼은 토질 개선과 식물의 건강, 동물 복지, 영양과 같은 문제는 주목할 만한 가치가 있고, 여기에 사업적인 역량이 발휘된다면 투자 수익을 기대해볼 수도 있다. 수직농장과 재생농업에는 각각의 장점이 있고, 지역마다 가장 적합한 방식을 찾아 활용할 수 있을 것이다.

다시 유기식품에 관한 논쟁으로 돌아와서, 에머런 메이어Emeran Mayer 박사는 인체에 유익한 항산화 물질인 폴리페놀이 유기식품에 더 많다는 점에 주목한다. 뇌와 장내 미생물군의 상호작용을 집중적으로 연구해온 뛰어난 연구자이자 임상의, 『장과 면역의 연결 고리The Gut-Immune Connection』의 저자이기도 한 그는 흙에서 작물을 키우는 유기농법은 식물과 해충, 인체 장내 미생물군에 이르기까지 모든 생물의 다양성을 증대시킨다고 믿는다. 그의 책에는 이런 내용이 나온다. "식물성 식품이 건강에 더 유익한 이유는 두 가지다. 하나는 섬유질, 다른 하나는 폴리페놀 때문이다." 그를 만나러 간 날, 메이어는 내게 이렇게 말했다. "수직농장에서 자란 식물도 섬유질 함량은 같을 수 있습니다. 하지만 폴리페놀 농도가 같을지에 관해서는 의구심이 크게 드는군요." 식물이라고 다 같은 건 아니다. 수직농장에서 자란 식물들은 수분이 많고 가늘고 여린 느낌이 인상적이었는데, 땅에서 자란 식물만큼 섬유질이 풍부할 것 같진 않다. 만약 흙에서 기르지 않은 식물을 먹고 살게 된다면 우리 장에서는 무슨 일이 일어날까?

플렌티의 공동 창립자이자 최고 과학 책임자인 네이트 스토리Nate Storey도 논과 밭의 중요성에 공감했다. "우리는 땅과 겨루려는 게 아니라 수요와 공급의 격차를 줄이려는 겁니다. 세상은 우리 사업을 기존 농업에 맞서는 일이라고 보지만 그건 사실이 아닙니다. 토양은 고갈됐어요. 그러니 땅에 스트레스를 주지 않고 식물을 기를 수 있는 곳을 더 늘리자는 겁니다."

재생농장의 토양은 고갈되지 않았다. 땅은 회복되고, 토양의 질소는 채워지고, 식물은(그리고 벌레도) 풍부하고 다양하다. 생산성이 높고 환경에 끼치는 영향은 덜한 이러한 재생농장이 계속 증가세인 세계 인구를 먹여 살릴 작물 생산량을 유지할 대안이라고 밝힌 연구 결과도 있다. 재생농업의 핵심은 윤작에 요긴한 콩과식물과 같은 땅에 다양한 작물을 키우는 농법(다모작)에 활용할 수 있는 다년생 작물이다. 결론은 이와 같은 재생농업으로도 산업적인 농업과 유기농업의 수확량 격차를 줄일 수 있다는 것이다. 농업 지원금을 토지를 더 유익하게 관리할 수 있는 이러한 농업에 제공한다면, 그 격차는 더욱 줄어들 것이다. 하지만 플렌티의 네이트 스토리가 했던 말이 옳을 수도 있다. 로봇이 키운 식물이 그의 말대로 기존 생태계를 보완하고 생태계를 개선할 수도 있지 않을까?

모든 요리사가 댄 바버처럼 박식하지는 않다. 그의 저서 『제3의 식탁』(2014)은 우리의 식품 체계가 맞이할 미래를 보여주는 지침서다. 그의 주장을 한마디로 요약하면 '맛'이다. 지금 우리가 사는 세상은 그가 생각하는 이상적인 기준에 맞지 않지만, 바버는 그런 세상을 만들겠다는 목표로 노력하고 있다. 최근에는 로우7시드컴퍼니Row7 Seed Company라는 자체 종자 브랜드도 만들었다. 그의 형제인 데이비드 바버가 운영하는 식품기술 분야 벤처 투자사 앨머낵인사이트Almanac Insights는 2장에서 소개한 균사체업체 에머지푸드에 투자했다. 댄 바버는 이렇듯 첨단식품기술과 여러 접점이 있지만, 기술이 우리를 구원해주진 못한다고 본다. "도심에는 수직농장이 필요할 수도 있겠죠." 그는 이렇게 말을 떼고는 단숨에 덧붙였다. "저는 수직농장을 긍정적으로 보지 않습니다." 그는 수직농장이 도시에 가장 적합하다고 보았고, 나는 반대로 시내가 텅 비고 신선식품을 구하기 어려운 소도시야말로 수직농장이 필요한 곳이라고 생각한다.

"지금 돈이 다 어디로 가고 있을까요? 건강한 환경이나 영양소가 집약된 식품과는 점점 멀어지고, A를 B로 만든다는 식의 환원적인 농업 체계로 향하고 있습니다. 그런 농업이 세상을 구할 수 있다고 주장하지만 않는다면 저도 크게 신경 쓰지는 않을 겁니다. 우리의 식품 체계와 농업 경제가 돌아가는 방식은 아주 처참합니다. 하지만 계속 그러란 법은 없고, 희망을 품을 만한 방법들도 있습니다."

이 대화를 떠올릴 때마다 수직농장에서 봤던 케일이 생각난다. 아마도 내가 거의 매일 먹기 때문에 가장 잘 안다고 할 수 있는, 두껍고(줄기를 발라내서 먹어야 할 만큼!) 아삭한 진한 녹색의 라시나토케일과는 달라도 너무 다른 케일이었기 때문이리라. 플렌티를 방문했을 때 첫 번째 일정으로 나는 섬세하다는 말 외에는 달리 표현할 말이 떠오르지 않는 플렌티의 채소를 시식했다. '아마란스(글루텐이 없는 작고 둥근 곡물)'라고 이름 붙여진 작은 회의실에 재배자와 생산 관리자, 품질 관리팀 직원과 함께 앉아서 시험 재배된 아루굴라를 조용히 씹었다. 시장에 내놔도 될지 확인해보는 절차였는데, 그때는 너무 연하고 수분도 많은 편이었지만 재배 주기를 몇 차례 더 지난 다음에는 판매해도 될 만한 결과물이 나왔다고 한다. 2020년 8월에 플렌티는 샌프란시스코만 지역 40여 개 매장에서 아루굴라를 비롯한 채소 네 종류를 판매하기 시작했다.

플렌티는 잎채소 재배에 쓸 수 있도록 각종 중장비를 다시 제작해서 알맞은 생산 라인을 구축하느라 만만치 않은 비용을 들였다. 창업 비용(꾸준히 수익을 내기까지 필요한 자금)이 얼마인지는 모르지만, 상당한 수준일 것이다. 플렌티는 샌프란시스코 남부 지역에 나란히 자리한 농장 두 곳에 이어 로스앤젤레스 콤프턴에 세 번째 시설을 짓고 있다. 약 8800만 제곱미터 면적의 건물을 개조한 이 새로운 시설이 다 지어지고 공간이 늘어나면 더욱 다양한 식물을 재배할 수 있게 될 것이다. 플렌티는 사람들의 상품 구매 내역 데이터를 분석한 결과 로스앤젤레스에서 모듬 샐러드가 팔려나가는 속도가 미국의 다른 어떤 지역보다 빠르다는 사실을 알게 됐다. "그 지역 사람들은 잎채소를 정말 좋아합니다." CEO인 맷 바너드Matt Barnard의 말이다.

　나는 비밀 유지 계약서에 서명하는 조건으로 플렌티의 로스앤젤레스 시설 공사에 관한 한 시간짜리 회의에 참관할 수 있었다. 그리고 이 책에 그 내용을 써도 된다는 허락도 받았다. 긴 회의실 탁자에는 엔지니어 10여 명이 둘러앉아 있었고 더 많은 인원이 화상으로 회의에 참여했다. 그날의 회의 주제는 조명 설계였다. 대부분 남성인 참석자들은 세 가지 설계를 놓고 각각의 구성과 조명들이 차지하는 물리적인 공간, 완제품 상태로 배에 실어 배송해야 하는지 아니면 배송 후 현장에서 조립을 완성해야 하는지 등에 관해 장단점을 따져보았다.

　첨단기술을 활용하는 농장들이 분석한 데이터를 보면 빛의 쓰임새, 즉 재배에 쓰이는 스펙트럼부터 식물의 반응성, 색상 변화, 센서와 식물의 피드백 순환 반응에 관한 내용을 자세히 알 수 있다. 신규 시설을 두고 이뤄지는 회의를 지켜보면서, 나는 플렌티(그리고 에어로팜스)의 사업이 느리게 진행되는 또 한 가지 이유를 알게 됐다. "지난 2년간 농장을 10회 이상 지었다가 뜯어내고 다시 지었어요. 매번 훨씬 더 나은 결과가 나왔습니다." 스토리가 내게 설명했다. 플렌티 직원들은 원하는 결과가 나올 때까지 이건 왼쪽으로 1인치 옮기고 저건 오른쪽으로 1인치 옮기는 식의 개선을 끊임없이 반복하고 있다. (플렌티 측의 설명에 따르면) 그런 결정이 내려질 때마다 생산성과 수익이 늘어난다. 컴퓨터 코드를 개발하는 등 가상 환경에서 이루어지는 일에선 이런 반복 실행이 일반적이지만, 그 과정에 들어간 비용은 고스란히 제품을 구입하는 소비자들의 몫이 될 것이다.

플렌티 역시 기밀 사항이 상당히 많은 회사지만 취재에는 적극적으로 협조해주었다. 맷 바너드와 만난 날, 우리는 플라스틱 용기에 담긴 플렌티의 제품을 간식으로 먹으면서 대화를 나눴다. 바너드는 내가 질문을 던지는 사이사이에 드레싱 없이 다양한 어린 채소들이 섞인 샐러드를 시가만 한 크기로 똘똘 말아서 입에 넣었다. 그는 플렌티가 얼마나 큰 발전을 이루었는지 자랑스럽게 이야기했다. "농장의 에너지 소비량을 80퍼센트 줄였습니다." 더 좋은 LED를 사용하고, 농장에서 사람이 일하는 시간을 약 85퍼센트 줄여서 얻은 결과라고 했다. 바너드는 이 두 가지가 "식품 가격에 영향을 주는 가장 중요한 요소"라고 설명했다. 가격을 좌우하는 세 번째 요소는 일회용 플라스틱 용기다.

실내에서 식물을 대량으로 재배하려면 그 모든 요소를 세세하게 조절해야 하지만, 바너드는 플렌티의 사업은 수익성이 있으며 투자자들이 돌려받을 수익도 만족스러울 것이라고 확신했다. 나는 투자자들이 투자를 회수하려면 몇 년이 걸릴 것 같으냐고 물었다. "아마 수년 내로 흡족한 결과를 얻게 될 겁니다." 그는 애매하게 답했다. 더 자세히 답해달라고 하자, 그는 "10년보다 조금 덜 걸릴 것"이라고 범위를 좁혔다. 일반적으로 창업 후 투자금이 회수되기까지 걸리는 시간이 10년이긴 하지만, 이 분야의 스타트업들은 그보다 늦어질 조짐을 보이고 있다. 2020년이면 창립 10주년이 되는 에어로팜스도 버지니아에 계획 중인 시설이 문을 열기 전까지는 수익을 내지 못할 것이라고 밝혔다.

수직농장에서 오염 걱정 없는 잎채소를 재배하게 된다면 우리로선 정말 행운일 것이다. 미국에서 1973년부터 2012년까지 발생한 신선 농산물 관련 식중독 사례의 절반 이상은 잎채소가 원인이었다. 아칸소대학교의 한 연구진이 실내에서 재배된 식물 조직의 병원균을 연구해서 밝혀낸 사실이다. 나는 더 자세한 내용을 알고 싶어서 연구자 두 명을 인터뷰했다. 현재 블루마블스페이스 과학연구소에서 실내농장 교육과 지원 업무를 맡고 있는 분자생물학자 지나 미스라Gina Misra는 그 연구를 할 당시에 필요한 정보를 얻기가 얼마나 어려웠는지 이야기했다. "미국의 어린잎 채소[재배자들]도 조사하고, 대답을 꺼리는 대형 공급업체들도 조사했습니다. 답변을 듣기가 정말 어려웠어요." 미스라의 말이다. "경쟁력을 잃을까 봐 아무것도 알려주지 않으려고 하더군요. 좀 편집증적이라고 느껴질 정도였어요."

실수를 인정하고 싶은 사람은 없다. 식중독으로 인한 잎채소의 회수가 대부분 일반 농장에서 발생했다는 사실만 알려졌을 뿐, 식중독이 정확히 어떻게 발생했는지에 관해 자세한 내용이 공개된 적은 없다. "데이터를 공유하려고 하질 않아요." 미스라가 전했다. 그 이유는 대부분 회사와 수익을 보호하기 위해서다. "우리에게 식품을 공급하는 사람들을 보호하면서도 책임져야 할 건 책임지도록 하려면 어떻게 해야 할까요?" 미스라는 이런 의문을 던졌다.

나 역시 식중독에 관한 정보는 거의 얻을 수가 없었다. 블룸버그 Bloomberg에 실을 코로나19 대유행 관련 기사를 쓸 때 플로리다주에 있는 어느 수직농장에 실내 공기를 어떻게 정화하느냐고 질문하자 "대형 공기 여과 장치로 공기 중에 있는 곰팡이와 진균을 걸러낸다"는 답이 돌아왔다. 이에 "어떻게 걸러내냐"고 묻자, "상세한 내용은 밝히기 어렵다"고 했다. 한 감염 질환 전문가는 내게 아마 증기를 이용한 기술을 쓸 것 같다고 하면서, 대마 재배자들은 "취재에 더 기꺼이 응할 테니" 그쪽과 이야기를 해보라고 권했다. 스토리는 플렌티 시설에 헤파HEPA 필터*가 사용되고 있으며 이 필터로 바이러스, 세균, 곰팡이를 포함한 입자성 오염물질을 99.5퍼센트 거를 수 있다고 설명했다. 코로나19의 원인 바이러스도 이 필터로 걸러낼 수 있는지는 알려지지 않았다.

그러니 현시점에서는 실내에서 재배된 잎채소가 부디 안전하기를 바라는 수밖에 없다. 나는 대유행병을 계기로 두 가지 변화가 생길 수 있겠다는 생각이 들었다. 앞으로는 업체들이 소비자의 안전을 위해 구체적으로 어떤 노력을 기울이고 있는지 더 자세히 밝혀야 하거나, (장을 보러 나갔다가 또는 집에서 요리하다가 코로나19에 감염됐다고 밝혀진 사례는 거의 없지만) 식품 안전과 식품의 취급 방식이 연방 규정으로 관리될 수도 있을 것이다.

* 　고효율 미립자 필터High Efficiency Particulate Air의 줄임말. 공기 중의 입자를 최소 0.3미크론 크기까지 제거할 수 있다.

안전 다음으로 늘 궁금했던 건 왜 잎채소 산업은 상추 위주냐는 것이었다. 나는 샐러드를 매일 먹지만 세상 사람들이 다 그럴까? 그럴 생각이 있기나 할까? 실내농장들이 상추부터 기르는 이유에는 몇 가지가 있다. 기르기 쉽고, 잘 시든다는 것이다. 수직농장은 슈퍼마켓 매장 옥상에 재배 설비를 마련하건 도심의 빈 건물을 활용하건 공급 과정이 간소화되므로 맛이 더 우수한 제품을 공급할 수 있다. 미국에서는 농산물이 대부분 캘리포니아에서 냉장 트럭에 실려 배송되므로, 예를 들어 목적지가 오하이오라면 도착할 때쯤엔 이미 수확한 지 며칠, 심지어 몇 주가 지난 상태가 된다. 이와 달리 바로 위층이나 길 건너에 있는 건물에서 가져오기만 하면 되는 채소를 이용할 수 있다면?

수직농장 창업자들의 말대로라면, LED 조명과 표적화된 영양 공급으로 식물의 성장을 조절할 수 있고 우리 건강에 유용한 폴리페놀도 식물 조직에 더 많이 함유되도록 만들 수 있다. 대신 그렇게 되려면 식물의 물리적인 형태도 바뀌어야 한다. 수직형 농장에서 자란 식물은 섬유질과 쓴맛이 적고 단맛이 강한 경우가 많다. "사람들의 식생활을 바꾸고자 한다면, 즉 과일과 채소를 더 많이 먹게 하려면 먹기 쉽게 만들어야 합니다." 스토리의 말이다. 플렌티의 최종 목표는 과일과 채소가 간식으로 자리를 잡도록 만드는 것이지만, 상추로 정크푸드를 대체한다는 건 현실과 너무 동떨어진 유토피아적 사고다. 물론 훌륭한 목표고 나 역시 지지하지만, 건강에 관해 설명하면서 공상 과학 소설에나 나올 법한 가능성을 제시하는 글을 봤을 때처럼 비현실적이라는 생각이 든다.

흙을 포기한다면

"지난 세기의 산업화된 공정에서 우리가 깨달은 건, 그런 방식은 악화일로라는 것입니다. 당장 눈앞에 보이는 장점만 살리려고 하면 결국 그 장점을 잃게 돼요." 농업생태학자 리즈 칼라일은 내게 단호하게 말했다. "흰 빵*도 그런 예죠. 수직농장이 21세기의 흰 빵이 된다면요? 나중에 우리는 '아이고, 뭔가 굉장히 중요한 걸 놓쳤구나'라고 말하게 될 겁니다." 이번 장에서 소개한 여러 업체의 창립자들처럼 나도 사람들이 채소를 더 많이 먹기를 바란다. 그렇게 만들 수 있다면 어떤 방식이든 옳다고 생각한다. 하지만 그 막대한 돈을 이미 (상당 부분) 잘 굴러가고 있는 기존의 방식, 즉 일반적인 농업에 투입해서 개선할 수도 있을 텐데 그런 기회를 놓치고 있는 건 아닐까? 더 많은 사람이 과일과 채소를 먹도록 하는 게 목표라면서 수직농장의 재배 방식과 재배하는 작물의 품종은 왜 전부 사업 기밀일까?

수직농장의 등장으로 작물 재배는 엔지니어들도 탐낼 만한 번듯하고 새로운 직업적 장이 되었지만, 우리 식품 체계의 근간인 전통 농업에 종사하는 농민들의 고령화 문제에는 거의 아무런 도움이 되지 못했다. 2017년 농무부 통계에 따르면 농업과 축산업 종사자의 평균 연령은 57.5세다. 우리가 먹는 식량은 대부분 전통적인 농업으로 생산되는데, 토양이 고갈되고 때때로 상수도가 오염되기까지 하는 현 상황은 누가

---

* 대량생산되어 편리하고 저렴하게 이용할 수 있지만, 가공이 최소한으로 이뤄진 통곡물 빵 등에 비해 특별히 맛있지도 않고 영양 면에서도 그저 그렇다고 여겨지는 상업용 빵을 일컫는다. 281쪽에서 언급되는 원더브레드도 이러한 흰 빵의 한 예다.

해결하고 있을까? 실리콘밸리 사람들은 로봇이며 알고리즘으로 해결할 수 있다고 쉽게 이야기하겠지만, 세상은 언제쯤 사람과 땅에 관심을 둘까?

2019년에 코넬대학교에서는 식물학자와 경제학자가 한 팀이 되어 실내 농업의 타당성을 평가했다. 미국 국립과학재단의 지원을 받은 이 연구는, 현시점에서 가장 저렴하게 식량을 생산하는 방법은 전통적인 농업 생산 방식이라고 결론을 내렸다. 그러나 이는 농작물 재배와 수확보다 돈이 더 많이 드는 운송비를 제외했을 때의 결과였다. 플렌티의 바너드는 이렇게 말했다. "돈이 더 많이 드는 농장을 굳이 새로 만들 이유가 없지 않습니까." 하지만 플렌티와 에어로팜스를 비롯해 보워리파밍Bowery Farming이나 2020년에 확보한 투자금 1억 달러를 합하면 총투자 규모가 2억 달러를 넘어서는 브라이트팜스BrightFarms 같은 대형 CEA 농장들이야말로 돈이 많이 드는 농장 아닌가?

'실내에서 생산된 신선 농산물이 밖에서 자란 농산물만큼 영양이 풍부하고 건강에 좋은가'라는 나의 핵심 질문으로 다시 돌아가면, 플렌티와 에어로팜스에서는 자사 제품이 영양학적인 품질 면에서는 기존 농산물과 같거나 더 우수하다고 답했다. 하지만 두 업체 모두 이를 뒷받침하는 데이터를 제시하지는 않는다. 나는 식품 안전의 측면에서 실내농장의 병원균은 어떤 수준인지 궁금했다. 식품 안전 전문가들은 수직농장이 "인공 환경"이므로 관리하기가 까다롭기는 기존 농장들과 마찬가지고, 관리해야 할 변수가 다를 뿐이라고 본다. 수직농장에서는 더 깨끗한 물을 써야 하고 농약은 쓸 수 없지만, 문제가 생길 가능성은 늘 존재한다. 아칸소대학교에서 식품안전과 미생물을 가르치는 크리스틴 깁슨 Kristen Gibson 교수는 실내 환경의 위험성에는 어떤 것들이 있을지, 그리고 인체에 감염되는 병원체가 어떻게 변화할 것인지는 현재 학계의 관심사라고 이야기했다. "물도 문제가 될 수 있고, 사람들, 사용하는 종자도 문제가 될 수 있습니다. 전통적인 재배 환경에는 존재하지 않는 다양한 요소가 생길 수 있고요." 깁슨의 설명이다. "인공 환경에서는 농약이 필요 없어지더라도 해가 될 수 있는 다른 요소는 여전히 존재합니다. 무조건 더 안전하다고 추정할 수는 없어요."

미스라는 낙관적인 견해를 밝혔다. "제 생각에 실내 농업이 실외 농업보다 안전하지 않다고 확신할 만한 근거는 없습니다. 밝혀진 사실이 적을 뿐이라고 생각해요." 이와 별개로, 미스라는 "사람들이 채소를 더 많이 먹으려고 힘들여 노력하지는 않을 것이므로" 실내 농업이 지금보다 훨씬 큰 규모로 성장하지는 않으리라고 전망했다. 에어로팜스와 플렌티는 방울토마토와 딸기를 시험 재배 중이며 2021년에는 이를 판매할 수 있을 것으로 보인다. 딸기는 수익성이 좋은 작물이므로 실내농장이 주목할 만한 이유가 충분하다. 그러나 캘리포니아에서 베리류는 여섯 번째 주력 상품이고, 실내농장과 달리 독성 화학물질이 사용되기는 하지만 별 어려움 없이 재배되고 있다. 또한 딸기는 수분受粉이 필요한 작물이다. 이는 정교하게 관리되는 실내 환경에 꿀벌을 들여야 한다는 걸 의미한다. 스토리는 자연적인 수분 과정을 대체할 방안이 있다고 밝혔다. 나는 딸기 수분을 도맡을 로봇을 개발한다면 비용이 얼마나 들지 상상해보았다. 전 세계에서 재배되는 식량 작물의 4분의 3은 꿀벌을 통해 수분이 이루어지고 있는데, 꿀벌처럼 우리의 식품 체계의 필수적인 요소를 대체할 무언가를 새로 창조하는 게 가능한 일일까, 하는 생각도 들었다.

농업의 문제를 기술로 해결하는 방식으로는 땅을 지킬 수 없다. 그런 방식은 인류의 오랜 유산인 농업을 존중하지 않는 일이며, 대대손손 밭을 일궈온 사람들을 무시하는 일이다. 케일을 사탕처럼 간절히 먹고 싶은 음식으로 만든다거나 맥도날드 메뉴에 포함시키는 것은 망가진 식품 체계를 바로잡기 위해 가장 먼저 이뤄야 할 목표가 아니다. 칼라일은 내게 식품 체계의 가장 큰 문제 세 가지를 유창하게 제시했는데, 공감이 됐다. 첫 번째는 '인체에 필요한 단백질을 (식물성 대체품과 동물 식품, 그리고 산업적으로 생산된 식품과 각 지역에서 생산되는 식품 중) 어디에서 얻을 것인가'였고, 두 번째는 '버려지는 식품은 어떻게 줄여야 하는가'였다.(생산된 열량의 40퍼센트는 각 가정을 포함한 공급망에서 소실된다.) 그리고 마지막 문제는 '어떻게 해야 식품을 효율적으로 공급할 수 있는가'였다.(식량의 재배량은 충분하지만, 재배된 식량은 필요한 모두에게 공급되고 있지 않다.) 이러한 문제의 해결책을 찾는 것이 기술집약적인 방식으로 식량을 '더 많이' 생산하는 것보다 더 중요하다. 심지어 그런 기술을 쓰지 않아도 이미 잘 생산되고 잘 소비되고 있는 식품이라면 더더욱 그렇다.

에어로팜스와 플렌티가 입증한 한 가지 확실한 사실은 인구 밀도가 높은 선진국 도심에서도 실내 농업이 가능하다는 것이다. 하지만 CEA가 가동되려면 필요한 요건들, 즉 엔지니어들에게 의존하고, 24시간 일주일 내내 전기가 공급되는 시스템이 갖춰져야 하고, 냉장 유통 네트워크(시들기 쉬운 농산물의 신선도를 유지시키며 배송할 수 있는 트럭)가 구축되어야 하고, 플라스틱 폐기물이 계속 발생할 수밖에 없다는 점만 꼽아봐도 지속 가능성과는 거리가 아주 멀어 보인다. 사하라 이남 아프리카 지역은 물론 인도 대부분의 지역에서도 활성화될 만한 사업은 분명 아닌 듯하다.

그래도 가끔 만사가 귀찮을 때면 맛있는 걸 좀 편하게 먹고 싶고, 플라스틱 용기에 담겨 있을지언정 그런 제품에 혹하게 된다. 스토리는 플렌티가 생산하는 토마토를 먹어보면 깜짝 놀랄 거라고 했다. "저는 토마토를 정말 좋아합니다. 우리는 1년 조금 넘게 토마토를 육종했는데, 지난주에 제 인생 최고라고 할 만한 토마토 품종 두 가지가 나왔습니다." 정말 반가운 소식이었다. 가격은 얼마일지도 궁금했다. 그리고 꿀벌 문제는, 혼자 상상해본 것처럼 작은 로봇 손가락이 수분을 대신 해주는 게 아니라 꿀을 생산하지 않는 유럽의 호박벌을 쓰는 것으로 해결할 수 있다는 설명을 들었다. 새로운 투자자들의 마음을 끈 주인공은 딸기일지도 모른다. "우리가 실내에서 생산하는 딸기와 맛이 비슷한 딸기는 밖에서도 이미 생산되고 있습니다. 차이가 있다면, 우리는 그런 딸기를 언제나, 일 년 내내 만들 수 있다는 겁니다." 스토리의 설명이다. 모든 혁신 기술이 희망하거나 약속하는 것이 바로 이 점이다. 비용 효율성을 높이고, 결과물을 일관되게, 대량으로 얻는 것.

8. 세포 배양육

모조 동물성 식품, 틈새시장을 넘어 더 확장될 수 있을까?

우주에서 먹는 스테이크

우주여행 초창기에 우주비행사들은 이유식과 비슷한 음식을 먹었다. 삼시 세끼를 잘게 간 당근으로 때운다고 생각해보라. 게다가 그런 음식이 "입맛을 돋우는 식전 요리Appetizing Appetizer"라고 불렸으니 얼마나 짜증이 났을까. 통조림에 담긴 이 우주 음식은 형태도 맛도 딱 고양이 먹이 같았다. 나중에는 단단한 알갱이 형태로 된 음식도 개발되어 궤도를 도는 사람들이 손쉽게 끼니를 해결할 방법으로 여겨졌지만, 실제로 그 음식을 먹고 살아야 했던 사람들은 허기에 시달렸고 영양실조 상태로 귀환했다. 그제야 NASA의 식품과학자들은 음식이 중요하다는 것, 우주비행사들에게 음식이 심리적으로도 보상이 된다는 것을 확신했다. NASA가 직접 기록한 기관 역사에도 당시의 잘못된 시도를 인정하는 내용이 나온다. "NASA의 초기 우주비행사들이 우주에서 먹어야 했던 음식은 그들이 얼마나 의연한 사람들이었는지를 여실히 보여준다."

이후에도 우주로 가는 비행사들의 식사를 어떻게 해결할지 계속해서 방법을 모색하던 NASA는 2002년에 식용 근육세포를 '시험관'에서 배양하는 기술에 관한 개발 연구를 지원했다. '시험관' 배양, 즉 체외 배양은 세포가 원래 존재하는 생물학적인 환경이 아닌 외부에서 세포를 생산한다는 의미다. 이 연구 사업에서는 먼저 살아 있는 금붕어의 세포를 체외에서 배양했고, 이어서 칠면조 세포도 같은 방식으로 배양했다. 하지만 이 연구는 결국 중단됐다. 연구 규모를 키우려니 비용이 많이 든다는 문제도 있었지만, 사람들이 거부감을 느낀다는 것도 조금은 영향이 있었을 것이다. 그러나 금붕어부터 시작된 이 연구를 토대로 세포농업을 촉진하는 '뉴하비스트'라는 비영리조직이 탄생했다. 현재는 스타트업 수십 곳이 배양육을 시장에 먼저 내놓기 위해 경쟁을 벌이고 있다. 퓨처미트테크놀로지Future Meat Technologies, 뉴에이지미트New Age Meats, 슈퍼미트SuperMeat, 인테그리컬처Integriculture, 하이어스테이크Higher Steaks, 알레프팜스Aleph Farms, 미터블Meatable 등 대부분 회사명에 고기meat나 농장farm이란 단어가 들어가 있다.

소재지는 이스라엘, 캘리포니아, 네덜란드 등으로 다양할지라도 이러한 업체들이 하는 일은 크게 다르지 않다. 배양육은 실험실에서 배양한 동물세포로 구성된다. 세포에 영양소를 공급해 증식시킨 뒤 큰 덩어리가 되면 닭고기나 쇠고기, 오리고기 등 진짜 고기와 흡사한 형태로 만든다. 이렇게 배양육을 만드는 업체들이 내거는 중요한 목표는, 대규모 축산업이 환경에 유발하는 악영향을 없애는 것, 그리고 산업적으로 키워진 동물에 우리의 식생활을 의존하지 않도록 만드는 것이다. 배양육 개발에 나선 업체들 상당수가 꽤 큰 액수의 투자금을 유치했지만, 이와 같은 약속을 지키려면 넘어야 할 장애물이 너무 많아서 배양육이 수십 억 명을 먹일 식량이 되려면 수년, 혹은 수십 년은 기다려야 할 것으로 보인다.

이런 상황이지만, 이미 배양육 판매 허가를 받은 업체도 있다. '잇 저스트'의 CEO 조시 테트릭은 2019년부터 배양육을 시장에서 볼 수 있을 것이라고 말했고 그 예상은 빗나갔지만, 잇저스트는 2020년 12월에 싱가포르 정부로부터 닭 배양육과 식물성 단백질로 만든 치킨 너겟 제품의 판매를 승인받았다. 이후 싱가포르의 1880이라는 음식점에서는 4일간 1인당 24달러의 가격으로 행사에 초청받은 손님들에게 잇저스트의 너겟을 제공하는 시범 판매 행사가 진행됐다.

동물의 조직은 이미 수십 년 전부터 실험실에서 배양됐지만, 식품의 영역으로 넘어온 건 2013년에 마크 포스트Mark Post가 네덜란드에 모사미트Mosa Meat라는 스타트업을 세우고 세계 최초로 배양육 햄버거를 생산하면서부터였다. 모사미트의 햄버거가 나오기까지 들어간 돈은 33만 달러다. 모사미트는 "소 한 마리에서 얻은 표본으로 쿼터파운더 8만 개를 만들 수 있다"고 밝혔다. 배양육 사업에 뛰어든 창업자들은 이 분야의 전망이 밝다고 자신한다. 배양육 시장을 처음 개척한 인물로 널리 인정받는 마크 포스트는 실험실에서 고기를 배양하는 일에 15년간 매진했다. 네덜란드인 특유의 신중함 때문인지 아니면 이 일을 워낙 오래 해왔기 때문인지는 모르지만, 포스트는 같은 분야의 창업자들 대다수와 달리 전망이 불확실하다는 의견에도 별로 방어적인 반응을 보이지 않는다. 유전체요리센터가 발행하는 잡지 《푸드 프리킹Food Phreaking》에 실린

'시험관 고기란 무엇인가?'라는 제목의 기사에서도 그는 실험실에서 식용 고기를 만들어내는 일에는 아직 증명해야 할 부분이 남아 있지만, 자원 효율성 측면에서 잠재성이 있다고 설명했다. 포스트는 분명 아무것도 보장하지 않았는데도 모사미트는 2020년에 7500만 달러의 투자금을 모았다.

맛은 어떨까?

지구 반대편에는 실제로 판매되는 제품인 것처럼 포장까지 다 만들어두었을 만큼 자체 기술에 자신감을 보이는 회사가 있다. 내가 받아 든 멤피스미트 제품의 포장 상태는 정말로 슈퍼마켓에 파는 제품 같았다. 그릴에 구운 닭가슴살을 도자기 접시에 담고 그 위에 라시나토케일을 듬뿍 올린 후 보라색 양파 몇 가닥을 올린 클로즈업 사진도 매력적이었다. 상자에 있는 작은 구멍으로 내부를 들여다보니 껍질이 손질된 닭가슴살이 비닐에 싸여 있고 상자에는 '캘리포니아에서 사랑을 담아 생산됨'이라는 문구가 도장으로 찍혀 있었다. 뒷면의 영양 성분표 밑에는 천일염, 치포틀레 고추, 설탕, 마늘 같은 흔한 재료들이 적혀 있었다. 특이한 성분은 딱 하나, 맨 앞에 적혀 있는 '닭고기(배양육)'였다. 닭가슴살은 맞는데 동물을 도축해서 얻은 가슴살이 아니라 캘리포니아주 버클리에 있는 멤피스미트 실험실에서 배양된 세포로 만든 가슴살이었다. 이제품에 사용된 세포를 제공했을 닭은 어느 농장에서 아직 잘 살고 있을 것이다.

멤피스미트 본사 2층에는 요리 쇼에 나올 법한 거대한 주방이 있다.

식품과학자인 모건 리스Morgan Rease가 길고 덥수룩한 턱수염을 기른 멋진 모습으로 앞치마를 두르고 조리대 앞에 서 있었다. 버섯 볶는 맛있는 냄새가 진동했다. 방금 점심을 먹었는데도 자동으로 침이 고여서 코를 킁킁댔다. "안 드시는 게 있나요?" 리스가 내게 물었다. 원래도 안 먹는 음식은 별로 없었지만, 이 책을 쓰는 동안 내 목표는 '뭐든 다 먹기'였다.

세련된 수납장과 엄청나게 큰 조리대를 구경하면서 리스와 함께 멤피스미트의 CEO인 우마 발레티Uma Valeti를 기다렸다. 식품기술을 혁신하는 일에 뛰어들기 전에는 사람의 목숨을 구하는 심장 전문의였던 발레티는 이 새로운 직업으로 더 많은 사람을 구하고 동물이 겪는 잔혹한 일들도 사라지길 바라고 있다. 인도에서 어린 시절을 보낸 그는 생일 파티에 갔다가 주방에서 동물을 바로 잡아 손질해 "신나는" 파티 음식을 만드는 광경을 봤던 순간을 기억한다. 미국으로 건너와 의대를 나온 후에도 그 기억은 사라지지 않았다. 그래서 임상의로 일하면서 미네소타대학교에서 연구를 병행했다. 당시에 그가 만난 환자들 중에는 극심한 심장발작을 겪은 이들이 많았고, 줄기세포가 치료에 활용됐다. 어떻게 하면 사람들이 더 건강해질 수 있을지 고민하던 발레티는 먹는 음식을 더 건강하게 만들 방법을 생각하기 시작했다. 당시 종양학과 박사과정을 밟고 있던 멤피스미트의 공동 창립자 니콜라스 제노비스Nicholas Genovese를 알게 되면서 그 생각은 더욱 확고해졌다. 두 사람의 만남은 의사라는 직업을 포기하고 배양육 개발이라는 너무나 불확실한 미래를 향해 큰 위험을 짊어지기로 결심하는 계기가 되었다.

발레티는 의학계를 떠난 지 5년이 지났는데도 여전히 의사 같은 분위기를 풍겼다. 침착하고, 언변이 좋고, 큰돈이 필요할 때 가장 먼저 찾아가고 싶은 사람처럼 든든하게 느껴졌다. 배양육 회사를 운영하는 사람이라면 한 번쯤은 사기꾼 취급을 당하는 곤혹을 겪는다고들 하지만 멤피스미트가 문을 연 초창기, 발레티의 방문에 투자자 대다수가 그에게 당장 꺼지라고 했다는 이야기는 영 이해하기가 힘들었다. 그래도 발레티는 회사 창업 자금을 확보하는 최초 투자 모금에서 300만 달러가 조금 넘는 투자금을 유치했다. "이런 사업에 투자자가 모인 적이 없던 시절이었습니다." 발레티의 말이다. 그가 투자금을 확보할 수 있었던 건 동물세포를 단시간에 증식할 수 있다는 것을 입증했기 때문이다. 이제 그의 비전은 배양육을 가장 먼저 상업화하는 회사가 되겠다는 목표로 확장됐고, 동물 보호 운동가부터 환경 운동가, 여전히 고기를 먹는 사람을 불문하고 60명이 넘는 다양한 직원들이 그 일에 전력을 쏟고 있다.

회의실로 가는 길에, 발레티는 화장실 근처 벽에 그림으로 그려진 회사 연표 앞에서 잠시 멈췄다. 회사 창립일(발레티는 2015년에 문을 연 멤피스미트를 최초의 배양육 회사라고 본다), 미트볼이 처음 개발된 때(2016년에 1000달러의 비용을 들여 생산됐다), 세포농업계에서 가장 큰 규모였던 1700만 달러의 투자금을 유치한 2017년 A 단계 투자 모금일 등 멤피스미트가 거쳐온 중요한 순간들이 날짜와 함께 적혀 있었다.

배양육 사업에 뛰어든 스타트업 대부분이 한 가지 육류에 몰두하는 것과 달리 멤피스미트는 모든 육류의 세포와 조직을 배양하는 일종의 플랫폼이 되기로 목표를 정했다. 1580제곱미터 규모의 본사 건물에서 일하는 멤피스미트의 과학자들이 만든 쇠고기와 닭고기(미국에서 가장

널리 소비되는 육류) 배양육, 오리고기(중국에서 가장 많이 소비되는 육류)
배양육을 맛본 사람은 이미 1000명이 넘는다.

발레티의 안내로 다시 주방으로 오자, 리스가 프라이팬에서 익힌
작은 닭고기 덩어리를 도마로 옮겨서 잘게 썰고 있었다. 발레티는 내게
자세히 보라고 했다. "모건이 〔닭고기를〕 썰 때 잘려 나가는 상태와 질
감을 잘 보셔야 합니다. 진짜 닭고기를 썰 때와 똑같거든요."

리스 옆에 놓인 접시에는 커다란 금색 숟가락 두 개에 소스가 끼얹
어진 고기 조각이 담겨 있었다. "닭고기만 먹는 사람은 없으니까요." 발
레티가 노리는 구매자들 가운데에는 분명 보디빌더들도 있을 텐데, 과
연 그 사람들 앞에서도 이런 말을 할 수 있을까, 하는 생각이 들었다. 한
쪽 숟가락에는 치킨 피카타*가 올라가 있고 다른 한쪽에는 땅콩소스가
들어간 치킨 사떼**와 생강이 들어간 피클이 올라가 있었다. 이 두 숟
가락 옆에는 어떤 소스도 끼얹지 않은 닭고기 조각이 있었다. 나는 접시
를 쳐다보다가 리스를 쳐다보고, 발레티도 한 번 쳐다보았다. 멤피스미
트의 첫 번째 직원이자 홍보부장인 데이비드 케이 David Kay가 곁에서 사
진을 찍었다. 식품 공급망을 바꾼다는 목표로 지칠 줄 모르고 일해온 사
람들 앞에서 그들이 만든 제품을 시식하는 것은 내가 이 일을 하면서 경
험하는 가장 불편한 순간 중에 하나다.

내가 닭고기를 썰자 모두가 지켜보았다.

---

*　　　얇게 썬 고기에 밀가루를 묻혀 익힌 후 레몬과 버터가 들어간 소스를 얹어서 내는
　　　이탈리아 요리.

**　　고기를 작게 잘라 구운 다음 땅콩이 들어간 소스를 끼얹어서 내는 인도네시아 꼬
　　　치 요리.

발레티의 말대로 잘리는 느낌이 닭고기와 똑같았다. 0.5인치쯤 되는 조각을 입에 넣었다. 일반적인 닭고기처럼 쫀쫀하고 꼭꼭 씹게 되는 질감이었다. 근육을 씹는 느낌이 났다. 닭고기를 먹을 때 내가 기대하는 촉촉함은 없었고 굉장히 버석했다. 발레티는 근육세포와 함께 지방세포도 포함되어 있다고 했지만 내게는 느껴지지 않았다. 고기 자체에도 맛이 있었지만 익힐 때 들어간 오일 맛이 더 강했다. 나중에야 내가 먹은 그 고기가 달걀에서 얻은 세포를 배양한 것이었음을 알게 됐다. 닭은 달걀에서 나온다는 유명한 경구가 이렇게 실현된 것이다. 하지만 진짜 닭고기 대신 이런 제품을 선택하는 사람이 얼마나 될까?

다음으로 치킨 피카타를 맛보았다. 고기를 좋아하는 사람들이라면 맛있다고 느낄 만한 맛이었고 닭고기만 먹었을 때보다 훨씬 마음에 들었다. 닭고기의 식감이 버터, 레몬, 케이퍼와 잘 어우러졌다. 나는 덴버의 마이코테크놀로지에서 배운 관능 평가 방법을 되새기며 입안에서 음식을 천천히 굴리면서 미뢰가 맛을 흡수하고 뇌가 생각할 시간을 넉넉히 주었다.

사람들이 전부 내 반응만 지켜보고 있어서 꼭 〈탑 셰프Top Chef〉*에라도 출연한 기분이었다. 수첩에 메모를 좀 하고 싶다고 생각하면서 시선을 피했다. 연신 "와우"라는 말을 뱉으면서 생각할 시간을 벌었다. 그리고 말했다. "건강한 맛이네요." 그들이 듣고 싶었던 말은 아니었을지 몰라도 솔직한 말이었다. 가장 중요한 건 식감을 확실하게 잡았다는 것

---

* 심사위원단이 요리사들의 음식을 평가하는 미국의 리얼리티 프로그램.

이다. 식감은 모든 육류 대체식품이 반드시 갖춰야 할 조건이다. "식감이 엄청나네요, 놀라워요." 나는 반복해서 말했다.

제공된 양이 워낙 적어서 이걸로 진짜 닭가슴살을 통째로 쓴 것과 똑같은 요리가 나올 수 있을지는 상상하기가 힘들었다. 발레티는 제품이 "완전한 닭고기 모양"으로 완성됐고, 시식 행사도 자주 열고 있다고 설명했다. 최근에는 100명을 초대한 행사까지 열었다고 했다. 제품을 맛본 요리사들이 "지금이라도 당장 요리로 만들 수 있을 겁니다, 우리 메뉴 중에 가장 연하고 맛있는 음식이 될 거예요"라는 말을 남겼다는 사실도 전했다. 나는 토머스 켈러Thomas Keller나 앨리스 워터스Alice Waters 같은 요리사들이라면 이 재료를 어떻게 활용할지 상상해보았다. 캘리포니아 지역에서 최고의 음식점으로 꼽히는 '셰 파니스Chez Panisse' 레스토랑의 셰프인 워터스는 이 닭고기를 곰보버섯소스를 듬뿍 끼얹어 구운 통감자, 살짝 볶은 근대와 함께 낼지도 모른다. 그런 음식이라면 배양한 세포로 만든 닭고기가 훨씬 더 먹음직스러운 채소의 곁들임처럼 쓰일 수도 있다. 토머스 켈러는 닭을 수비드로 익힌 다음, 이를 드라이한 레드와인에 골수, 버터, 샬럿shallots을 넣고 끓여서 만든 보르들레즈 소스와 함께 낼 것이다. 접시에 담긴 닭고기 위에는 나긋하게 익힌 시금치와 낭트 당근이 올라가리라.

나는 이런 생각에 잠겨 있다가 다시 현실로 돌아왔다. 배양육이 미각에 즐거움을 줄 가능성, 가령 추수감사절 저녁 식탁에 올라오는 음식들처럼 커다란 기쁨을 선사할 가능성은 희박해 보였다. 워터스는 잘 알고 지내온 농장이 아니면 어디에서도 고기를 공급받지 않는다. 실험 정신이 강한 토머스 켈러라도 캘리포니아주 욘트빌에 있는 자신의 미슐랭 레스토랑 '더 프렌치 런드리The French Laundry'에서 이 닭고기를 쓰게 된다면 메뉴판에 뭐라고 적어야 할지 몰라 당황할 것이다. '멤피스미트의 배양육' 정도가 될까? '배양'이라는 표현이 들어가면 판매에 도움이 될까? 테이블로 요리를 갖다 주는 직원들은 손님들에게 멤피스미트는 멤피스가 아닌 버클리에 있는 업체이며 도축업체가 아니라 과학자들이 일하는 회사라고 일일이 설명을 해줘야 할지도 모른다.

하지만 배양육을 개발하는 스타트업들의 목표가 사람들에게 어디서도 경험하지 못할 맛을 선사하는 게 아니라 인류의 식량을 만드는 것이라면 어떻게 될까? 배양육도 캘리포니아 웨스트오클랜드의 '브라운 슈거 키친Brown Sugar Kitchen'에서 타냐 홀랜드Tanya Holland 셰프가 버터밀크로 숙성해서 만드는 닭 요리에 쓰이거나, 뉴욕 할렘의 '필드트립Field Trip'에서 JJ 존슨JJ Johnson 셰프가 만드는 BBQ 덮밥에 들어가는 등 더 친숙한 음식의 재료로 쓰일 수 있을까?

요리사들이 재료를 어떻게 활용하느냐에 따라 미래의 식품이 나아갈 방향이 결정된다. 아직은 아니지만 언젠가 멤피스미트의 제품이 레스토랑 메뉴로 쓰이게 된다면, 요리사가 아직 검증되지 않은 이 식품을 신뢰한다는 의미로 해석할 수 있다. "이제는 판매할 때가 됐다고 생각합니다." 발레티가 설명했다. "하지만 개선할 부분은 항상 존재하죠." 여기까지 말한 후, 발레티는 휴대전화를 들더니 이어폰을 꽂고 통화를 하러 나갔다. 나는 케이의 안내로 다음 인터뷰를 하러 갔다.

어떻게 만들어질까?

소 없이 버거를 만들기 위해서는 힘든 과정을 거쳐야 한다. 동물에게서 직접 채취한 살아 있는 세포, 또는 세포주*의 증식 가능 횟수에는 한계가 있다. 그래서 실험실에서 여러 복잡한 단계를 거쳐야만 '죽지 않는'** 이상적인 세포주가 된다. 이 단계가 되면 동물과는 거의 무관해지는 이런 세포주가 배양육을 만드는 모든 스타트업의 목표이자 사업의 가장 큰 장애물로 여겨진다. 아르테미스푸드가 제품 생산에 사용하는 세포주는 오하이오의 어느 농장에서 잘 살고 있는 '미래Future'라는 이름의 수소bull에서 채취했다. 아르테미스푸드는 내게 '미래'가 유전학적으로 "굉장한" 황소이며 "튼튼한" 세포를 가졌다고 알려주었다.

'미래'에게서 세포를 얻는 과정을 살펴보면, 먼저 "구멍을 뚫어 생체 조직을 얻는 것"이 첫 단계다. 즉, 펜과 채혈용 바늘을 합해놓은 것처럼 생긴 도구로 조직을 작게 떼어낸다. 우리 몸에서 검사에 필요한 생체 조직을 채취할 때도 쓰는 방법이다. 크게 해가 되진 않지만 즐거울 리도 없다. 하지만 여러분이나 나와 달리 소는 조직 채취에 동의하지 않더라도 그런 의사를 밝힐 수가 없다.

초기 배양에 알맞은 세포를 찾는 일은 배양육 생산을 위해 반드시 넘어야 하는 장애물 중 하나다. 가장 우수한 후보는 근육에서 얻는 줄기세포다. 동물의 몸에서 새로운 근육이 자라게 하는 이 근육줄기세포는

---

*　　같은 세포가 거듭 분열해서 형성되는 세포군. 세포의 유전학적 특징과 표현형이 유지된다.

**　　의학 연구에서 줄기세포가 큰 비중을 차지하는 이유도 불멸의 세포로 여겨지기 때문이다. — 지은이

체외 환경에서도 자라게끔 '프로그래밍'할 수 있다. 세포가 식품 생산에 성공적으로 쓰이려면 반드시 자가 재생되어야 하며 그러한 재생이 영구히 이루어지는 것이 가장 이상적이다. 알맞은 초기 배양세포 또는 세포주를 찾았다면, 유리 용기에 담아 라벨을 붙인 후 −170도인 액체질소에 보관한다. 이 세포를 증식시키려면 영양소와 성장인자가 포함된 배지培地*로 옮겨야 한다. 성장인자는 혈액을 이루는 투명한 액체인 혈청에 있다. 초창기에는 소 태아 혈청이 사용됐다.

소 태아의 혈액에서 얻는 소 태아 혈청은 생물의학 연구에 많이 쓰인다. 하지만 제약업계라야 비용을 감당할 수 있을 만큼 가격이 비싸고, 돈이 있다고 하더라도 대량생산에 쓸 수 있을 만한 양을 얻을 수가 없다. 소 태아 혈청에는 단순 단백질인 알부민과 함께 아미노산, 당류, 지질, 호르몬이 소량 함유되어 있다. 문제는 소에서 얻는 성분이라는 점이다. 이 책에서 소개한 스타트업 창업자들만 하더라도 거의 대다수가 완전 채식주의자다. 식품기술업계가 소 태아 혈청을 꺼리는 이유는 또 있다. 식품 생산에 쓰이는 재료는 되도록 단순하고 저렴해야 한다는 점 때문이다. 하지만 아직은 세포 성장을 촉진하는 데 혈청만큼 효과적인 대안이 없다.(배양육 사업에 뛰어든 스타트업들이 대안을 찾고 있지만 현재 어디까지 진전이 있었는지 알려진 정보는 거의 없다. 학계가 아니고서는 서로 협력하거나 정보를 공유하는 경우가 드물다.) 뉴하비스트는 지식 공유를 목적으로 조직된 비영리단체이므로, 그곳에서 추진하는 여러 연구 사업 중

---

*   미생물이나 세포 등을 증식시키기 위해 고안된 액체나 젤 상태의 영양원.

비동물성 배지를 개발하는 연구가 최우선으로 추진된다면 배양육 산업 전체에 도움이 될 것이다.

접시에 올릴 만한 양의 고기 한 덩어리를 만들기 위해서는 생물 반응기라고 불리는 강철 탱크에서 세포를 수조 개로 증식시켜야 한다.* 생물 반응기의 용량은 작게는 1리터부터 10만 리터까지 다양하다.(멤피스미트는 용도에 맞게 자체 설계하고 제작한 '배양기'를 사용한다.) 모든 과정이 순조롭게 이뤄지면 소에서 얻은 근관세포가 근육세포로 분화한다. 이때 생산하려는 제품의 종류, 가령 스테이크냐 다짐육이냐에 따라 조직이 달라붙을 수 있는 뼈대가 필요하다. 같은 관점에서, 인체 골격 역시 세포가 달라붙는 뼈대라고 볼 수 있다. 로스앤젤레스 캘리포니아대학교 생물공학 교수인 에이미 로왓Amy Rowat은 우수식품연구소로부터 연구비를 지원받아 배양육에 마블링을 만들 수 있는 미세 골격을 연구 중이다. 마블링은 육류의 '얇게 퍼진 지방층'을 그럴듯하게 부르는 말이다.

"지방은 식감과 맛에 중요한 역할을 합니다. 우리는 근육 내부에 지방이 사이사이 섞인 배양육을 만들 수 있는 뼈대를 개발하려 합니다." 로왓은 자신의 연구를 이렇게 소개했다. 로왓의 연구진이 만들고 있는 뼈대는 고기에 뻣뻣함과는 다른 특징을 부여할 것이다. 지방은 유연한 세포로 구성되지만, 근육세포에는 이와 달리 뻣뻣한 섬유소가 있어야 한다.

---

*   일반적인 고기 100그램은 약 100억 개의 세포로 구성된다. 같은 크기의 배양육을 만들려면 세포 수가 대략 10조 개여야 한다.(그런데 이걸 누가 셀 수 있을까?) — 지은이

로왓의 연구진은 뉴하비스트에서도 지원을 받고 있다. 뉴하비스트는 배양육 제품의 구조 문제를 해결해줄 연구를 지원해왔다. 시금치 잎에서 새로운 방법을 찾고 있는 과학자도 있다. 육식을 하는 사람에게 인공 배양된 세포로 만든 스테이크를 주면서 채소로 만든 고기라고 설명하면 어떤 반응이 나올까?

나는 배양육에 쓰이는 세포에 어떤 물질이 공급되는지가 정말 궁금했다. 배양육업체들에게 소비자들도 자신이 먹는 제품이 어떻게 생산됐는지 알고 싶어 하지 않겠냐고 하자, "그 부분은 자세히 알려드릴 수 없다"는 대답이 돌아왔다. "동물의 고기를 먹으면서 그 동물이 뭘 먹고 자랐는지 아는 사람이 어딨나, 배양육도 마찬가지다"라고 대답한 곳도 있었다. 동의할 수도 없는 말이고 비약이 너무 심한 것 아닌가? 내가 다시 묻자, "살아 있는 동물에게 필요한 물질"이 똑같이 공급된다고 했다.

동물에게 필요한 물질은 곧 우리 몸에 필요한 물질이다. 필수 아미노산, 지방산, 탄수화물, 비타민, 무기질, 수분이다. 핵심은 살아 있는 모든 생물의 연료인 탄수화물이 얼마나 양질의 재료로 공급되는가, 하는 것이다. 탄수화물은 곡물로 얻을 수도 있고 채소에 함유된 전분으로 얻을 수도 있다. 그리고 백설탕처럼 단순한 형태로 얻을 수도 있다.(얻을 수 있는 영양소의 범위가 가장 넓은 식품은 자연식품이다.) 또한 '식품' 공급에 뛰어든 스타트업들은 세포의 증식을 자극할 수 있는 화학적인 신호 전달 방식도 마련해야 한다. 이 신호 전달 과정은 호르몬에 달려 있는데, 동물 없이(또는 체외 환경에서) 인슐린 같은 호르몬을 만들려면 돈이 많이 들고 대부분 유전공학 기술을 필요로 한다. 배양육 스타트업들에게는 큰 걸림돌이 되는 문제다.

배양육을 구성하는 세포는 살아 있는 세포다. 수확하기 전까지는 죽지 않는다는 이러한 특징도 해결해야 할 또 한 가지 까다로운 문제다. 이 과정을 책임지는 기술자들은 온도와 수분 활성도, 산소, 영양소, pH(산성과 알칼리성의 정도)를 확인하고 관리한다. 수확 전까지 이렇게 관리하는 기간은 약 한 달이다. 세포로 이루어진 '고기'를 수확하고 나면, 즉 동물을 잡듯이 세포를 '잡고' 나면 세포 성장은 중단되고 이제 맛있는 제품으로 만들 수 있다. 양념하기, 형태 잡기, 익히기 등 우리가 쉽게 떠올릴 수 있는 식품 가공의 기초적인 단계를 거치게 된다.

멤피스미트에서 그 다음으로 만난 사람은 제품 생산과 관리 부문 부사장인 에릭 슐츠Eric Schulze였다. 인터뷰를 위해 마주 앉았을 때 슐츠는 주말마다 고기를 훈제해서 먹고 가끔 바비큐도 즐긴다고 털어놓았다. "육식을 포기할 생각은 없습니다." 슐츠의 말이다. "육식에 관해서는 저도 명확히 인지하고 있고, 죄책감을 덜고 싶은 마음이 있습니다. 그게 제게는 이 일을 하는 동기가 됩니다." 붉은색 머리카락이 돋보이는 슐츠는 말투가 감마선처럼 강했다. 내가 실수로 멤피스미트의 제품을 단백질이라고 칭하자 그는 이렇게 바로잡았다. "고기는 단백질 그 이상입니다. 우리가 만드는 건 조직이에요. 고기죠. 단백질이 아닙니다."

슐츠는 FDA에서 규제 담당자로 일한 경력이 있는데, 그 시절을 언급하는 모습에서 애정이 느껴졌다. 그에게 배양육의 안전성에 관해서 소비자가 알아야 하는 점은 무엇이냐고 물었다. "어느 시리얼 회사가 생산 속도가 더 빠른 기계로 이전 제품보다 개선된 콘플레이크를 생산한다고 해봅시다." 슐츠는 이렇게 답했다. "그렇다고 해서 제품 라벨에 '10배 더 빠른 콘플레이크 기계로 만든 제품'이라고 써야 할 필요는 없어요. 그런 사실을 밝히지 않는 게 불법도 아니고요. 영양 면에서는 근본적으로 같은 제품이니까요. 기능, 특성, 형태 전부요. 우리 제품도 마찬가집니다."

설명이 너무 간단해서, 나는 더 자세히 이야기해달라고 했다. "미국의 모든 식품 생산업체는 소비자가 알기를 바라는 정보가 있으면, 그리고 그 정보가 사실이라면 자발적으로 공개할 수 있습니다." 슐츠는 멤피스미트가 만드는 제품이 배양육임을 소비자들에게 밝히는 건 가치 있는 일이라 생각한다고 밝혔다. 배양육은 멸균 환경에서 생산되고 그 과정에서 항생제가 사용되지 않으므로 모든 인류에게 유익하다는 사실을 소비자들에게 알릴 수 있다는 이유에서였다.* 더불어 슐츠는 소비자들에게 제품 정보를 어디까지 공개할지에 관해선 아직 결정된 게 없지만 "생산 방법을 자발적으로 공개할 의향이 있다"고 덧붙였다.

업계 전문가들은 이 점에 있어서 강경한 입장이다. 미국 공익과학센터CSPI 생명공학 부문 책임자인 그레그 재프Greg Jaffe는 소비자가 배양육을 받아들이는 과정에 관한 강연에서 참석자들에게 이렇게 설명했다. "우리가 아는 건 큰 틀일 뿐 세부 사항은 모릅니다." 세부 사항을 모를

＊ 2020년 9월에 인터넷으로 개최된 미래 식품기술 박람회에서 우마 발레티는 "세포 기반 식품은 미래에 발생할 수 있는 대유행병을 줄이는 데 도움이 될 것"이라고 밝혔다. 항생제를 쓰지 않는 육류 생산과 관련하여 그는 멤피스미트에서는 "항생제를 쓰지 않을 것"이라고 설명했다. 하지만 이 업체의 기술은 아직 검증되지 않았고 생산 규모가 커진 후에도 그게 가능할지는 아직 알 수 없다. ─지은이

뿐만 아니라, 대체육에는 유전자 변형이나 유전공학, 클로닝*, 발효 등 다양한 기술이 적용될 수 있다는 점도 고려해야 한다. '배양육의 산업화'가 주제였던 이 콘퍼런스에 화상 회의로 참석한 재프는 청중들에게 모든 배양육 제품은 개별적으로 검증받아야 하며 제품 라벨에는 "정직하고, 중립적이며 유용한" 정보가 명시되어야 한다고 말했다.

식품에서 '진실'의 의미는 얼마든지 왜곡될 수 있다. 들어가는 재료가 설탕뿐인 감초 사탕 상자에 '무지방'이라고 써놓는 것처럼 말이다. '유용한 정보'의 의미 역시 업체가 결정한다. 나는 이 책을 쓰기 위해 여러 사람을 인터뷰하면서 투명성이 굉장히 부족하다는 느낌을 많이 받았다. 투명하지 않을수록 의구심은 커질 수밖에 없다.

동기는 무엇일까?

믿기지 않을 수도 있지만, 실리콘밸리에 회사를 차린 사람들과 대화하면서 그들 대부분이 돈 얘기를 가장 꺼린다는 느낌을 받았다. 『고기에 대한 명상』(2019)의 저자 벤 워개프트Ben Wurgaft도 나와 비슷하게 느낀 것 같다. "[나는 인터뷰하면서] 부자가 되고 싶은 마음을 인정하는 사람들이 나타날 줄 알았습니다." 워개프트가 내게 한 말이다. "하지만 사람들은 도덕적인 의무를 다하면서도 돈을 벌 수 있는 일을 찾습니다. 동물이 고통받는다는 사실이 사업 결과물을 빨리 얻으려는 일차적인 동기일 수도 있지만, 돈이 동기일 수도 있죠."

---

*   원하는 DNA 조각이나 유전자를 세포에 주입해서 임의로 증폭시키는 분자생물학의 실험 기법.

워개프트도 나처럼 이 분야의 창업자들에게서 진정성을 느꼈다고 했다. 배양육 사업을 시작한 사람들은 동물 복지 식품의 도덕적인 딜레마를 지적한다. 그리고 선진국의 육류 소비량이 꾸준히 늘어나는 추세이며 이런 식습관을 감당하려면 도축되는 동물도 계속 늘어날 수밖에 없다고 이야기한다. 도덕적인 관점에서는 숫자가 중요하지 않다. 사람이 먹으려고 죽이는 동물이 한 마리든 100만 마리든 나쁜 건 마찬가지라고 본다. 2020년에 전 세계에서 식용 목적으로 도살된 동물은 360억 마리에 달한다. 발레티는 스스로 동의할 수 있는 식생활을 원했기에 육식을 그만두기로 했다고 말했다. 현재 우리의 식생활이 동의를 얻기 힘든 건 분명한 사실이다. 코로나19 대유행으로 1년이 넘는 오랜 시간 동안 전 세계가 건강을 염려하면서 살게 됐다는 점, 그리고 동물을 소비하는 식생활이 이 대유행병과 관련이 있다는 전문가들의 의견을 고려한다면 야생동물의 서식지를 계속해서 침범하는 행위를 줄일 수 있는 건 뭐든 고려해볼 만한 가치가 있다.

배양육 사업에 뛰어든 창업자들은 또한 축산업이 지속 가능성이 없고 환경에도 악영향을 준다는 점, 사람의 식량을 얻기 위해 동물을 키우고 먹이는 일은 전환율이 떨어진다는 점에서 사업 동기를 찾는다. 인간이 단백질을 얻기 위해 작물을 먹여 동물을 키운 다음 그 동물을 식량으로 삼는 건 투자 대비 수익률의 측면에서 "매우 비효율적인" 일이라는 의미다. 창업자들의 또 다른 사업 동기는 이들이 굉장히 자주 제시하는 통계 자료에 근거한다. 바로 "2050년이면 90억 명에 이를 세계 인구의 식량을 어떻게 마련할 것인가?"라는 문제다. 경작지는 한정되어 있고,

젊은 세대는 농업에 관심이 없고, 단백질 수요는 늘고 있는 상황에서 배양육은 이들에게 지구와 인류를 구할 수 있는 가장 우선적이고 중요한 방법이다.

건강에 더 이로운 방향으로 식생활을 바꾸려면 노력이 필요하다. 세계 여러 나라의 과학자들로 구성된 잇랜싯위원회EAT-Lancet commission는 보고서를 통해 과일과 채소, 견과류, 콩과식물의 섭취량을 지금보다 두 배 늘려야 한다고 권고했다. 이보다 더 어려운 과제는 적색육과 설탕 섭취량을 50퍼센트 이상 줄여야 한다는 것이다. 위원회는 이 목표가 달성된다면 "건강과 환경에 모두 유익할 것"이라고 설명했다. 잇랜싯위원회의 과학자 중 한 명인 브렌트 로켄Brent Loken 박사는 이러한 목표에 근접해가는 변화가 일지 않는다면 2050년까지 식품으로 인한 탄소 배출량이 두 배로 늘어날 수 있다고 전망했다. "식품과 관련된 탄소 배출로 인해, 지구의 기온 상승 폭이 30년에서 40년 내로 지구온난화의 한계 기준인 섭씨 1.5도를 넘어설 가능성이 크다." 로켄은 이렇게 설명했다.

이 의견은 널리 수용되고 있다. "우리가 지구 건강은 무시하고 우리 건강만 챙기면서 먹고 살아도 된다고 생각하는 건, 아주 간단히 말하면 멸종으로 가는 길입니다." 예일대학교의 예일그리핀 예방 연구센터 설립자이자 영양 분야 저술가, 식생활을 평가하고 행동 변화를 돕는 휴대용 기기 생산업체 다이어트아이디Diet ID의 창립자인 데이비드 캐츠David Katz 박사의 말이다.

2019년 어느 날, 아마존 우림에 발생한 화재 소식이 인스타그램 피드를 가득 채웠을 때 나는 이 사건이 배양육 분야 창업자들의 주장에 힘을 실어주겠구나, 하는 생각이 들었다. 《뉴욕 타임스》는 이 화재를 "생태학적 방화"라고 칭했다. 축산업자들이 세계에서 가장 거대하고 생물다양성이 가장 풍부한 열대우림에 불을 지른 것이나 다름없다고 본 것이다. 대중의 격렬한 항의도 빗발쳤다. 당시에 배양육 제품이 시장에 나와 있었다면 인스타그램 피드에는 아마존 화재 사진과 함께 그런 제품의 광고 또한 넘쳤으리라 확신한다.

배양육 사업은 아직 스타트업 단계지만 식물성 대체육은 이미 시장에 나와 있다. 미국에서는 비욘드미트나 임파서블푸드의 버거를 먹어보지 않은 사람을 찾기가 어려울 정도고, 먹어본 사람들은 다들 맛있다고 이야기한다. 다른 업체들도 대체육 제품을 내놓고 있다. 식물 재료로 만든 버거와 베이컨, 돼지고기 대체품이 이렇듯 빠르게 발전 중인데 굳이 복잡한 세포 배양육이 필요할까?

기업의 창업 초기 단계를 지원하는 벤처 투자사 피프티이어스Fifty Years의 세스 배넌Seth Bannon은 멤피스미트의 초기 투자자 중 한 명이다. 오래전부터 완전 채식주의를 실천해온 배넌은 2014년부터 지금까지 대체육 시장이 발전해온 과정을 쭉 지켜봤다. 그는 발레티도 "기존의 식품 체계가 망가졌다고 굳게 믿는" 대체육 산업의 초기 창업자 중 한 명으로 분류한다. 배넌은 식물성 대체육을 만드는 스타트업들과 배양육 스타트업들에 모두 투자했고, 두 분야 모두 성공하기를 바란다. 그는 식물성 식품 시장은 지금의 100배는 더 성장할 여지가 있다고 언급하면서 상황이 "매우 낙관적"이라고 전망했다. 배양육 산업도 잘될 것이라고 덧붙였다. "식물성 대체육과 배양육 시장 모두 수백억 달러 규모의 신규 업체 수십 곳이 더 생겨날 여지가 있습니다."

나는 식물성 대체육을 지금보다 더 건강에 이롭게 바꿀 수 있다면 배양육보다 간단한 해결책이 될 수 있다고 생각하지만, 배넌은 두 산업 모두 가속이 붙었다고 평가한다. "어떤 면에서는 식물성 대체육이 앞서 가고 있습니다. 시장에 제품이 나와 있고, 파트너십도 체결됐고, 소비자들도 만족하니까요." 그러나 배넌은 자녀 모두 한 명도 빠짐없이 성공하길 기원하며 격려해주는 아버지처럼 다른 측면에서는 배양육이 앞서 간다는 느낌이 든다고 덧붙였다. "요리사들에게 임파서블푸드와 비욘드미트, 멤피스미트의 제품을 주면 다들 멤피스미트 제품이 사람들이 원하는 맛에 가장 가깝다고 할 겁니다." 그렇다면 배양육의 문제는 무엇일까? 가격이 너무 비싸다는 것이다. 앞으로 1~2년 내로 샌프란시스코의 유명 레스토랑들에서 배양육으로 만든 오리고기 케밥을 주문할 수 있게 될 수도 있지만, 수년 내로 일반 슈퍼마켓에서 배양육을 살 수 있게 될 가능성은 없다.

배넌의 생각과 달리, 멤피스미트 설립 초기에 투자를 고려했던 사람들은 사업 계획을 듣고 공상 과학 소설에나 나올 이야기라고들 했다. 투자하려는 사람이 거의 없었다. 그러다 2019년 5월 2일, 경쟁 업체라고 할 수 있는 식물성 대체육 분야 비욘드미트의 주식이 뉴욕 증권거래소에 상장되고 엄청난 관심이 쏠리자* 마침내 배양육 역시 돈을 벌어들

---

*   비욘드미트의 주식 가격은 나스닥 첫 공모에서 25달러로 평가됐다가 첫날 정오를 넘긴 직후부터 46달러에 거래됐고 장 마감 시점에는 65.75달러까지 상승해 163 퍼센트의 수익을 올렸다. 이날 2억 달러 이상을 벌어들인 비욘드미트는 2000년 이후 미국에서 기업 공개로 가장 큰 수익을 올린 회사가 되었다. — 지은이

일 만한 사업이라고 생각하게 된 개인 투자자들이 생겼다. 2020년 1월에 진행된 멤피스미트의 B 단계 자금 모금은 1억 6100만 달러로 마감됐다. 투자자들은 스타트업과 투자자 간 이뤄지는 예비 투자 계약서에 갖가지 거래 조건을 제시했고, 멤피스미트는 그중에서 마음에 드는 조건을 제시한 곳을 투자자로 선정했다.

식물성 대체육과 배양육은 완전히 다른 분야처럼 보인다. 그러나 둘 다 축산업으로 발생하는 환경 피해를 해결하고자 한다는 공통점이 있다. 또한 앞으로 배양육 사업에 뛰어드는 스타트업은 이 두 가지 기술을 혼합해, 세포를 배양해서 얻은 조직과 식물 단백질이 모두 들어간 식품을 만들게 될 가능성이 매우 크다. 이미 그런 스타트업이 있다. 캘리포니아주 샌리앤드로에 있는 아르테미스푸드는 미국에서 가장 많이 팔리는 식품인 햄버거를 앞선 설명처럼 두 재료를 혼합해 만들 계획이다. 아르테미스푸드의 창립자들은 내게 일반적인 식물성 버거에 배양육을 딱 10퍼센트만 추가해도 "맛이 크게 향상된다"고 밝혔다. 합성생물학 기술을 택한 다른 업체들처럼 아르테미스푸드는 두 가지 기술을 결합한 이런 방식이 세상을 더 빠르게 구하리라고 믿는다. "고기를 먹는 사람이 대다수고, 이들의 식습관을 바꾸는 유일한 방법은 진짜 고기를 제공하는 겁니다." 창립자인 조슈아 마치Joshua March의 말이다.

기존의 식육업계도 채소를 혼합한 재료로 치킨 너겟을 만들거나 버섯과 쌀이 들어간 햄버거 패티를 개발하는 등 혼합 방식을 택하고 있다. 식육 제품으로 인해 발생하는 영향을 줄이고, 생산 비용을 절감하고, 채식을 향한 사람들의 관심을 새로운 수익 기회로 활용하기 위해서일 수도 있다. 그게 사실이라면 대체육 회사들의 목표와는 차이가 있겠지만, 사업의 전체적인 틀은 다르지 않다.

2015년에 설립된 비영리단체 우수식품연구소GFI의 상임이사 브루스 프리드리히Bruce Friedrich는 식물성 대체육과 배양육 산업이 모두 잘되기를 바란다고 밝혔다. GFI는 육식과 멀어지는 다양한 식생활을 구축하는 일에 힘을 보태왔다. 사실 프리드리히는 2001년 조지 W. 부시가 영국 버킹엄궁을 방문했을 때 알몸 시위를 벌인 전력이 있다. 사람들에게 동물권에 관한 관심을 촉구하려는 시도였다. 동물을 구해야 한다고 설득하는 일에 수십 년간 매진해온 그는, 사람들이 일반적인 육류 대신 그와 비슷하거나 더 나은 대체육으로 관심을 돌리기를 바라고 있다. "육류 섭취량이 줄어들 가능성은 전혀 없습니다. 그래서 더 나은 고기가 필요해요. 식물로 만들거나 배양해서 만들 필요가 있습니다." 프리드리히의 설명이다.

GFI는 설립 초기에 비영리 동물 보호 단체인 '머시포애니멀Mercy For Animals'의 지원을 받았고 이후에는 제너럴일렉트릭의 오랜 CEO였던 잭 웰치Jack Welch와 그의 아내 수지 웰치Suzy Welch, 페이스북의 공동 창립자 중 많이 알려지지 않은 인물인 더스틴 모스코비츠Dustin Moskovitz 등으로부터 지원을 받기 시작했다. 현재 GFI는 동물 제품을 대신할 수 있는 배양육과 식물성 대체육 관련 연구를 모두 지원하고 있다. 연구비 지원과 함께 워싱턴 D.C.에서 로비 활동도 벌이고 있으며 실질적인 변화를 위해 규제 기관과도 협력하고 있다. 프리드리히는 내게 지금은 "그림의 떡"과 같은 일이지만, 언젠가는 정부가 대체육 공개 기술을 개발하는 연구 사업에 수십억 달러를 지원하는 날이 왔으면 좋겠다고 이야기했다. 심지어 중국 정부가 그런 일을 해낸다고 할지라도 자신은 기쁠 것 같다고도 덧붙였다. "산업적으로 생산된 동물 고기가 지구상에서 싹 사라지도록 만든다면, 중국 정부가 평생 으스대더라도 아무도 뭐라고 할 수 없을 겁니다." 오랜 세월 완전 채식주의자로 살아온 프리드리히는 영리 목적의 민간 벤처 투자사 '뉴크롭캐피털New Crop Capital'도 설립해서 대체육 기업 수십 곳에 투자하고 있다. GFI가 자문을 얻는 전문가단에는 모사미트의 마크 포스트, 멤피스미트의 우마 발레티도 포함되어 있다. 대체육 산업이 정부로부터 수십억 달러의 지원을 받을 가능성은 희박해 보이지만, 투자자들의 돈이 이제 막 꽃피기 시작한 이 분야로 흘러 들어가고 있는 건 사실이다. 프리드리히는 그러한 흐름을 앞장서서 이끌고 있다.

기후에도 도움이 될까?

배양육의 대량생산은 물과 에너지, 작물에 크게 좌우된다. 하지만 업체들이 세부 정보를 밝히지 않는 한, 이 각각의 요소가 구체적으로 얼마나 영향을 주는지는 알 수 없다. 배양육 쇠고기 450그램을 만들 때 사용되는 천연자원은 일반 쇠고기 분쇄육 450그램을 만들 때보다 적을까? 로스앤젤레스 캘리포니아대학교의 A. 재닛 도미야마A. Janet Tomiyama, 에이미 로왓 등이 속한 연구진이 2020년 '배양육의 과학적 사실과 대중의 인식 간 격차 줄이기'라는 제목으로 발표한 논문에 따르면 이론적으로는 소 한 마리에서 얻은 생체 조직 표본 하나로 한 달 반이면 쇠고기 버거 10억 개를 만들 수 있다. 같은 양의 버거를 일반적인 축산물로 만들려면 18개월이 걸리며 소 50만 마리가 있어야 한다. 전 세계 인구의 90퍼센트 이상이 고기를 먹는 현실 속에서 배양육 회사들은 모두가 만족할 만한 제품을 만들 수 있을까?

　배양육은 이제 실험실을 벗어나 전 세계에서 연구되고 있다. 2017년 이스라엘 레호보트에 문을 연 스타트업 알레프팜스는 제품 개발 연구와 더불어 배양육을 우주로 보내기 위한 사업을 추진해왔다. 러시아 3D 프린팅업체와 협력한 결과, 알레프팜스의 배양육 세포는 2019년 9월 26일에 러시아 우주비행사 올레그 스크리포치카Oleg Skripochka와 함께 우주에 안전하게 도착했다. 목적지는 국제우주정거장ISS이었다. 알레프팜스의 공동 창립자인 디디에 투비아Didier Toubia는 스크리포치카가 그곳에서 "땅이나 수자원이 없는 가장 혹독한 환경"에서도 배양육 세포가 성공적으로 증식할 수 있는지 확인할 것이라고 전했다. 투비아는 이 시도를 통해 더 많은 의문을 풀고자 한다. 배양육 세포는 우주선이 발사될 때 거쳐야 하는 모든 과정을 견디고 살아 있을 수 있을까? 배양 온도는 괜찮을까? 미세중력 환경에서도 증식할 수 있을까? 우주비행사가 ISS에 도착하자마자 미세중력 환경에서 세포를 조직으로 만들 수 있을까?

　결과는 짜잔, 성공이었다. 배양육 세포는 우주에서도 서로 잘 결합해서 조직이 되었다. 알레프팜스는 스크리포치카가 지구로 귀환하면 모든 데이터를 확인한 후 임시 생산 시설에서 활용할 기술을 확정할 것이다. 이 우주 실험으로 알레프팜스는 지구에서 활용할 수 있는 (폐기물이 나오지 않는) 순환 방식 식품 생산법, 즉 막힌 고리 형태의 생산법을 개발하겠다는 창립 목표에 조금 더 가까워졌다. 수년 내로 출시할 예정인

얇은 스테이크 제품에도 그와 같은 생산법이 적용될 것이다. 어떤 결과가 나올지 지금은 아무도 모른다.

그럼 다시 돌아가서, 배양육보다 식물성 식품에 더 주목해야 하는 게 적절한 건 아닐지 생각해보자. 영국 옥스퍼드대학교의 연구자인 조지프 푸어Joseph Poore는 2018년에 식품이 환경에 주는 영향을 줄이는 방법을 연구하고 "전 세계인의 식습관이 육식에서 채식으로 바뀌면 세계 인구 증가로 야기된 문제들이 충분히 상쇄될 것"이라고 밝혔다. 케임브리지대학교의 아사프 차코르는 전 주기 탄소 분석이라는 방식으로 같은 연구를 수행한 결과 모두의 식생활이 채식으로 바뀌면 온실가스 배출량이 49퍼센트 감소할 것이라고 설명했다.

공장식 농업이 미국의 온실가스 배출량에 큰 비중을 차지하는 건 사실이지만, 온실가스의 가장 큰 발생원은 차량이다. 2019년 EPA 보고서에는 차량에서 발생하는 온실가스가 전체 배출량의 28.7퍼센트를 차지한다고 나와 있다. 농업(9퍼센트)은 에너지(27.5퍼센트), 산업(22.4퍼센트)에 이어 네 번째 요인이다. 농업으로 발생한 배출량은 지난 몇 년 사이 늘어났지만 수십 년 전과 비교하면 오히려 2퍼센트 낮아졌다.(전 세계 온실가스 배출량에서 농업이 차지하는 배출량은 14.5퍼센트다.) 물론 기뻐할 만한 소식은 아니다. 지속 가능성이 우수한 식품 체계는 그 어느 때보다 절실하다.

전통적인 농업 환경에서는 온실가스인 이산화탄소와 메탄, 아산화질소가 모두 발생하는 반면 배양육 생산으로 발생하는 온실가스는 공장 가동에 들어가는 에너지에서만 비롯되며 거의 다 이산화탄소다. 그래서 표면적으로는 배양육이 훨씬 우수해 보인다. 옥스퍼드대학교의 존 린치 John Lynch와 레이먼드 피어험버트Raymond Pierrehumbert는 배양육과 소에서 얻는 쇠고기가 각각 기후에 끼치는 영향을 비교해본 결과 "배양육의 생산 단위당 온실가스 배출량은 쇠고기 생산 시 발생하는 양과 비교할 때 일관되게 적다"고 밝혔다. 하지만 그리 큰 차이는 아니었다.

두 연구자는 "배양육이 지구온난화에 끼치는 영향은 소고기보다 적다"고 설명했지만, 이어 "장기적으로 보면 그 격차는 감소할 것이며, [메탄] 배출량은 [이산화탄소와 달리] 축적되지 않는다는 점을 고려하면 오히려 소를 이용한 육류 생산이 지구온난화에 끼치는 영향이 훨씬 적다"고 밝혔다. 배양육이 전통적인 육류보다 환경에 더 나은 선택이 되려면 생산 시스템이 전부, 또는 대부분 재생에너지에 의존하도록 만드는 것이 가장 좋은 방법이다. 멤피스미트는 버클리의 본사 인근에 있는 생산 시설과 임대 계약을 체결했고 직원들이 새로운 식품을 만들어낼 생산 시스템을 설계하고 구축 중이라는 소식을 전했지만, 그 시설이 재생에너지로 가동된다는 언급은 어디에도 없다.

존 린치와 레이먼드 피어험버트는 소 외에 다른 동물, 특히 환경적인 측면에서 에너지 전환 효율이 소보다 높은 닭의 경우 배양육의 미래가 훨씬 더 불확실하다고 경고했다. 닭은 곡물을 먹이로 공급했을 때 몸무게로 전환되는 양이 우리가 닭을 섭취할 때 얻는 열량과 동일하다. 또한 식육 28그램을 얻으려면 소는 3킬로그램이 넘는 먹이를 공급해야 하지만 닭은 사료 780그램이면 된다. 기후 변화의 관점에서 가장 유익한 단백질원 하나를 꼽는다면, 단순한 식물을 '고기'로 전환하는, 자원 효율성이 매우 높은 식물성 닭고기 대체품이 될 것이다. 하지만 치킨 너겟 대체품은 엄청나게 많은 데 비해 닭가슴살이나 닭 허벅지살, 닭다리 대체품은 아직 시중에 판매되는 제품이 없다.

벤처 투자자, 신생 기업에 자금을 지원하는 투자자, 소비자들을 대상으로 배양육을 홍보할 때는 이 제품이 세상을 구할 것이라는 표현이 빠짐없이 등장한다. 애리조나주립대학교 사회혁신미래대학의 크리스티 스팩맨Christy Spackman 부교수는 그런 사고방식에 오류가 있다고 지적한다. "그건 역사가 우리에게 가르쳐준 교훈과 어긋난다고 생각합니다. 산업화는 우리를 더 힘들게 만들었어요." 산업화가 시작된 초기에는 모두 기뻐하며 환영했지만, 지금 우리가 겪고 있는 문제의 원인은 바로 산업화다. 동물을 한정된 공간에 가둬놓고 사육하면서 땅에 재사용할 수 없을 만큼 유독한 배출 물질을 발생시킨 것도 이를 뒷받침하는 예다. 스팩맨은 배양육이라는 새로운 식품을 산업적인 규모로 생산하기에 앞서, 그러한 생산에 필요한 것들을 공급할 시스템부터 고려하는 게 급선무라고 보았다. 배양육을 만드는 모든 스타트업이 창업 직후부터 산업적인 규모의 생산을 목표로 삼는다는 사실을 기억해야 한다.

워개프트는 『고기에 대한 명상』에서 사람들이 산업적으로 생산된 육류를 멀리하게 된다면 좋겠지만, 그런 결과는 정부가 개입하거나 시장의 압력을 받는 것이 아닌, 소비자가 충분한 정보를 토대로 자진해서 내린 선택이어야 한다고 밝혔다. "사람들이 자신의 선택에 각자 책임질 수 있으리란 희망을 놓지 않는 게 중요하다고 생각한다."

워개프트와는 트위터에서 처음 알게 됐는데, 직접 만난 건 2017년

매사추세츠공과대학MIT에서 열린 뉴하비스트 콘퍼런스에서였다. 그는 그곳에 객원 연구원 자격으로 참석했다. 헝클어진 머리에 안경을 쓴 이 저술가가 마음에 든 가장 큰 이유는 식품과 관련된 일을 하는 사람이 아니며, 스타트업에서 일하지도 않고 투자자도 아니라는 사실이었다. 그리고 그는 고기를 먹는다. 대체육 분야와 아무런 이해관계가 없는 사람이란 뜻이었다. 역사에 심취한 괴짜이자 철학자인 워개프트는 동물을 잡아먹는 건 무조건 나쁘다거나 완전 채식주의만이 우리가 나아가야 할 길이라는 극단적인 주장 없이 배양육에 관한 의견을 제시한다.

정말 안전할까?

배양육은 가정집 주방에서 직접 소량을 만들어 농산물 직판장에 가져다 파는 양질의 음식과는 큰 차이가 있다. 배양육은 그런 호사스러운 식품이 될 수 없다. 시장 가판대에서 파는 닭고기 한 덩어리에 '1000달러'라는 가격표가 붙어 있는 광경을 상상할 수 있겠는가? 배양육 생산업체들이 실험실에서 곧장 대량생산의 길로 가려 하는 것도 많은 사람이 먹을 수 있게 하려면 가격을 낮춰야 하기 때문이다. 일단 부유층에게 판매하다가 가격을 '충분히 낮추는' 전략으로 해결할 수 있는 일이 아니다. 충분히 낮은 가격이라는 건 한 번 사 먹어볼 만한 가격이 아니라 저렴한 쇠고기보다 더 저렴해야 한다는 의미이다. 그러려면 지금까지 한 번도 시도된 적 없는 방식을 동원해 생산 공정을 확장할 수 있는 제조 시스템을 개발해야 한다. 그리고 세포에 공급하는 영양소 비용 역시 전례 없는 수준으로 대폭 줄여야 한다.

슈퍼마켓에 배양육이 널리 유통되려면 아직 몇 년이 더 걸리겠지만, 미국에서는 이 분야에 뛰어든 업체 몇 곳이 배양육 산업의 성장을 촉진하기 위해 소규모 연합체를 꾸렸다. '육류·가금류·해산물혁신연합Alliance for Meat, Poultry and Seafood Innovation', 줄여서 AMPS로 불리는 이 연합체에 가입한 업체는 멤피스미트, 저스트, 포크앤구드Fork & Goode, 핀리스푸드Finless Foods, 블루날루BlueNalu, 아르테미스푸드, 뉴에이지미트 등이다. 미국의 규제 절차를 중요하게 다루는 연합체이므로 현재는 미국 업체만 가입할 수 있다. 또 다른 가입 조건은 5만 달러의 회비를 내야 한다는 것이다.

규제 절차는 시장에 진입하는 가장 큰 걸림돌로 여겨지는 경우가 많다.(그 외 다른 장애물로는 소비자의 수용도, 사업의 성장 기반, 로비 단체들과의 법적 다툼을 꼽을 수 있다.) 첨단식품기술 기업들은 시장에 선보일 제품이 나오기도 전부터 거의 예외 없이 FDA와 접촉하기 시작한다. 규제 기관이 바라는 일이기도 하다. 이들의 만남은 전부 닫힌 문 뒤에서 이루어진다. 규제 기관의 승인은 매우 중요한 절차다. 여러 단계로 이루어지는 관리 감독과 점검, 제품명 결정, 라벨 표시 정보 등 많은 것이 이 절차에 달려 있다. 기업들 입장에서 상황을 더 복잡하게 만드는 건 쇠고기, 닭고기, 양고기, 돼지고기 같은 식육 제품과 라벨 표시는 농무부가 관리하고, 생선을 포함한(근데 또 메기는 제외다!) 그 외에 모든 식품은 FDA가 관리한다는 것이다. 배양육을 생산하고자 하는 업체는 서로 협업이 잘 안되기로 유명한 이 두 기관 모두와 접촉해야 한다. 아직 확정되진 않았지만, 농무부와 FDA는 배양육에 대한 관리 책임을 공유할 계획이다. 발레티는 이렇게 전했다. "두 기관 모두 배양육이 식품 분야에서 기술적으로 가장 큰 이슈라는 것을 인지하고 있습니다." 새로운 배양육 제품이 시장에 나오기 전, FDA는 과학적인 부분(그리고 어류)을 관리하고 농무부는 (어류를 제외한) 제품 검사를 관리할 것이다. 농무부는 오래전부터 식품 조사를 도맡아온 기관인 반면 FDA는 그렇지 않다. 거대한 생물 반응기 안에서 세포가 수조 개 단위로 늘어날 만큼 업체의 생산량이 늘어나면, FDA는 어쩌다 한 번 들러 시설을 점검할 것이다.

내부 관계자들 사이에서는 미국이 배양육을 승인하면 전 세계 다른 나라들도 그 뒤를 따를 것이라는 이야기가 흔히 나온다. 홍콩, 싱가포르, 일본 등 규제 기관의 승인을 얻기가 더 수월한 나라부터 공략하는 게 가장 빠른 길이라고 이야기하는 사람들도 있다. FDA는 배양육이 세균, 바이러스, 그 밖에 생물학적인 물질들로부터 오염될 가능성에 대해 검토하는 것을 중요하게 여길 것이다. 늘 예산이 쪼들리는 FDA가 시설을 방문하고 평가해서 배양육 기술을 철저히 파악할 만한 자원을 확보할 수 있을까? "무균실이 갖춰지고 로봇이 생물 반응기를 가동하는 완벽한 멸균 시설이 아닌 이상, 오염이 발생할 위험성은 어느 정도 존재합니다." 위개프트의 말이다. 생물 반응기의 제어 수준이 높아지면 실시간 점검이 가능해지고 클라우드에 저장된 모든 데이터를 원격으로도 평가할 수 있다는 장점이 생긴다. 공장식 농장의 경우 외부인의 접근이 엄격히 통제되지만, 육류 포장 시설의 작업자 안전 관리가 형편없는 수준이라는 건 코로나19 대유행 시기에 그러한 시설에서 감염이 대거 발생한 사실로도 입증됐다. 우리는 규제나 법률이 소비자를 식품 산업으로

부터 보호해주리라고 생각하지만, 과연 정부 기관이 문제가 터지기 전에 문제의 가능성을 미리 생각할까?

의료 목적으로 배양된 조직을 관리하는 FDA 전문가들조차도 세포를 식용 목적으로 배양하는 건 매우 복잡한 일이라고 본다. FDA 소비자 안전 관리자인 제레미아 파사노Jeremiah Fasano는 동물세포 배양 기술을 이용한 식품 생산을 주제로 열린 공청회에서 전통적인 육류와 실험실에서 배양된 고기가 동일하다고 하더라도, 부차적인 구성물, 즉 세포 성장을 돕기 위해 사용되는 성분이나 화학물질이 다르며 배양육 생산 시 의도치 않게 발생하는 대사산물(세포 '호흡'의 중간생성물, 부산물, 최종 산물) 등은 안전성이 우려되는 부분이라고 밝혔다. 살아 있는 세포는 증식 과정에서 여러 가지 대사산물을 발생시킨다. "그러므로 생물학적인 생산 시스템은 상당히 복잡합니다." 파사노는 이렇게 설명했다.

공청회에 참석한 또 다른 전문가인 노스캐롤라이나주립대학교의 가금류학 교수 폴 모즈디악Paul Mozdziak 박사는 생산 규모를 늘리는 것의 어려움을 언급하면서 워개프트와 같은 우려를 밝혔다. "[실험실에서도] 장소가 바뀔 때마다 세균, 미생물, 바이러스 오염이 일어날 수 있습니다." 모즈디악의 말이다. 그래서 축산업이 큰 비난을 받는 주요 원인인 항생제를 사용하고픈 유혹이 생길 수 있다. 기후 변화보다는 공중보건이 훨씬 중요한 문제라고 이야기하는 전문가도 많다. 고도의 기술이 활용되는 환경에서도 안전 규정이 철저히 준수되어야 하지만, 안전성은 실무자가 얼마나 주의를 기울이느냐에 크게 좌우된다. "세포 배양에서 발생하는 오염은 대부분 사람이 원인입니다. 어느 단계에서 누가 잘못을 저질렀다고 해도 추적하기가 매우 어려운 경향이 있고요." 모즈디악의 말이다.

오염 말고도 생각해봐야 할 문제가 또 있다. 배양육을 구성하는 세포는 클론인데, 세포의 클론이 수조 개씩 생기면 유전학적인 차이가 생긴다. 늘 그런 건 아니지만 가능한 일이다. 체이스 퍼디Chase Purdy의 저서 『죽음 없는 육식의 탄생』에는 모사미트의 마크 포스트가 이 문제를 발생 가능한 "위험 요소"라고 언급했다는 내용이 나온다. 그가 위험 요소로 본 이유는 DNA가 한 번 복제될 때마다 "유전자 돌연변이가 생길 수 있기 때문"이다. 돌연변이가 생기면 세포가 불안정해지고, 이는 세포를 배양해서 대체육을 만들고자 하는 스타트업에게는 골치 아픈 일이다. 유전적으로 변형된 세포를 먹어도 건강에 위험하지 않다고들 이야기하지만, 정말로 그런지는 알 수 없다.

배양육을 어쩔 수 없이 받아들였을 때 발생하는 문제보다 식품 안전이나 바이러스 감염, "프랑켄푸드"로도 불리는 유전자 변형 식품의 문제가 훨씬 더 심각하다고 볼 수도 있다. 2001년 영국에서는 구제역으로 600만 마리가 넘는 소와 양이 살처분되고 불태워졌다. 2019년에는 중국을 덮친 아프리카돼지열병으로 돼지가 사상 최고 규모로 살처분됐다. 그해가 끝날 무렵에는 코로나19 감염 사례가 중국에서 맨 처음 발생해 전 세계로 빠르게 확산했다. 살아 있는 동물을 바로 잡아서 파는 시장이 최초 감염 지점으로 보도됐지만, 먹을 동물을 사육할 땅을 늘리기 위해 취약한 생태계로 계속 침투해온 인간의 행태가 원인이라고 비난하는 사람들이 많다.

피클이나 병조림을 만들듯이 배양육을 직접 만들 수 있는 도구를 우리 집 부엌에 설치할 수는 없다. 식품은 여전히 진화하고 있으며, 늘 우리가 상상하는 수준을 훨씬 앞서서 진화해왔다. 그냥 두부와 템페를 먹는 편이 더 낫지 않을까? 적색육을 자주 먹으면 건강에 해롭다는 건 널리 알려진 사실이다. 산업적으로 생산되는 쇠고기의 헴 단백질이 암을 유발한다는 연구 결과도 있다. 풀을 먹은 소에서 얻은 쇠고기의 헴 단백질은 다르다고 알려졌지만 어떤 영향을 주는지 확신할 수 있는 결과는 아직 나오지 않았다. 배양육을 매일 먹는 것도 똑같이 건강에 나쁘지 않을까? 아니면 과학자들이 포화지방과 콜레스테롤 함량이 낮아지도록 세포를 조정할 수 있게 될까? 거대한 생물 반응기에서 만들어진 동물의 고기를 식품으로 받아들인다면, 생산 과정을 속속들이 알고 싶은 마음을 저버리고 알 권리는 그냥 포기해야 할까? 질문이 끝없이 떠오른다.

결론은?

"제 생각에 소비자는 대부분 가장 맛있는 것을 찾게 될 겁니다." GFI의 브루스 프리드리히는 샌프란시스코 시내에 있는 어느 고급 호텔의 거대한 회의실 탁자 건너에서 나를 쳐다보며 이렇게 말했다. "유제품을 먹는 소비자의 상당수는 맛이 괜찮고 가격이 적당하면 소에서 짠 우유만 고집하지는 않을 겁니다." 식물성 육류와 배양육을 주제로 2019년 9월에 개최된 GFI의 연례 콘퍼런스에서 만났을 때 나눈 대화였다. 프리드리히는 동물권 보호 단체 '동물을 인도적으로 대하는 사람들

People for the Ethical Treatment of Animals, PETA'과 동물 구조 단체 '팜생추어리Farm Sanctuary'에서 관리자로 일한 경력이 있다. 충실한 동물권 운동가로 활약하면서 동물 보호 분야에서 확고히 자리를 잡은 사람이지만, 콘퍼런스에 참석한 퍼듀, 타이슨, JBS 같은 대형 식육업체를 반갑게 맞이했다. 하지만 그 업체들의 제품들은 환영받지 못했다. 행사가 진행된 이틀간 참석자들에게 다채로운 채식 메뉴가 제공됐다. 나 역시 다양한 음식을 맛봤다. 정말 맛이 좋았던 닭튀김은 진짜 닭고기라고 해도 믿을 만큼 잘게 찢어지는 결과 쫄깃한 맛이 일품이었다. 3장에서 소개한, 식물로 육류 대체품을 만드는 일에 맨 처음 뛰어든 업체 중 한 곳인 워딩턴푸드의 제품이었다.

맛이 좋다면 물론 도움이 되겠지만, 캐나다 서스캐처원대학교 피터 슬레이드Peter Slade의 연구에서는 사람들에게 '맛이 똑같고 가격도 같다면 어떤 햄버거를 선택하시겠습니까?'라는 질문을 던지자 응답자의 65퍼센트가 쇠고기가 들어간 버거를 선택했고 21퍼센트는 식물 재료로 만든 버거, 11퍼센트는 배양육 버거를 택했다는 결과가 나왔다. 4퍼센트는 어느 것도 구입하지 않겠다고 답했다.

다양한 추측과 예상을 불러일으키는 결과다. 배양육이 처음 출시되면 값비싼 가격을 감당할 형편이 되는 사람들에게 주로 소비되고 산업적으로 생산된 육류는 전체 인구집단 중 경제적으로 형편이 어려운 계층의 선택지가 될 것이라는 전망이 힘을 얻고 있다. 현재와 같은 불평등 구조가 지속되고, 질병에 가장 취약한 인구집단이 산업적으로 생산된 육류의 주된 소비자가 될 것이라는 예측이다.

배양육 제품이 세상에 등장하는 방식이 더 신중해져야 한다는 주장도 제기된다. 미래 혁신 전문가인 크리스티 스팩맨은 '슬레이트Slate'에 실린 글에서 "'우리가 먹는 음식이 어디에서 왔나'라는 의문은 우리가 음식을 직접 먹고 소화하는 경험을 통해 해소되고 그 과정을 거치면서 우리는 음식에 친밀감을 느끼게 되는데, 배양육은 이 과정을 망가뜨릴 것"이라고 이야기했다. 기술이 식량 부족과 환경 파괴 문제를 어떻게 해결할지는 모두의 관심사지만 기술을 해결책으로 활용할 때 어떤 대가가 따를지는 아무도 알 수 없다. 배양육이 등장한다고 해서 동물이 우리 식생활에서 완전히 사라지지는 않을 것이다. "바로 그 지점에서 논리가 무너진다. 소는 분명히 존재하고, 자연의 순환에 참여하고 있고, 고유한 면역 체계를 지니고 있고, 인간의 식량이 아니더라도 이미 먹이사슬의 한 부분이다." 스팩맨은 이렇게 설명했다.

배양육은 20세기 초, 단백질 위기가 임박했다는 우려가 나왔을 때 해결책으로 제시됐던 하마와 같은 길을 가게 될 수도 있다. 『미국의 하마American Hippopotamus』를 쓴 존 무알렘Jon Mooallem은 2013년 12월 28일 자 《와이어드》 기사에서 영양을 수입하거나 타조 농장을 만드는 등 "상식을 깨는 아이디어"로 고기 부족 문제를 해결할 수 있다고 언급했다. "근본적으로 뭐든 가능하다. 하지만 결국에는, 마이클 폴란이 떠올릴 법한 생각이지만, 지역 단위로 다양한 식품 체계가 생겨날 것이다."

하지만 실현되지는 않았다. 하마가 우리의 식량이 되는 일은 일어나지 않았고 대신 매우 한정된 동물을 집중적으로 사육하는 대규모 축산업이 생겼다. 그 결과 값싼 육류가 등장했고 사람들은 고기의 맛을 더욱 즐기게 되었다. 생물 다양성이 우수했던 소규모 농장들은 옥수수와 대두, 밀, 돼지, 닭, 소와 같은 몇 가지 작물이나 동물을 키우는 초대형 농장으로 바뀌었다.

배양육이 제품으로 나오기 전에 우리가 잃어버린 것들이 회복되도록 돕는 방법도 있다. 이미 경작지로 사용해온 땅을 더 잘 가꾸는 것이다. 토질 개선, 재생농업 지원, 생물 다양성과 작물의 회복력을 키우는 일에 집중하는 것이 그러한 노력에 포함된다. 육식을 하는 사람이라면 풀을 먹여 기르거나 풀을 직접 뜯어 먹고 자란 동물의 고기를 선택함으로써 각 지역의 재생 농가에 도움을 주게 된다. 그중에서도 목초지가 탄소 격리에 활용되는 농장의 제품을 선택한다면 더욱 좋다. 우리가 가진 자원을 더 효율적으로 활용할 수 있도록 최상의 아이디어를 모을 필요가 있다. 음식을 그냥 폐기하지 말고 필요한 사람들에게 전달해서 음식물 쓰레기를 줄이는 것도 여기에 포함된다. 최종적으로는 육류 중심의 식생활을 식물 중심의 식생활로 바꿔야 한다.

발레티는 멤피스푸드의 생산 시설이 가동되면 사람들이 찾아와 둘러볼 수 있게 하겠다고 밝혔다. 음식을 사랑하는 사람으로서, 나는 식품의 생산 과정을 볼 수 있는 기회가 생기면 어디든 달려간다. 공장 견학을 정말 좋아한다. 어릴 때 아버지와 블루다이아몬드Blue Diamond의 아몬드 공장에 갔던 때가 지금도 기억난다. 각종 기계와 생산 라인의 엄청난 효율성을 직접 볼 수 있었던 경이로운 경험이었다. 배양육 공장은 다를 것이다. 궁금한 게 많은 여덟 살짜리 꼬마와 배양육 공장에 견학을 간다면 강철로 된 거대한 탱크와 그 안에 들어 있는 것을 어떻게 설명할지 상상해보라. 흥미진진한 대화가 이뤄질 수도 있다. '과학자들이 저 탱크 안에서 고기를 키워내는 방법을 알아냈거든!' 혹은 무시무시한 경고의 메시지를 전하게 될 수도 있다. '오래전에 우리는 동물을 음식으로 먹었단다.' 멤피스푸드의 공장 바로 옆에는 어린이들을 위한 작은 체험 농장이 생길지도 모른다. 소처럼 음메, 하고 우는 모형과 닭처럼 꼬꼬댁, 하고 우는 모형, 오리처럼 꽥꽥 우는 모형이 설치되어 있으리라. 언젠가는 아이들에게 농장이 무엇인지부터 설명해야 하는 날이 올 것이다. '옛날에 사람들은 저 바깥의 땅에서 식량을 키우곤 했단다'라고 말이다.

9. 소비자는 팔면 그냥 사는 사람인가?

이윤인가 건강인가?

환경 운동가이자 다섯 아이의 엄마, 영화감독 제임스 캐머런James Cameron의 아내인 수지 에이미스 캐머런Suzy Amis Cameron의 목표는 확고하다. 캐머런 부부는 8년 전 〈칼보다 포크Forks Over Knives〉라는 다큐멘터리를 보고 곧바로 채식주의자가 되었다. 이 새로운 생활 방식과 맞지 않는 투자 종목도 모두 정리했다. 대표적인 유제품 수출국인 뉴질랜드에 있던 부부의 낙농장은 유기농 농장으로 전환됐다. "저는 모두가 완전 채식주의자가 되길 진심으로 소망합니다. 환경에도 좋고, 모든 면에서 모두에게 이로운 일이 될 겁니다." 캐머런은 내게 이렇게 전했다.(여러분도 느꼈겠지만, 이 책에는 정말 많은 완전 채식주의자가 등장한다.)

우리는 '식품 2.0의 미래Future of Food 2.0.'라는 행사에서 만났다. 샌프란시스코 해안가에 자리한 위워크WeWork 건물에서 행사장을 꽉 채운 채식 분야 스타트업들이 방문객들에게 제품 샘플을 나누어주었다. 캐머런은 식물성 식품 사업의 투자 가치를 평가하는 전문가단으로 참석했다.

캐머런 부부는 뉴질랜드 농장을 전환한 데 이어 렌틸콩과 완두콩을 비롯한 각종 콩류를 재배, 수확, 가공하는 캐나다 서스캐처원의 한 시설에도 투자했다. 완두콩과 렌틸콩을 더 많은 사람에게 공급하겠다는 목표로 '원밀어데이One Meal A Day'라는 식품 회사도 설립했다. 캐머런은 모든 것을 정신력의 문제라고 생각한다. 미국인 모두가 하루 한 끼는 채식하기로 결심하고 1년간 이를 실천한다면, "도로에서 차 2700만 대가 사라지는 것과 동일한 효과"가 생긴다고 설명한다. 지구를 살리는 일은 더 미룰 수 없는 과제가 되었다. "이제는 환경을 위해 무조건 뭔가 해야 한다는 현실을 직시해야 합니다. 전기차를 몰건, 좋은 집에 살건, 몸이 건강하건 지구가 없다면 다 무슨 소용인가요."

우리 건강과 지구 중에 어느 쪽이 더 중요한가, 라는 의문은 수시로 제기된다. 세계자연기금World Wide Fund for Nature, WWF은 둘 다 똑같이 중요하다는 사실을 알리고자 노력하는 단체 중 한 곳이다. 비영리단체인 WWF의 최신 보고서에는 "세계 각국의 식생활 변화가 식품 체계에서 비롯된 부정적인 영향을 더 나은 방향으로 바꿀 수 있다"는 내용이 나온다. 식생활이 달라지고 우리가 먹을 것을 기르고, 취급하고, 유통하는 방식이 달라지면 우리 건강과 지구 건강이 모두 개선될 수 있다는 의미다. WWF의 국제 식품과학자 브렌트 로켄은 기술이 우리의 먹거리를 어떻게 바꿀 수 있는지에 관해 설명하며 모든 기술에는 잠재력이 있지만 "그 잠재력이 얼마나 될지는 확신할 수 없다"고 말했다. "기술의 규모가 엄청난 영향력을 발휘할 만큼 커질 수 있을지 의구심이 듭니다. 하지만… 아무도 모르는 일이죠. 배양육의 경우는 건강과 환경의 관점에서 살펴봐야 합니다. 배양육이 생물 다양성에 더 도움이 된다거나 온실 가스 배출량이 더 적다고 할 수는 없습니다. 거기에다 건강에 유익하지 않다면, 그건 심각한 문제죠. 채식 버거를 내세우는 업체들은 많아도 그런 제품이 진짜 [고기가 들어간] 버거보다 건강에 반드시 더 이로운 것도 아닙니다. 환경과 건강에 모두 기여할 수 있어야 합니다."

정말 그랬으면 좋겠다. 하지만 나는 건강이 우선이다. 건강은 정말 중요한 요소인데도 사업 수익보다 덜 중요하게 여겨지는 경우가 너무 많다. 제1형 당뇨병 환자로서, 먹는 음식에 정확히 뭐가 들어 있는지 늘 촉각을 곤두세우고 살아야 하지만 나도 인간이다. 탄수화물을 적게 먹고 가공식품도 최소한으로 먹어야 한다는 걸 알면서도 이를 제대로 지키지 않거나 슬쩍 넘어가려고 한다. 그리고 그 결과는 몸에 이상이 생기는 것으로 거의 곧장 나타난다. 이런 힘든 상황이지만 그래도 나는 농산물 직판장에서 장을 보고 건강에 좋은 음식을 집에서 직접 만들어 먹을 여유가 있다. 궁금한 게 생기면 내분비학자인 내 주치의에게 이메일로 문의할 수도 있다. 나는 분명 특권을 누리고 있다. 몸에 좋은 음식을 먹거나 집에서 요리할 여유가 없고, 매일 끝없이 발표되는 최신 연구 결과를 읽으려면 시간을 짜내야 하는 직장인들의 상황과는 분명 차이가 있다. 그렇게 바쁘게 살아가는 많은 이들이 식품 체계의 구조적인 불평등으로 빚어진 비만과 심혈관 질환, 당뇨병, 고혈압 등 생명을 위협하는 고질적인 문제들에 직면하고 있다.

식품 산업의 일차적인 목표는 건강한 식품을 제공하는 게 아니라 상품을 파는 것이다. 슈퍼마켓에 갈 때, 인스타그램에 뜨는 광고를 눌러

볼 때, 온라인 마트에서 장바구니를 채울 때 우리는 이 사실을 기억해야 한다. 산업계는 첨가물과 식용색소를 쓰지 않고 당과 나트륨 함량을 낮추는 등 식품 성분을 바꾸려고 하고, 현 상황을 개선하려는 이러한 노력으로 아주 작은 발전도 있었지만, 몸에 해로운 식품첨가물은 여전히 사용되고 있다. 탄산음료, 사탕, 스낵류가 우리 몸에 나쁘다는 건 오래전부터 모두가 인정하는 사실인데도 그런 식품들은 계속 쏟아져 나오고, 가장 취약한 집단이 늘 이러한 마케팅의 표적이 되고 있다.

이 책을 준비하면서 내가 알고 싶었던 건, 새로운 첨단식품기술 기업들이 시장에 식품을 내놓게 된 계기는 무엇인지, 그러한 제품으로 전하고 싶은 메시지는 무엇인지, 그리고 그런 식품의 수익이 불투명하다면 이들이 추구하는 (다른) 주된 목표는 무엇인지였다. 지구를 살리고 동물을 구하는 것이 이러한 신생 업체들이 생겨난 이유인가? 아니면 거대 식품 기업의 영향으로 엉망이 된 식습관으로부터 우리를 구하려고?

새로 사업을 시작한 첨단식품기술 스타트업은 고매한 포부를 실현하는 동시에 맛있고, 편리하고, 저렴한 식품을 만들어야 한다. 추가 점수를 얻고 싶다면? 라벨에 표시되는 성분 목록이 짧고 간단해야 한다. 누구나 부담 없이 살 수 있는 가격에 식품을 공급하는 일도, 다른 업체와의 경쟁에서 확실한 우위를 점할 만큼 저렴한 가격에 재료를 납품하는 일도 쉬운 일이 아니다. 신생 식품기술 기업들도 제약업체들처럼 제품 연구와 개발에 수백만 달러를 투자하고 있다. 차이가 있다면 개발하는 제품이 식품이라서 신약보다는 규제를 덜 받는다는 점이다. 제품 개발이라는 큰 산을 넘더라도, 대체식품을 기존 식품과 같은 가격, 또는 더 저렴한 가격에 판매하려면 생산 규모를 크게 늘려야 할 뿐 아니라 수십 년째 자리를 굳건히 지키고 있는 기존 제품들과 시장에서 대적할 만한 경쟁력을 갖춰야 한다.

이 모든 노력은 다 무엇을 위한 걸까? 기후? 동물? 인간? 내가 만난 전문가들은 대부분 한목소리로 기후 위기는 우리의 식품 체계와 직결된다고 했다. "유일한 문제는 우리가 고기를 너무 많이 먹는다는 겁니다." 애리조나대학교의 미래 혁신 전문가 크리스티 스팩맨은 말한다. 스팩맨은 흐름을 바꾸려면 문제에 접근하는 방식이 완전히 바뀌어야 한다고 설명했다. "지금까지는 〔근본적인〕 문제를 해결하기보다 우리가 만든 문제를 기술로 해결하려고 했습니다." 물론 말은 쉬워도 실천은 어렵다. 스팩맨은 배양육 생산업체들이 동물을 죽이는 건 잘못된 일이라고 이야기하는 것은 "그들의 가치 체계에서나 유효한 주장"이라고 평가했다. 실험실에서 배양한 고기를 소비하면 지구를 살릴 수 있다는 생각에 더 문제가 많다는 뜻이었다. 식품의 성분을 분자 단위까지 분해해서 불필요한 물질을 없앨 수 있다고 보는 것이나, 그렇게 만들어진 식품이 건강에 해롭지 않으리라고 생각하는 것도 그러한 문제에 포함된다. 하지만 배양육은 사람들에게 펼쳐놓을 이야깃거리가 많고 그 이야기들은 판매에 도움이 된다. "그런 방법으로 더 많은 사람이 돈을 벌게 되는 겁니다." 스팩맨은 말한다.

이미 부유한 투자자들은 환경을 살리고, 동물을 죽이는 행위를 중단해야 한다고 주장하면서 또 수익을 올린다. 그리고 소비자는 스스로 알아서 해야 한다. 라벨의 영양 정보를 열심히 읽고, 어떻게 만들어진 식품인지 알아보고, 늘 건강을 생각하면서 먹어야 한다.

발효 이야기

우리가 먹는 음식의 맛은 상당 부분 미생물과 관련이 있다. 효모의 경우 전 세계에 존재하는 약 1500종 중에서 식품과 음료 산업에 활용되는 종류는 극히 일부다. 우리는 맥주와 와인, 빵, 치즈에 미생물이 사용되는 건 반기면서도 '미생물'이라는 단어를 들으면 질병과 세균부터 떠올린다. 거기다 2020년에 시작된 코로나19 대유행 사태는 눈에 보이지 않는 생물을 더욱 두려워하도록 만들었다. 미생물학자인 앤 매든^{Ann} _{Madden}은 사람들의 인식이 바뀌기를 바란다. "우리 주변의 미생물이 얼마나 유용한지 밝혀내는 일이 제 사명입니다." 매든이 처음 상업화한 건 말벌의 배 속에서 찾아낸 효모였다. 어쩐지 괴상하게 느껴지기도 하지만, 그 효모는 이미 시큼한 맛이 나는 맥주와 사과주, 사케 생산에 쓰이고 있다. 나는 그런 괴상함이라면 얼마든지 받아들일 수 있을 것 같다.

매든이 하는 일과 관련한 용어들은 어쩐지 까다롭다. "'야생 효모'라는 말을 들으면 양조업자들은 다루기 어렵겠다고 생각하고 소비자들은 천연 성분이거나 몸에 좋은 물질이라고 생각합니다." 실제로 업체가 식품을 어떻게 소개하는지에 따라 소비자인 우리가 그 제품을 받아들이는 방식과 구매 여부가 달라진다. 이 책에서 소개한 스타트업의 상당수가 '소비자 교육'을 최우선으로 여기는 이유도 그래서다. 식물 성분으로 만든 육류 대체품을 '인공 식품'이나 '모조 식품'으로 표현하면 간단하겠지만, 문제는 그런 표현에 부정적인 의미가 함축되어 있다는 것이다.

"실제로 이상한 식품인지와 상관없이 우리는 그런 표현을 접하면 불편함을 느낍니다." 매든의 설명이다. "대중이 충분한 정보를 얻고 그 정보를 바탕으로 선택할 수 있도록 정중히 교육할 방법을 찾아야 합니다." 원하는 기능을 이미 발휘하고 있는 효모를 찾아내는 것이 매든의 일이라면, 이 책에서 소개한 업체들은 미생물을 이리저리 변형해서 그것이 원래 만들던 것 말고 다른 것들을 만들도록 한다. 매든은 의도치 않게 오해를 일으킬 염려가 없는 표현을 쓰는 게 중요하다고 이야기했다.

맥주 양조의 핵심인 '발효'는 합성생물학 분야의 스타트업들이 '~보다 나은 제품'이라고 주장하는 새로운 대체품을 개발할 때 초석이 되는 표현이다. 발효라는 표현을 쓰면 별다른 노력을 하지 않아도 지난 20여 년간 수제 맥주가 빚어놓은 세련된 이미지에 슬쩍 편승해서 젊은 소비자들의 관심을 쉽게 끌어모을 수 있기 때문이다. "이 세포를 인공적인 환경에 두고 증식하게 만듭니다. 맥주 만들 때 효모를 배양하는 것과 같아요." 환경 문제와 사회 문제를 집중적으로 다뤄온 캐나다 감독 리즈 마셜Liz Marshall이 2020년에 공개한 다큐멘터리 〈고기의 미래를 만나다Meat the Future〉에는 멤피스미트의 과학자가 이렇게 설명하는 장면이 나온다.

합성생물학 기술을 맥주 양조에 비유하는 이 같은 방식은 신생 식품기술업계 생태계에서는 필수가 되었다. 그러나 맥주는 반응용기 안에 뭐가 들어가는지(곡물, 효모, 온수, 홉, 풍미를 내는 재료) 그 반응으로 뭐가 만들어지는지(맥주) 다 알려졌지만, 동물의 몸속에서 만들어진 게 아닌 새로운 단백질이 무엇으로 어떻게 만들어지는지에 관해서는 알려진 정보가 거의 없다. 제조법과 생산 공정을 비밀로 감추는 행위는 필요악으로 여겨지고, 투자자들은 독점 기술을 확보한 업체는 무조건 수익을 보장할 수 있다고 생각한다.

2017년에 임파서블푸드에서 팻 브라운과 대화를 나눌 때, 그는 특허를 출원하게 되면 제조 공정을 "자유롭게 이야기할 수 있을 것"이라고 했다. 임파서블푸드의 헴 단백질 생산 공정은 우리에게 친숙하고 인기도 좋은, 농산물 직판장에서 파는 수제 치즈의 발효 방식과는 분명 무관할 테지만 특허를 얻고 나면 그 공정을 공개할 수 있을 것이라는 말이었다. "우리는 그렇게 큰 회사가 아닙니다." 브라운은 이렇게 말했다. "우린 힘이 없어요." 그는 시장을 장악하고 있는 다국적 식음료업체들이 임파서블푸드가 그간 힘들게 노력한 사업에 뛰어들 수도 있다고 설명했다. "영업 비밀에 의존하지 말자는 것이 우리 회사의 전략 중 하나입니다." 브라운은 가정에서도 순서대로 따라 하기만 하면 임파서블 버거를 직접 만들 수 있게 될 것이라고도 말했다. 그리고 대기업들이 택한 경로와 똑같은 또 한 가지 계획도 밝혔다. "중요한 지식 재산권이 될 만한 것이 생긴다면 특허를 낼 겁니다. 특허를 얻으려면 그 기술의 정보를 공개해야만 하죠." 2019년 말을 기준으로 임파서블푸드가 출원한 특허는 139건이고 그중 16건은 승인됐다.

나는 어떤 식품 회사에도 투자하지 않았다는 것을 분명히 밝힌다. 그래서 식품기술에 투자하는 사람들의 생각을 들어보기 위해, 앞서 조류 이야기를 할 때 소개했던 플랜터블푸드의 투자자 브라이언 프랭크 Brian Frank와 만났다. 식품 산업과 농업에 투자하는 벤처 투자사 FTW벤처스FTW Ventures를 운영 중인 그는 '책임 있는 과학'으로 우리 식품 체계를 개편하려는 업체에 주목한다. 이와 같이 사명을 내걸며 사업 계획을 수립하는 방식은 창업자와 투자자들의 공통적인 관심사다. 대다수가 이런 업체들은 문제를 해결하려고 노력 중에 있고, 임무를 해내고 있으며, 시장에 더 나은 식품을 내놓으려 한다고 믿고 싶어 한다. 덕분에 주방에 2주쯤 그냥 둬도 부드럽고 촉촉한 맛이 유지된다는 소개와 함께 출시된 '원더브레드Wonder Bread'는 미국 가정의 대표적인 샌드위치 빵이 되었다. 아무 맛도 나지 않고 섬유질 함량은 1그램도 되지 않았지만 그런 제품이 받아들여지던 시대도 있었다.

나는 샌프란시스코 시내의 한 카페에서 프랭크와 만났다. 주변이 아주 소란스러웠다. 우리 테이블과 붙어 있는 모든 테이블마다 기술자들이 자리 잡고 카푸치노를 홀짝이며 사업 이야기를 시끄럽게 떠들어댔다. 금발에 안경을 쓴 프랭크는 말이 굉장히 빨랐고, 카페 안에 있는 모두와 아는 사이 같았다. 우리가 만났을 때 그는 젤터Geltor와 스퀘어루츠 Square Roots, 프로퍼푸드Proper Food에 투자 중이었다. 썩 나쁜 선택은 아니라고 생각했지만, 나는 프랭크에게 왜 비욘드미트나 임파서블푸드에는 투자하지 않았느냐고 물었다. 그는 내게 일부러 과장된 말투로 질문을 던지며 답을 대신했다. "혹시 인기가 뜨거운 투자처를 찾고 계십니까?" 자신은 아니라는 뜻으로 어깨를 으쓱하더니 말을 이었다. "전 지금 당장은 아니더라도 나중에 인기가 뜨거워질 만한 곳에 투자하고 싶습니다. 사람들이 〔지금〕 열광하는 것에선 물러서려고 하고요." 나는 비욘드미트와 임파서블푸드 모두 기업 가치가 엄청나게 치솟았고 특히 비욘드미트는 IPO에서 어마어마한 성공을 거두었다는 점을 언급하면서 어떻게 생각하느냐고 더 캐물었다. "저라면 비욘드보다는 임파서블에 투자했을 겁니다. 왜냐면 임파서블의 사업은 과학을 기반으로 하니까요. 2020년이 되어서야 알게 된 사실이지만요. 미리 알았더라면 당연히 그 두 회사에 모두 투자했을 겁니다." 그는 웃으며 대답했다.

임파서블푸드나 그와 비슷한 업체들은 자신들이 하는 일이 단순히 식량을 만드는 것 이상임을 보여주는 수단의 하나로 새로 개발한 식품에 특허를 낸다.* 신생 식품기술 기업들은 우리의 삶을 새롭게 만들고 더 발전시키겠다는 메시지를 그렇게 알리려고 한다. 아직 개발되지 않았지만 언젠가 '임파서블 3.0' 버거가 나온다면 마치 최신 소프트웨어 업데이트를 다운로드하듯 한번 시도해볼 만한 새로운 경험인 양 소개될 것이다. 알레프팜스라는 회사의 웹 사이트에는 자신들이 만드는 우수하고, 건강에도 더 이롭고, 인도적이고, 동물을 죽이지 않는 대체육이 "소비자에게 새로운 경험"을 제공할 것이라는 설명이 나온다.(그게 뭔지는 모르겠지만.)

언론들은 미래 식품을 비판하기보다는 칭찬하는 어조로 다루는 경우가 훨씬 많다. 전채 요리를 기다리거나 계획 중인 여행을 떠올릴 때 느끼는 기대감이 담겨 있기도 하다. 첨단식품기술 스타트업은 소비자가 새로운 식품에 호기심을 느끼고 얼마나 익숙하게 받아들이느냐 따라 사

---

* 업체 저스트의 경우 약 40종의 특허를 보유하고 있으며, 그중 몇 건은 배양육을 활용해 굶주림 문제를 해결할 수 있다는 전망을 최초로 내놓은 과학자 중 한 사람인 빌럼 판 에일런Willem van Eelen에게서 취득했다. — 지은이

업의 성패가 좌우되므로 자신들이 하는 일이 자연스럽게 받아들여지도록 만들 방법을 찾는다. 신제품 출시 전에 우리가 접하는 수십 가지 이야기들, 웹 사이트나 휴대전화 애플리케이션에 뜨는 시각적인 홍보 자료들은 바로 그러한 목적으로 쓰인다. 음식 스타일리스트와 사진작가도 동원된다. 홍보용 사진에는 늘 우리가 어디서도 본 적 없는 큼직하고 육즙이 가득해 보이는 햄버거가 등장한다. 미국의 칼스주니어Carl's Jr. 식당 광고에서 수영복 차림의 모델들이 "소스가 뚝뚝 떨어지는 육즙 가득한 햄버거"를 먹는 모습이 등장했던 시절을 기억한다면, 화끈한 몸매의 모델만 빠졌을 뿐 대체육 생산업체들의 광고도 그와 비슷하다는 것을 알 수 있다. 완두콩 단백질로 만든 패티가 다른 재료들과 함께 참깨가 콕콕 박힌 햄버거 빵 사이에 끼워져 있고 그 햄버거를 꽉 쥔 사람의 손을 클로즈업한 사진들. 소 없이 생산된 유청 단백질로 만든 정말 맛있어 보이는 아이스크림이 가득 담긴 통. 세포를 배양해서 만든 생선 대체품이 작은 정육면체 형태로 가공되어 포케 위에 올라가 있는 사진. 사람들은 트위터를 비롯한 소셜미디어에서 이런 식품에 관해 이야기한다. 출시되기도 전에 제품의 전도사가 되는 것이다.

하지만 내가 이 책의 집필을 절반쯤 마쳤을 때부터 식물 재료로 만든 대체육에 쏟아지던 찬사가 차츰 사라지기 시작했다. 영양 전문가들은 임파서블 버거나 비욘드 버거가 실제로는 건강에 이롭지 않으며 심혈관 질환 환자를 더 늘릴 수 있는 또 다른 초가공 패스트푸드라는 글을 쓰기 시작했다.

2020년, 미국인 대다수가 마당에서 고기를 구워 먹으면서 노는 휴

일인 노동절 직전 《뉴욕 타임스》에 실린 전면 광고를 시작으로 초가공
식품과의 전쟁은 한층 더 뜨거워졌다. 이 전면 광고로 싸움의 불씨를 처
음 지핀 곳은 식물 재료로 만든 단백질로 템페, 버거, 핫도그 같은 식품
을 판매해온 라이트라이프라는 업체였다. '비욘드미트와 임파서블푸드
에 보내는 공개서한'이라는 제목 밑에는 이런 부제가 달려 있었다. '초
가공된 성분과 GMO, 불필요한 식품첨가물, 충전물, 가짜 피는 지금도
충분하다.' 라이트라이프는 "진정한 식품 회사"인 자신들은 이제 "'식품
기술'업체인 그 두 곳과는 관계를 끊겠다"고 선언했다. 이어 "사람들은
원한다면 식물 성분으로 만든 단백질을 얼마든지 먹을 수 있지만… 그건
실험실이 아닌 주방에서 만든 단백질이어야 한다"고 설명했다. 임파서
블푸드는 즉각 '미디엄' 블로그에 홍보팀이 작성한 반박문을 게시했다.

이 반박문에서 임파서블푸드는 라이트라이프의 광고가 "우리 제품
의 완성도에 의구심을 불러일으키려는 부정직한 시도이며 허위 정보를
퍼뜨리려는 필사적인 노력"이라고 밝혔다. 그리고 라이트라이프가 대
표적인 포장육 기업인 메이플리프푸드 소유의 업체임을 지적했다.* 비
욘드미트의 답변은 푸드 다이브Food Dive라는 웹 사이트에 이메일로 전달
됐다. 이들은 임파서블푸드처럼 맞공격을 하는 대신 자사 제품은 "식물
에서 얻은 단순한 재료로 만든다"고 밝혔다. GMO나 합성 첨가물, 발
암물질, 호르몬, 항생제, 콜레스테롤도 없다고 전했다. 저술가이자 영양

---

*   캐나다 기업인 메이플리프푸드의 2019년 총수익은 라이트라이프의 수익을 포함
    해서 약 40억 달러 규모다. 완전 채식주의 식품 브랜드로 잘 알려진 '필드로스트
    Field Roast'도 메이플리프푸드 소유다. — 지은이

학 교수인 매리언 네슬 등 이 싸움에서 순순히 물러날 생각이 없는 사람들은 원재료와는 전혀 다른 식품이 되었다는 점, 산업적으로 생산된다는 점, 가정에서는 만들 수 없다는 점을 공통점으로 꼽으며 "전부 비슷비슷한 제품들"이라고 이야기했다.

공방은 계속됐다. 새로운 도전자가 다른 전면 광고를 낸 것이다. 유통업체 크로거를 통해 미국에 채식 버거를 판매해온 플랜테라푸드는 이 새 광고에서 "비욘드미트와 임파서블푸드에 감사 인사를 하는 게 도리라고 생각한다"고 밝혔다. 그리고 "두 업체가 길을 닦아준 덕분에 이 분야가 지금과 같이 성장할 수 있었다"고 전했다. 콜로라도주 볼더에 문을 연 이 업체에 제품의 주요 성분을 공급하는 곳이 이 책 2장에서 소개한 마이코테크놀로지라는 사실이나, 플랜테라푸드가 세계 최대 육류 가공업체인 JBS의 소유라는 내용은 볼 수 없었다.

사람들이 식품을 대할 때 공통적으로 적용하는 기준이 있다. 들어간 성분이 적고, 가공이 덜 되고, 이름만 들어도 아는 성분들로 만들어진 식품일수록 좋은 식품이라고들 여긴다. 그렇다면 우리가 먹을 음식을 만든 업체의 사업 동기도 중요하게 여겨야 할까? 워런 벨라스코Warren Belasco는 저서 『우리가 맞이하게 될 식사Meals to Come』에서 "식품업계의 수익은 주로 고도로 가공되고 부가가치가 높은 고열량 스테이크와 스낵류에서 나온다"고 설명했다. 2005년에 나온 책이지만 현 상황과 별로 다르지 않다.

내가 매리언 네슬의 견해에 다소 격하게 동의하고 있는지도 모른다. 네슬은 식품 체계를 다룬 여러 저서에서 영양에 관한 우리의 지식을 비판했고 무엇보다 신생 식품기술 스타트업과 대기업에 관한 인식을 나무랐다. 내 머릿속에는 네슬의 목소리가 생생하게 들리는 듯하다. "혁신이라고 주장하는 것들은 일단 무조건 의심해야 한다. 마법 같다고 느껴진다면 가짜일 가능성이 있다. 예를 들어 세상에 슈퍼푸드 같은 건 존재하지 않는다."

마요네즈 이야기

샌프란시스코에서 문을 연 스타트업 잇저스트는 2013년에 달걀 없이 만든 채식 마요네즈를 첫 제품으로 출시했다. 원래는 햄프턴크릭이라는 이름으로 시작했다가 나중에 업체명을 잇저스트로 바꾼 이 스타트업의 마요네즈 대체품은 큰 찬사를 받았다. 마요네즈 대체품을 처음 보기라도 한 듯한 열광적인 환영이었다. "창립자인 조시 테트릭은 세상을 바꾸고자 한다. 마요네즈는 그 시작이다"와 같은 내용의 기사도 나왔다. "달걀 없이 마요네즈를 만들 방법을 찾기 위해 연구와 개발에 2년이 걸렸다"는 설명도 이어졌다. 당시 서른셋이던 테트릭에 관한 기사들도 줄줄이 쏟아졌다. 기자들은 제품과 투자금에 대해서, 그리고 잇저스트가 지속 가능성을 위해 개발한 굉장한 기술에 대해서 이야기했다.

하지만 식물성 마요네즈 제품은 예전부터 있었다. 1970년대 중반, 캘리포니아 산페르난도밸리의 '팔로우유어하트Follow Your Heart'라는 업체가 완전 채식주의를 뜻하는 '비건Vegan'과 '마요네즈'를 결합한 '비거네즈'라는 명칭으로 처음 채식 마요네즈를 개발했다. 지금은 완전 채식주의 식품을 대표하는 업체가 되었지만, 당시에는 매장 안에 22명 정도 앉을 수 있는 카페를 겸한 자연식품 판매점이었다. 1974년부터 팔로우유어 하트의 주방에는 잭 패튼Jack Patton이 대두 레시틴으로 만든 '레시네 즈Lecinaise'가 늘 준비되어 있었다. 팔로우유어하트의 공동 창립자이자 CEO인 밥 골드버그Bob Goldberg는 카페에서 판매하는 모든 음식에 레시 네즈를 사용하며 이를 "비밀 재료"라고 불렀다. 레시네즈는 달걀 없이 만든 마요네즈였는데, 어느 날부터 달걀이 들어 있다는 소문이 돌기 시 작했다. 골드버그는 레시네즈 생산업체의 소유주인 잭 패튼에게 문의했 고, 패튼은 레시네즈에는 달걀과 보존료, 설탕이 들어가지 않는다고 답 했다. 골드버그는 그 말을 믿었다. 하지만 캘리포니아주 농식품부의 생 각은 달랐다. 농식품부는 패튼의 생산 시설을 불시에 찾아가 조사했고, 근로자들이 일반 마요네즈 제품에 붙어 있는 라벨을 물에 불려 제거하 는 광경을 목격했다. 그렇게 라벨을 떼고 자신들의 브랜드 라벨을 새로 붙여서 판매해온 것이었다.

골드버그는 충격에 빠졌다. 카페에서 파는 메뉴는 전부 마요네즈가 필수 재료라 도와줄 업체를 찾기 시작했다. "다들 달걀 없이는 마요네 즈를 만들 방법이 없다고 했습니다." 골드버그의 말이다. 결국 골드버 그는 자신의 집 주방에서 원하는 맛과 질감이 나올 때까지 직접 재료를 배합해보기 시작했다. 그리고 아몬드유와 두부 생산 후에 남는 자투리 재료를 섞어서 마요네즈 대체품을 만들어냈다. 골드버그가 만든 제품은 1977년에 처음 출시됐는데, 판매점에서 이를 냉장 진열대에 두지 않아 오일 성분이 분리됐다. 팔로우유어하트는 일단 판매를 중단하고 문제를 해결한 다음에 다시 출시하기로 했다. 꽤 오랜 시간이 걸렸다. 1988년,

재료를 카놀라유로 바꾼 뒤 자체 시설에서 새롭게 생산한 채식 마요네즈가 나왔다. 냉장 보관해야 하는 제품이었고, 소비자가 그런 불편함을 이해해주기를 바랄 수밖에 없었다. 그리고 그 소원은 이루어졌다. 팔로 우유어하트의 비거네즈는 지금도 이 업체의 최고 인기 상품이고, 세부 종류도 10가지로 늘어났다. 뿐만 아니라 전 세계 수십 개국에서 판매되고 있다.

테트릭이 만든 마요네즈와 비거네즈는 별로 다르지 않다. 차이가 있다면, 테트릭이 만든 건 실온 보관이 가능하며 6개월까지 상온에 두어도 안전하다는 것이다. 비거네즈는 들어간 성분이 더 적고 반드시 냉장 보관해야 한다. 실온 보관이 가능한 제품으로 만들려면 젤, 검, 안정제가 들어가야 한다. 헬만스Hellmann's, 베스트푸드Best Foods, 크래프트Kraft도 수십 년 전부터 실온 보관이 가능한 일반 마요네즈를 생산하고 있다. 이쯤 되면 궁금해진다. 이미 판매되고 있던 제품이 또 나왔을 뿐인데, 테트릭의 제품에 왜 그렇게 온 세상이 열광했을까?

앨라배마 출신인 테트릭은 미국 남부 특유의 느릿느릿한 말투가 특징인데, 실리콘밸리에서도 도드라졌던 이 말투는 언론에서도 마법 같은 힘을 발휘했다. 장황하게 펼쳐놓는 그의 이야기는 흥미로웠다. "달걀을 쓸 일이 없도록 만들 것"이라는 주장도 그랬다. 이런 호언장담의 영향력을 과소평가해서는 안 된다. 테트릭은 인간이 동물에 의존해 단백질을 얻는 상황을 종결시키겠다고 처음 발 벗고 나선 창업자 중 한 사람이다. 그는 기자들에게 달걀을 식품으로 이용할 때 얻는 에너지 대비 달걀생산에 들어가는 에너지가 작물 섭취로 얻는 에너지 대비 작물 재배에 들어가는 에너지보다 훨씬 크다고 설명했다. 지속 가능성을 수치화한 설명이었다. 솔깃한 메시지였고, 언론은 잽싸게 받아 적었다. 빌 게이츠, 피터 틸Peter Thiel 같은 유명 인사와 코슬라벤처스Khosla Ventures 같은 유명한 투자사가 햄프턴크릭에 투자했다는 사실도 도움이 되었다. 테트릭의 제품은 소셜미디어에서 폭발적인 호응을 얻었다. 마치 비거네즈 같은 제품은 존재한 적도 없었던 듯한 반응이었다.

하지만 비거네즈는 분명히 존재하는 제품이다. 비거네즈를 만든 골드버그는 다재다능하고 유쾌한 사람이다. 그는 스포트라이트가 전부 그쪽으로 쏠려도 신경 쓰지 않는다고 했다. 그리고 마요네즈 대체품이 많이 팔린다면 결국에는 자신의 제품도 더 많이 팔리지 않겠느냐고 말했다. 느긋한 LA 사람들의 표본과도 같은 사람이었다. 70대가 된 골드버그는 늘 반바지와 샌들 차림에 희끗희끗한 백발을 길게 길러 묶고 다닌다. 그에게서 화려함을 찾아볼 수 있다면, 그건 그가 '비거네즈'라고 적힌 번호판을 단 빨간색 테슬라 자동차의 소유주라는 걸 상기할 때 뿐이다. 팔로우유어하트는 언론의 관심을 끌 만한 행사도 열지 않는다. 햄프턴크릭의 마요네즈 대체품이 출시되기 전까지 회사에 홍보 담당자도 없었다. 그러다 햄프턴크릭의 제품이 나온 후 팔로우유어하트는 자사 제품의 역사를 밝히기로 했다. "그러지 않을 수가 없었습니다." 나는 수년 전부터 골드버그와 여러 차례 대화를 나누었는데, 한번은 그가 이렇게 이야기한 적이 있다. "개인적인 모욕으로 느껴졌거든요. 우리 회사 사람들은 새로 나온 그 마요네즈가 달걀 없이 만들어진 정말 놀라운 제품이라는 기사를 볼 때마다 구글에서 검색해보기만 하면 이미 수십 년 전에 [우리] 제품이 나왔다는 걸 알 수 있을 텐데 아무도 그런 사실을 모른다는 게 믿기지 않는다고 이야기했죠."

요즘은 '새로운 것'이라면 뭐든 이야깃거리가 된다. 2013년에 테트릭의 마요네즈가 홀푸드마켓에 처음 출시됐을 때 《포브스Forbes》는 그 소식을 전하며 이 스타트업의 전도사를 자처했다. "햄프턴크릭은 식물 1500종의 분자 특성을 연구해서 마요네즈처럼 유화되는 특성, 또는 달군 팬에서 스크램블드에그를 만들 때 달걀이 엉기는 특성과 같은 것을 가장 적절하게 살릴 수 있는 식물을 찾았다." 이들 제품의 라벨에 적힌 성분을 확인해보면, 여기에도 카놀라유가 들어간다는 것을 알 수 있다. "그 회사 관계자가 제게 전하기를, 회사 곳곳에 [비거네즈] 병이 놓여 있답니다." 골드버그의 말이다.

열광적인 반응이 사그라질 즈음에 또 다른 반전이 찾아왔다. 2014년에 유니레버(마요네즈 제조사 중 가장 높은 판매고를 보이는 것으로 알려진 헬만스의 소유주)가 햄프턴크릭의 제품 라벨에 '마요'라는 표현이 사용되었다며 소송을 제기한 것이다. 게다가 2016년에는 테트릭이 직원들에게 제품 사재기를 지시해서 판매량을 인위적으로 늘렸다는 의혹이 제기됐다. 이런 불리한 소식이 전해지고 얼마 지나지 않아 유통업체 타깃은 식품 안전 문제로 햄프턴크릭 제품을 전 매장에서 철수하겠다고 발표했다. 유니레버는 소송 건으로 언론의 뭇매를 맞은 후 결국 소송을 취하했지만, FDA 조사는 계속됐고 햄프턴크릭에게 제품 라벨에 들어간 달걀 그림을 없애고 '샐러드드레싱'이라는 문구를 추가하라는 결정을 내렸다. 햄프턴크릭도 동의했다. 그리고 다소 투박했던 회사 이름이 사람들의 기억에서 잊히길 바라는 마음으로, 2017년 업체명을 더 단순하게(하지만 문장 속에 넣기에는 더 불편한 이름인) '잇저스트Eat Just'로 변경했다.

혁신적인 식품과 이를 모방한 제품들이 등장하는 이런 상황은 이제 장을 보러 갈 때 우리가 꼭 염두에 두어야 하는 일이 되었다. 브루클린 브루어리Brooklyn Brewery에서 양조 업무를 총괄하는 개릿 올리버Garrett Oliver는 1년 전쯤 잇저스트의 마요네즈를 샀다가 달걀이 들어 있지 않은 제품임을 뒤늦게 알고 "완전 뚜껑이 열렸다"고 말했다. 게다가 제품명이 '저스트 마요'라는 사실에 두 배로 더 화가 치밀었다. 올리버는 식품의 변천사에 깊은 관심을 기울여온 사람이었고, 맥주를 예로 들며 그런 이야기를 자주 해오기도 했다. "1800년대부터 1900년대 초까지 맥주의 변천사를 따라가 보면, 화학적인 변화를 거쳐 진짜 식품의 모조품이 등장하게 된 과정의 기본적인 흐름이 보입니다." 올리버는 진짜 식품을 "모체matrix"라고 불렀다. 맥주의 경우, 대형 양조장들이 전 세계 어디서나 맥주 맛을 일정하게 만들어보기로 한 게 시작이었다. 맥주 생산에서는 계속 자라는 작물과 곡물을 알코올로 바꾸는 미생물이 핵심 요소인데, 맛을 일정하게 만들겠다는 목표에 따라 제품의 종류는 다양해도 대부분 맛이 비슷비슷하고 풍미도 없는 액체가 맥주라는 이름으로 대량 생산된 것이다. 그러다 다시 개성이 각양각색인 수제 맥주의 세상이 돌아왔다. 올리버는 슈퍼마켓에서 팔던 빵에선 빵 맛이 전혀 나지 않고 치즈도 딱 네 종류밖에 없던 어린 시절을 기억한다. "정말 거대한 사기극이었어요. 모든 게 가짜였으니까요." 올리버의 말이다. "사람들이 진짜 식품의 존재를 잊게 만들면 그 자리를 다른 걸로 채울 수 있습니다." 원더브레드, 마가린, 벨비타치즈Velveeta* 등 지난 세기에 슈퍼마켓 진열대를 채웠던 그런 가짜 식품들과 '그냥 마요네즈'라는 의미를 담아 '저스트 마요'라는 이름으로 판매되는, 크림 같은 질감에 달걀은 들어가지 않은 스프레드 제품이 무슨 차이가 있을까?

녹두 단백질이 주원료인 액상 달걀 제품 '저스트 에그'는 개발에만 거의 4년이 걸렸다. 테트릭은 이전과 같은 전략을 썼다. 제품이 판매되기 전에 언론을 통해 먼저 알려지도록 한 것이다. (나를 포함한) 기자들을 초청한 이 회사의 '달걀' 시식 행사에서는 미슐랭 요리사들 여러 명이 저스트 에그로 오믈렛을 만들었다. "맛으로만 따지면 일반적인 달걀 오믈렛과 똑같다고는 할 수 없습니다. 하지만 더 부드러워요. 우리는 신선한 달걀보다 더 나은 제품을 만들려고 합니다." 테트릭은 내게 이렇게 설명했다. 저스트 에그로 만든 오믈렛은 달걀로 만든 것처럼 노란색이었고 먹어보니 부드럽고 맛있었다. 하지만 달걀이 아니라는 것은 확연히 느낄 수 있었다. 그런 차이가 나쁘게 느껴지지는 않았다. 다만 제품명을 다른 걸로 붙이는 게 낫지 않았을까? 테트릭이 또 뭔가 잘못한게 있더라도 이번에는 널리 알려지지 않은 것 같다. 저스트 에그는 큰인기를 얻고 있으며 판매 실적도 매우 좋다. 업체 측은 2020년 말 기준으로 달걀 7000만 개에 해당하는 양이 판매됐다고 밝혔다.

"마케팅은 정직해야 합니다. 과장 없이요." 골드버그의 말이다. 그와 테트릭은 분명 전혀 다른 유형의 사업가다. 테트릭은 자신과 같은 사

---

*   크래프트사의 대표적인 제품으로, 모양과 색은 치즈처럼 보이지만 주성분이 치즈가 아닌 유청, 농축 유단백, 카놀라유 등이라 '가공 치즈 제품'으로 분류된다.

업가들이 해온 일들을 똑같이 반복했다. 자신의 아이디어를 떠들썩하게 알리고, 듣는 사람들이 그의 제품을 독창적이라거나 최초로 개발된 제품처럼 느끼도록 만든다.(그게 사실이 아닐지라도.) 기자들을 일찍부터 불러 모아서 마음을 얻고, 투자자들을 모아서 사업 자금을 확보하고, 아이디어를 현실로 만든다.

샌프란시스코에 있는 개방형 사무실에서 테트릭과 만났을 때 그는 이렇게 이야기했다. "우리가 하는 일을 집중적으로 설명하면 사람들은 쇠고기나 두부 대신 우리 제품을 택하게 될 겁니다." 설명부터 하고 실현은 그다음에 하는 방식이다. 달걀 수요는 줄어들 기미가 전혀 없고, 대체식품 시장은 여러 선택지가 생겨났을 정도로 폭발적으로 성장하는 추세다. 우리의 식품 선택은 갈수록 그 어느 때보다 복잡해지고 있다. 하지만 그 많은 정보와 주장, 반론까지 전부 찾아본 다음에 충분한 정보를 바탕으로 제품을 선택할 수 있을 만큼 여유로운 사람은 없다.

브루클린에서 개릿 올리버와 만나 인터뷰하고 몇 주가 지난 어느 날, 그는 내게 자신이 사는 브루클린의 어느 슈퍼마켓에서 촬영한 사진 한 장을 이메일로 보내왔다. 진짜 달걀로 만든 액상 난백 제품 옆에 저스트 에그 제품이 나란히 진열된 사진이었다. "'에그(달걀)'라는 글자의 색깔과 크기를 좀 보세요. 바로 위에 찍힌 글자는 그보다 작아요." 병 맨 위쪽에는 아주 작은 글자로 '식물성 제품'이라고 적혀 있었다.(달걀이 아니라는 의미다.) "이건 완전히 사기예요." 슈퍼마켓의 소매 판매 데이터를 보면, 실제로 식물성 대체품을 그 제품이 대체하려는 일반 제품과 나란히 진열하면 대체품의 판매량이 증가하는 것을 알 수 있다. 소비자가 대체품인 줄 모르고 잘못 집을 수도 있다는 의미일까? 나는 저스트 에그를 자주 사 먹는다. 맛도 좋고 식물성 식품을 더 많이 먹고 싶어서다. 하지만 올리버에게 반박할 말이 없었다.

진짜 vs 가짜

동등 생물 의약품의 식품 버전이라고 할 수 있는 차세대 식품에 적당한 이름을 붙이기는 더 어려워질 것이다. 과거에는 신소재 식품이 등장하면 민간 전문가들이 브랜드화를 담당했지만, 이제는 그 몫이 공적 영역으로 넘어왔다. FDA, 로비 단체, 식품 단체, 법률 단체들(심지어 미국 시민자유연맹도 포함된다), 기업가들까지 의견을 강력히 제시한다. 한 예로, 2019년 1월에 FDA는 소비자들을 대상으로 전통적인 유제품에 쓰이는 명칭을 식물 재료로 만든 유사품에 사용하는 것에 관한 의견을 요청했다. 소비자가 자신의 의견을 직접 밝힐 기회였지만, 실제로 의견을 제출한 사람은 많지 않았다. 그리고 솔직히 어떤 제품의 이름이 영 마음에 안 들어도 좀 투덜대다 그냥 잊는 경우가 대부분이지, 따로 시간을 내서 의견을 전달할 사람은 별로 없을 것이다. FDA는 2019년에 이러한 의견 수렴을 진행했고, 최종 결론은 아직 발표하지 않았다.

FDA가 이렇게 개입한 시점에는 이미 시중에 유제품을 대체하는 식품 수십 가지가 판매되고 있었고, 아무 불만 없이 그런 제품을 사 먹는 소비자들도 있었다. 두유만 하더라도 1980년대부터 판매된 친숙한 음료인데, 왜 이제야 호들갑일까?

FDA가 이러한 의견 수렴을 시작한 지 한 달이 지났을 때 재스민 브라운Jasmine Brown은 식물성 치즈 제조업체인 미요코스크리머리Miyoko's Creamery를 상대로 소송을 제기했다. 돈 될 만한 소송 건을 찾아다니는 변호사인 그가 유제품업계 관련 단체 한 곳과 함께 이 집단 소송의 원고로 자신의 이름을 올린 것이다. 브라운은 미요코스크리머리가 캐슈 크림으로 만든 제품을 '버터'라고 광고하는 건 혼란과 오해를 일으킬 수 있다고 주장했다. 원고 측 변호사는 미요코스크리머리가 제품 라벨에 '유제품'이라는 표현을 쓴 것은 부정확한 정보를 제공하는 행위이며 제품 포장에 노란색 띠를 둘러서 꼭 버터처럼 보이게 만들었다는 점도 지적했다.(노란색은 무조건 버터를 의미한다는 소리다!) 또한 제품에는 "버터처럼 잘 녹고, 열을 가하면 갈색이 나며, 버터처럼 굵거나 얇게 바를 수 있다"는 설명이 적혀 있는데, 소비자가 이런 설명을 읽으면 버터 대체품이 진짜 버터만큼 만족스러우리라 판단해서 한 통에 6.99달러를 내고 이 대체품을 사게 될 수도 있다는 주장도 제시했다. 이들의 주장에는 당연히 나오지 않는 내용이지만, 사실 완전 채식주의용 버터 대체품은 진짜 버터만큼(또는 거의 비슷한 수준으로) 맛이 좋다. 버터와 우유, 치즈, 요거트 같은 전통적인 유제품은 아직 그럭저럭 판매되고 있지만 그리 막강하진 않다. 이제는 식료품점마다 그런 제품들과 경쟁하는 대체품들이 가득하다. 일반적인 유제품을 만들어온 업체들은 이런 경쟁 제품의 판매를 방해하려고 온갖 방법을 동원하고 있다.

미요코스크리머리에 제기된 소송에는 제품의 명칭이 부적절하다는 주장과 함께 캐슈로 만든 발효 버터는 소의 젖으로 만든 버터와 영양학적으로 같지 않다는 주장도 제기됐다. 혹시 궁금한 분들을 위해 설명하자면, 미요코스크리머리의 버터 대체품은 코코넛과 해바라기유가 주성분이고 캐슈 크림이 일부 포함되어 있다. 1회 섭취량 기준으로 전 성분이 지방이며, 섭취 시 캐슈에 포함된 마그네슘과 철을 함께 얻을 수 있다. 소의 젖으로 만든 우유도 성분은 비슷하다. 즉 전체가 지방이며 비타민 A가 소량 함유되어 있다.

유제품업계가 두려움에 떠는 건 이해할 수 있다. 우유 판매량은 뚝 떨어졌고 대형 상업 낙농장들은 줄줄이 문을 닫고 있다. 파산 신청을 한 곳도 있고, 그나마 남아 있는 업체들은 수익이 점점 줄고 있다. '비유제품'이라고 적힌 냉장 진열대에는 새로운 브랜드와 새로운 제품이 쉴 새 없이 등장한다. 그리고 우유 대신 식물성 우유를 선택하는 것은 흔히 채식의 첫 단계라 여겨진다. "몸에도 좋고 환경에도 좋은 선택"이라거나 "내 몸과 지구, 우리의 미래를 위한 선택" 같은 광고 문구에 누가 반박할 수 있을까? 옥스퍼드대학교의 인문지리학자 알렉산드라 섹스턴은 2020년에 발표한 식물성 우유의 정치적 특성에 관한 연구 결과에서 이러한 현상을 "입맛의 혼란"이라고 칭했다. "사람들은 환경과 건강, 동물 복지에 관심을 가져야 하며 그 관심은 [식물성 우유를] 선택할 정도로 깊어야 한다는 이야기를 듣는다. 그러나 궁극적으로 그런 이야기는 특정 상품의 소비자가 되라는 말이다." 섹스턴은 이렇게 설명했다.

기존 식품 시장을 분열시키는 영향력에 있어서 식물성 우유는 식물성 치즈와는 비교할 수 없는 위치에 있다. 식물성 치즈도 맛이 좋지만, 전통적인 치즈를 위협할 정도는 아니다. 식물성 우유는 제품 출시부터 광고, 소비자 수용도, 성분의 발전까지 전 단계가 체계화된 성숙한 산업으로 자리를 잡았다. 섹스턴은 사회학자 제시 골드스타인Jesse Goldstein 의 저서 『행성의 발전Planetary Improvement』에 나오는 '비파괴적인 파괴'라 는 개념에서 연구의 아이디어를 얻었다. 골드스타인은 비파괴적 파괴란 "문제의 근본적인 원인은 사실상 거의 바꾸지 않으면서 '해결책'을 제시 하는 기술"이라고 설명했다. 섹스턴은 식물성 식품도 생산하는 초대형 유제품 다국적기업 다농Danone을 예로 들었다. 2018년 다농의 식물성 음료 판매 규모는 19억 달러였고 2023년까지 3배가 증가할 것으로 전 망됐다. 그만큼 성장하면 일반 유제품 생산은 중단될까?* 나는 그런 일 은 없을 것이라고 본다.

기존 유제품업계가 주력 상품을 치즈나 유청, 요거트로 바꾸거나 식물성 식품업체를 인수해서 변화에 대비하고 있다면, 육류업계 로비 스트들은 대체육 업체들이 '고기(육류)'라는 표현을 쓰지 못하게 하느라 바쁘게 움직이고 있다. 미주리주에서는 2018년 5월, 고기(육류)는 동물 의 고기를 뜻한다는 전통적인 정의를 보존하는 법안이 최초로 통과됐 다. 이 법안에서 고기(육류)는 "도살한 가축 또는 가금류의 몸에서 얻은 식용 가능한 부분 또는 그 일부"로 정의됐다. 또한 "가축이나 가금류의 몸에서 획득하지 않은 제품을 고기(육류)로 허위 표시하는 행위를 금지 한다"는 내용도 포함됐다.

'식용 인공육의 정직한 마케팅Marketing Edible Artificial Truthfully'의 앞 글자 를 따서 '진짜 육류법Real MEAT'이라고 이름 붙인 이 법안을 지지한 의원

---

*   다농은 2021년 2월에 '팔로우유어하트'의 모회사인 어스아일랜드Earth Island의 지분 100퍼센트를 매입했다고 발표했다. ― 지은이

들은 FDA가 이처럼 "단백질과 관련된 혼란스러운 식품 표시"에 관한 조치를 마련하지 않는다면 농무부가 나서서 새로운 규정을 집행해야 하며, 미주리주의 새로운 법이 그러한 조치에 근거가 되길 바란다고 밝혔다.(미국에서 공급되는 식품의 80퍼센트는 FDA가 관리하지만, 쇠고기, 닭고기, 돼지고기는 농무부가 관리한다.) 이후 몇몇 주가 미주리주의 뒤를 이어 식물 원료로 만든 단백질이나 세포를 배양해서 만든 단백질에 '쇠고기'나 '고기(육류)' 같은 표현을 사용하지 못하게 하는 법률을 마련했다. 설립된 지 40년이 된 대체육 생산업체 토퍼키Tofurky는 조용히 물러나는 대신 미국 시민자유연맹과 우수식품연구소의 법률 지원을 받아 자사 제품과 같은 대체식품 라벨에 '채식 버거'나 '두부 핫도그' 같은 표현을 쓰지 못하게 규정한 법률에 반발하는 소송을 아칸소주를 상대로 제기했다.(이런 식이라면 동물을 사랑하는 사람들은 '도그(개)'라는 단어를 사용하는 핫도그 제조사들을 상대로 소송을 걸어야 하지 않을까?)

미국 공익과학센터는 농무부 식품안전검사국FSIS에 이 혼란스러운 법정 공방에 관한 의견을 서신으로 전달했다. 이 서신에는 전통적인 동물성 제품에만 '고기(육류)'나 '쇠고기' 같은 표현을 쓰도록 제한하는 건 "소비자의 혼란을 줄이기 위해서라고는 하지만 불필요한 조치"이며, "그런 주장을 펼치는 사람들은 소비자를 위한다기보다는 미국인의 식탁에서 더 많은 면적을 차지하려는 업계 간의 건강한 경쟁을 제한하는 이기적인 시도를 벌이는 것"이라는 내용이 담겼다. 또한 식품의 라벨 표시를 관리하는 모든 기관은 라벨에 명시되는 정보의 전체적인 맥락을 고려해야 한다고도 밝혔다. 그러나 농무부는 오래전부터 상업적인 이익과 관련한 문제에서는 대응이 들쭉날쭉하기로 유명한 기관이라, 훨씬 더 능숙하게 소비자의 지지를 얻어내는 새로운 대체식품 회사들이 등장한다면 어떻게 대응할지 예측할 수 없다. 미요코스크리머리는 2020년 2월에 캘리포니아주 농식품부를 상대로 표현의 자유가 침해당했다는 취지로 소송을 제기했다.

대기업의 마케팅 계획

첨단식품기술 스타트업들은 네슬레, 켈로그, 제너럴푸드, 타이슨, 펩시, 코카콜라 같은 대기업의 마케팅 전략을 그대로 따르고 있다. 제품의 출시와 자사 제품이 제공할 수 있는 고유한 가치가 무엇인지를 확고하게 밝히는 건 매우 중요한 일이다. 이 스타트업들은 자신들이 개발한 제품을 "다양한 성분을 가공해서 만든 비육류·비유제품"이라고 하지 않고 "식물성(식물 기반) 제품"이라고 칭한다. '천연'이라는 표현이 이제 아무 의미가 없어진 것처럼, '식물성(식물 기반)'이라는 표현도 실제로는 건강에 별로 안 좋은 제품을 건강에 유익한 것처럼 보이게 만드는 후광에 그칠 수 있다. 그런 식이라면 콜라도 옥수수 시럽과 사탕수수 설탕으로 만들었으니까 식물성 식품이라고 할 수 있을 것이다.

40여 년 전 생화학자인 T. 콜린 캠벨T. Colin Campbell이 "식물성(식물 기반)"이라는 표현을 처음 사용했을 때는 지금과 그 의미가 전혀 달랐다. 당시에 캠벨은 암과 영양의 연관성을 밝히고자 했던 연구진의 한 명이었다. 그때는 채식이 너무 특이한 일로 여겨져서, 캠벨은 "식물성(식물 기반)"이라고 표현하면 채식에 대한 부정적인 시선을 줄일 수 있으리라고 생각했다. 나중에 그는 『무엇을 먹을 것인가』(2004)라는 저서를 통해 채식의 장점을 밝혔다. 이 중요한 책에서 캠벨은 식물성 식품에 "완전식품"이라는 표현을 덧붙였다. 식이보충제나 식물의 일부만 활용한 식품처럼 영양소만 따로 분리해서 먹는 방식은 건강에 유익하지 않으며, 자신이 지지해온 채식과도 다르다는 점을 분명히 밝히기 위해 쓴 표현이었다.

정말 중요한 이야기다. 특정 영양소의 함량이 높을수록 건강에 더 좋다고 여겨지는 오늘날에는 더욱 중요한 의미가 있다. 식품마다 특정 영양소나 비타민, 그 밖의 성분을 다른 식품보다 더 많이 얻을 수 있다는 설명을 포장에 자랑스레 써두는 것이 우리가 지갑에서 돈을 꺼내게 만드는 전략으로 활용된다. 첨단식품기술로 만든 제품은 보기에도 그럴듯하고 들리는 정보로도 건강에 더 좋을 것 같지만, 사실 식물로만 만들어진 완전식품이 아니라 가공된 식품일 뿐이다.

식품기술업체들이 과학을 활용해서 만든 아이스크림이나 햄버거가 정말로 환경에 발생하는 영향을 줄였다고 할 수 있는지는 아직 논란의 여지가 있지만, 이들이 겨우 몇 년 사이에 얼마나 많은 일들을 해왔는지에는 주목할 필요가 있다. 비욘드미트의 제품은 홀푸드, 월마트, 크로거, 세이프웨이, 타깃을 비롯해 미국의 거의 모든 주요 식료품점에서 판매되고 있다. 임파서블 버거는 8000곳이 넘는 소매점과 1만 7000곳이 넘는 음식점에서 판매되고 있고, 업체 웹 사이트를 통해 온라인으로도 구매할 수 있다. 임파서블푸드의 회의실에서 만났을 때 팻 브라운은 내게 이렇게 밝혔다. "우리는 식물성 미래 식품을 만드는 업계에서 역사상 가장 영향력 있는 회사가 될 겁니다. 그뿐만 아니라 경제적으로도 가장 성공한 회사가 될 것입니다." 이 말을 듣고, 사악한 천재들이 하는 소리 같다고 생각했다. 더 좋은 세상을 만들고 싶어 하는 과학자보다는 19세기의 악덕 기업가들, 절제를 모르는 월스트리트가 사람들이 떠올랐다. 브라운의 연설이 이어졌다. "〔우리 회사의 투자자들은〕지금도 이미 부유하지만, 우리는 그 사람들을 정말 말도 안 될 정도로 더 큰 부자로 만들 겁니다." 2030년까지 육류 시장의 가치는 3조 달러에 이를 것으로 예상된다.

이들이 만드는 제품의 가격이 성공에 걸림돌이 되지는 않는 것 같다. 일반 와퍼 하나가 5.99달러인데, 여기에 1달러를 추가하면 임파서블 버거의 패티가 들어간 와퍼를 먹을 수 있다.(고급 음식점에서는 이 패티가 들어간 햄버거가 18달러에서 22달러 사이에 판매된다.) 누군가는 분명히 돈을 벌고 있고, 이런 메뉴를 팔면 찾아오는 사람들이 많아지므로 패스트푸드점 입장에서도 매출에 거의 확실하게 도움이 된다. 비욘드미트는 슈퍼마켓을 판로로 정했지만 임파서블푸드는 초창기부터 제품의 신뢰도를 높이는 전략으로 요리사들과만 협업했고, 캘리포니아주 앨러미다카운티와 산타클라라카운티의 무료 급식소에 분쇄육 수백 킬로그램을 기부하기도 했다. 불량품을 기부했다고 생각하는 사람도 있겠지만 말이다. 또한 식당가에 요리사들을 보내서 자사 제품으로 어떤 요리를 할 수 있는지 선보이는 '즐거운 교육 프로그램' 행사를 열기도 했다. 패스트푸드업계와 더불어 사업 초기부터 무료 식품 보급소 지원에 나서면서 식량 부족 문제에도 개입하게 된 임파서블푸드의 이 같은 이미지는 패스트푸드 체인점에 납품을 시작하면서 더욱 공고해졌다.

2035년까지 동물이 더 이상 육류 생산에 동원되지 않도록 만들겠다는 임파서블푸드의 목표가 이루어지려면, 생산 규모가 지금보다 방대하고 광범위해져야 한다. "햄버거와는 전혀 상관없는 여러 재료를 연구하고 있습니다. 그중에서 개발할 만한 것을 계속 고르고 있어요." 브라운의 말이다. 임파서블푸드는 햄버거에 이어 소시지 제품도 출시했고 2020년 10월에는 식물성 우유의 초기 버전을 공개하는 전시를 열기도 했다. 닭고기, 스테이크, 해산물 대체품도 차례를 기다리고 있다.

이러한 업체들은 아시아, 인도, 아프리카에도 연쇄적으로 신속히 진출하고 있다. 식품 안전이 중대한 공중보건 문제 중 하나인 중국에서는 미국 식품이 자국산 식품보다 우수하다고 여겨지고, 그만큼 식품을 수입할 기회를 잡으려는 열기도 뜨겁다. 임파서블푸드는 중국 내 제품 생산을 지원할 현지 파트너를 구하고 있는데, 정확한 일정은 코로나19 대유행 상황에 따라 결정될 예정이다. 비욘드미트의 유통업체에 따르면 홍콩의 음식점과 소매점에서는 이미 비욘드미트의 제품이 매진될 만큼 큰 인기를 얻고 있다고 한다.

미국에서는 이제 식료품 판매점만 가도 식물로 만든 '쇠고기' 분쇄육을 살 수 있다. 온라인으로도 주문할 수 있고, 완전 채식주의자도 수천 곳에 이르는 패스트푸드 음식점에서 자신의 식생활에 맞는 햄버거를 먹을 수 있다. 식물성 식품의 인기는 사그라들 기미가 보이지 않는다. 2018년에 화이트캐슬White Castle이 패스트푸드 체인점 중에서는 처음으로 미국 내 매장에서 임파서블 버거를 판매한 데 이어, 2019년에는 미국에서만 매장이 7000곳이 넘는 버거킹Burger King이 만우절에 임파서블 버거를 판매하겠다고 밝혔다. 일반적인 적색육 패티가 들어간 햄버거를 주문한 손님들에게 임파서블 버거의 식물성 패티가 들어간 햄버거를 제공하는 '장난'을 치겠다는 계획이었다. 자신이 먹은 게 무슨 패티인지 알게 됐을 때 어안이 벙벙해진 사람들의 반응을 모은 영상이 유튜브로 공개되기도 했다. 팻 브라운은 이를 두고 장난 자체를 한 번 비튼 재밌는 시도였다고 이야기했다. "사람들이 햄버거를 받으면, 당연히 고기가 들어갔다고 믿고 있는 그들에게 사실 식물로 만든 것이라고 말해주는 겁니다. 만우절 농담이라고 여길 수 있겠지만 농담이 아닌 거죠!"

맥도날드, 버거킹, 칼스주니어의 매장은 나날이 늘어나고, 현재 전 세계 인구의 36퍼센트가 패스트푸드로 최소 하루 한 끼를 해결하고 있다. 미국에서는 이런 패스트푸드 매장에서 임파서블 버거와 비욘드 버거가 판매된다. 두 가지 모두 판매하기도 하고, 둘 중 하나만 판매하기도 한다. 패스트푸드점이 처음 등장했을 때, 업계는 소비자를 상대로 패스트푸드는 혁신적인 결과물이며 가족들이 함께 먹으며 즐거운 시간을 보내게 하는 음식이라고 광고했다. 여전히 우리는 이런 혁신을 반기고 있는 걸까?

패스트푸드 체인점은 우리의 건강한 식생활을 위한 곳이 아니다. 채식을 장려하는 곳도 아니다. 그곳은 그저 새로운 고객을 물색하고, 기존 고객들에게 새로운 경험을 제공할 방법을 찾을 뿐이다. 임파서블푸드는 소비자 대다수가 제품을 수용하도록 만들기 위한 전략을 세울 때 패스트푸드 판매점에 접근하는 것을 맨 마지막 순서로 두었다. 이들이

1순위로 공략한 대상은 미식가들이었고, 그다음은 아이들을 키우는 엄마들과 건강에 대한 관심이 지대해 '천연' 식품 판매점을 자주 방문하는 이들이었다. 그리고 지금은 미국 중산층을 노리고 있다. 그러나 미국인의 입맛에 침투하기 위해 쉬운 경로를 택하고 해피밀이 되기를 노리는 건 그리 영리한 전략은 아니다. 이는 우리가 대체육에 관한 정보를 더 자세히 알아야 하는 또 다른 이유이기도 하다. 패스트푸드 체인점은 저렴한 음식을 간단히 먹을 수 있는 곳이고, 심혈관 질환과 당뇨병, 비만과 같은 건강 문제를 키운 원천이기도 하다. 나 역시 그런 문제에 시달리는 사람 중 하나라서 경계의 목소리를 더 크게 내고 있는지도 모른다. 여러분도 나처럼 먹기 전에 꼭 생각했으면 한다. 과대광고는 믿으면 안 된다.

10. 20년 뒤, 우리는 무엇을 먹게 될까?

미래를 예측하는 건 헛된 시도지만, 그래도 나는 이번 장을 통째로 할애해서 이 한 가지 질문만 다뤄보고 싶다. '2040년에 우리 식탁에는 어떤 음식이 올라올까?' 식생활에 실질적이고 체계적인 변화가 일어나기에 20년은 턱없이 짧다. 50년도 부족하리라는 생각이 든다. 1931년에 나온 윈스턴 처칠Winston Churchill의 수필 모음집 『폭풍의 한가운데』에는 미래 식생활에 관한 내용이 나오는데, 이 글에서 처칠은 "닭 한 마리를 통째로 잡는 어처구니없는 방식" 대신 가슴살, 다리, 허벅지살 등 원하는 부위를 "적절한 배양물에서 각각 따로 키워내는" 날이 올 것이라고 예상했다. 또한 효모처럼 "미생물도 통제된 환경 조건에서 활용될 것"이라고 정확히 예측했다. 처칠이 50년쯤 뒤에 일어날 일로 예상한 일들이 우리의 현실이 되기까지 80년이 걸렸다.

그런데도 왜 군이 20년 뒤를 내다보려고 할까? 기술의 발전 속도에 따라 세상도 빠르게 변화하는 만큼, 식품의 변화 역시 가속화되리라고 생각하기 때문이다. 50년이나 100년, 150년 뒤의 일은 너무 멀게 느껴지기 때문이기도 하다. 비욘드미트는 7년 만에 채식 버거를 새롭게 만들었고 임파서블푸드도 5년 만에 고유한 채식 버거를 개발했다.

데이비드 네이펠드David Nayfeld 셰프가 기대하는 미래 음식은 처칠이 말한 인공 닭고기와는 거리가 멀다. 그는 20년 뒤 우리의 식생활을 이야기하면서 동물의 다양한 부위를 귀중하게 여길 줄 알아야 한다고 말한다. "육식의 문제점은 일부만 먹는다는 겁니다. 그건 지구를 자기중심적으로 보는 것과 같아요." 네이펠드의 말이다. "소만 하더라도 갈비와 스테이크 부위, 혓바닥만 있는 것처럼 생각하지만… 다른 부위도 정말 많아요. 전부 다 먹어야 합니다." 나는 육식을 줄이려고 노력하지만 고기를 먹을 때는 재생농업의 원칙을 지키는 농가에서 생산한 스테이크를 사다 먹을 것이다. 사치스러운 일이고, 그럴 여유가 없는 사람이 더 많다는 사실은 잘 알고 있다. 하지만 식품 스타트업들은 산업화되어 배양육을 만들고, 새로운 식품을 만들겠다고 나선 다른 업체들도 '산업화'의 길로 향하고 있는 게 지금의 현실이다. 산업화된 식품이 우리에게 이로울 수도 있을까?

나는 몇 년 동안 첨단식품기술 분야의 스타트업들과 그 업체들이 만들어낸 식품들을 파헤치면서 많은 것을 깨달았다. 이 책에 소개한 식품은 거의 다 시식해보거나 내가 직접 요리해서 먹어본 것들이다. 그 업체들의 아이디어와 그들이 만들어낸 새로운 식품을 이전보다 열린 마음으로 보게 된 건 사실이지만, 이들 상당수는 끝내 성공하지 못할 것이다. 또는 처음과는 다른 방향으로 나아가게 될 것이다. 이 책에서 던지는 의문들에는 중요한 의미가 있고, 어떻게 우선순위를 정하고 대처

하는지에 따라 앞으로 우리의 건강이 크게 달라질 것이다. 우리는 무엇을 위해 먹는가? 지구를 살리기 위해서? 동물을 살리려고? 아니면 우리 자신을 구하기 위해? 식품 체계가 가장 기본적인 기능도 수행하지 못할 만큼 위태로워진 지역의 전통 식품들은 어떻게 해야 할까? 코로나19 대유행은 우리에게 산업화된 축산 시설에서 길러진 동물을 더 이상 먹지 않거나 먹더라도 적게 먹어야만 한다고 알려주는 것인지도 모른다. 사람이 먹을 고기를 더 많이 생산하려고 자연의 면적을 줄이고 그 공간에 동물을 기르는 식의 침범을 이제 끝내야 한다는 의미일 수도 있다. 팬데믹은 우리가 대자연 구석구석을 끊임없이 침투하면 안 된다는 사실을 알려준 건지도 모른다. 이런 대유행병이 또다시 덮친다면 식품은 어떻게 변할까? 인간은 지금보다 건강해질까? 선택은 누구의 손에 맡겨질까?

하지만 농업이 산업화되면, 세상 전체를 먹일 식량을 매우 효율적으로 마련할 수 있다. 악마는 맞지만, 우리가 잘 아는 악마다. 그럼 거대한 땅을 지금보다 나은 방식으로 농사에 활용할 수는 없을까? 땅을 덜 쓰면서 더 많은 사람을 먹일 식량을 만들 수는 없을까? 아프리카 원주민 부족인 수Sioux족 출신 요리사 숀 셔먼Sean Sherman은 조상들이 수천 년간 축적한 자연에 관한 지식을 잘 활용하고 그들의 가르침을 따라야 한다고 강력히 주장한다. "원주민 공동체가 했던 것처럼 자연을 대한다면 더 많은 식량을 생산할 수 있습니다."

1978년, 과학 저술가인 바버라 포드Barbara Ford는 미국인들이 단백질을 필요한 양보다 훨씬 많이, 거의 두 배는 더 먹는다고 밝혔다. 그리고 2000년이 되면 상품성을 위해 대부분 사료를 먹여 소를 키울 것이므로,

곡물을 먹고 자란 소에서 얻은 쇠고기는 희귀해질 것이라 예상했다. 포드가 크게 잘못 짚은 부분은 쇠고기 가격이 오를 것이라고 예상한 점이다. 실제 현실은 달랐다. 값싼 옥수수와 대두를 바탕으로 산업화된 축산 농장이 생겨났고, 이런 농장에서 생산된 고기를 누구나 저렴한 가격에 구입할 수 있게 되었다.

포드의 책에는 당시에 "열풍"을 일으켰던 새로운 단백질원에 관한 내용도 나온다. 버리는 것 없이 다 먹을 수 있는 날개콩이라는 독특한 식물도 그중 하나다. 포드는 씨앗의 20퍼센트가 단백질이고 덩이뿌리까지 있는 날개콩을 "믿기지 않을 만큼 훌륭한 단백질원"이라고 설명했다. 가뭄 내성이 우수해서 1년은 물 없이도 버틸 수 있는 들소호리병박buffalo gourd도 소개됐다. 1년이라니!

미래 식품에 대한 나의 전망도 포드처럼 나중에 틀린 것으로 판명될 수 있다. 이 책에서 소개한 식품 중에 일부는 크게 유행했다가 사라질 수도 있고, 이 책에서 다루지 않은 다른 새로운 식품이 주식으로 자리 잡을 수도 있다. 곤충은 어떨까. 곤충도 조류처럼 생산량을 늘리기가 어렵다. 조류와 차이가 있다면, 더 널리 활용되지는 않더라도 이미 곤충이 식품으로 자리 잡은 문화권에서는 앞으로도 꾸준히 수요가 있으리라는 것이다. 마이클 폴란은 한 인터뷰에서 곤충을 가축 사료로 쓸 수 있다는 의견을 밝힌 적이 있는데, 그 생각은 현실이 되었다. 나는 밀웜(거저리 유충)은 책으로 다룰 만큼 대단한 소재는 아니라고 판단했지만, 내 생각이 완전히 틀렸을지도 모른다. 프랑스 업체 잉섹트Ynsect는 4억 달러가 넘는 투자금을 확보해서 어류와 반려동물 사료에 쓰일 곤충 단백질을 연간 10만 톤씩 생산할 공장을 짓고 있다. 밀웜의 배설물은 비료로 활용될 예정이다. 이 곤충이 사람의 주요 식품이 될 수도 있을까? 식품이 될 가능성은 있다. 하지만 과연 주요 식품이 될 수가 있을까? 아무거나 대두의 뒤를 이을 후보가 될 수 있는 건 아니다.

곤충이든 조류든 완두콩 우유이든 이제는 월스트리트도 이러한 새로운 식품 개발을 불확실한 투자라고 여기지 않는다. 1939년 뉴욕에서 열린 세계 박람회의 과학 부문을 총괄했던 화학자 제럴드 웬트Gerald Wendt는 초창기 합성 식품은 우리가 이미 식품으로 먹고 있는, 식물과 동물을 모방한 형태가 될 것이라고 했다. 그리고 2~3세대가 지나면 자연을 모방하려는 시도는 사라지리라고 예상했다. 내가 지금 대체식품들에 느끼는 의구심을 채식주의자로 자란 내 Z세대 조카들이 싹 날려버리고, 아직 개발되지 않은 생소한 음식 사진을 소셜미디어에 게시하는 날이 올지도 모른다. 이들이 아니라면 알파 세대가 그런 역할을 하게 될까? 어쨌건 그때가 되면 나는 늙고 머리도 희끗희끗해졌을 것이고(그러기를 바란다) 고기는 덜 먹거나 아예 먹지 않고, 와인도 덜 마시고, 여전히 왜 나는 운동을 충분히 안 할까 투덜대고 있을 것이다.

이번 장의 마지막은 소망들로 채워보려 한다. 내 소망은 온 세상을 먹일 수 있음이 증명된 식품들을 발전시키는 일에 막대한 투자금이 쓰여야 하는 이유를 투자자들이 깨닫는 것이다. 작물을 식생활에서 제외할 게 아니라, 우리 식생활에 추가할 만한 이로운 작물들이 더 다양하게 재배되도록 장려하면 어떨까. 이 책에서 소개한 혁신적인 기술을 활용해서 전 세계의 지역별 재생 농가가 지속 가능성과 경제성이 우수한 작물을 더 많이 재배하도록 촉진하는 것도 좋은 방법일 것이다. 배양육이 우리 식탁에 오르는 날이 온다면, 더 많은 사람이 식물을 더 맛있게 즐기면서 양질의 육류를 소량 섭취하는 복합적인 해결책이 될 수도 있을 것이다. 또한 10년에 한 번꼴로 등장한다는 유니콘 업체(기업 가치가 10억 달러가 넘는 업체) 몇 곳에만 기대기보다는 다양한 업체가 생겨나길 바란다.

이제 내 이야기 대신 다양한 식품 전문가들이 제시하는 낙관적인 전망에 귀를 기울여보자.

댄 바버, 『제3의 식탁』의 저자이자 스톤반스 Stone Barns**에 있는 음식점 블루 힐의 공동 소유주. 51세.**

20년 후에 종자는 어떻게 될까? 영양소가 집약되고 맛도 정말 좋은 씨앗이 미래의 식품이 될 수 있도록 연구·개발에 힘써야 한다. 지역별 환경에 맞는 종자를 세심하게 선별하고, 육종을 통해 각각의 환경에 알맞은 씨앗을 마련해야 한다. 그게 열쇠다. 미국은 거대하고 복잡하다. 중요한 건 미래에 우리가 '무엇을' 먹게 될 것인가가 아니라 '어디에서' 먹게 될 것인가다. 음식점의 미래도 거기에 달려 있다. 지역의 특색과 장점을 살린 메뉴를 개발하는 것이 트렌드가 되고 있다. 사람들이 여행을 오게 만드는 음식, 다른 곳에서는 먹을 수 없는 음식을 제공하는 게 중요하다. 지역마다 재료가 굉장히 다양하고 고유한 식생활 패턴도 제각기 다르다는 점이 큰 흥미를 더한다.

식품은 투자와 기술로 발전하고 있다. 사실 나는 축산물을 식물성 육류로 대체하는 기술에 별로 관심이 없다. 그런 환원적인 접근은 도움이 되지도 않는다고 본다. 하지만 투자자들이 원하는 게 무엇인지는 분명하게 알 수 있다. 투자자들은 독점적인 지식 재산권을 갖고 식품 공급망을 통제하려고 한다. 그건 내가 추구하는 방향이 아니다.

나는 생태계의 기능이 향상되고 생물학적인 지식도 더 확장되기를 바란다. GMO 대두가 어떻게 만들어지는지, 그런 작물로 어떻게 돈을 버는지 모두 알고 있다. 인간은 자연에서 무료로 얻을 수 있는 것들로 특허를 취득한다. 우리가 잘 아는 식품 대신 새로운 식품에 수억 달러를 투자하는 것으로(또는 앞으로 그렇게 해야만) 지구를 살릴 수 있다고 믿는 것은 터무니없다.

나는 훌륭한 음식과 훌륭한 맛을 추구한다. 맛은 생물계로부터 나온다. 생물계가 복잡할수록 맛이 좋아지고, 영양소는 풍부해지고, 지구에도 더 이롭고, 다음에 재배할 작물에도 이롭다. 맛있는 음식을 얻는 걸로 끝나는 게 아니라 '어떻게 해야 오랫동안 맛있는 음식을 얻을 수 있나'의 문제다. 그러려면 생물계의 기능이 향상되어야 한다. 생물계의 기능은 다루기가 쉽지 않고 마음대로 소유할 수 없으며 자본으로 만들 수도 없다. 그래서 산업계도 이 부분은 건드리지 않는다.

우리는 영양소 밀도가 높은 작물을 공급하는 농민들과 그런 땅에 투자해야 한다. 우리 몸은 그런 작물을 간절히 원한다. 우리 몸에는 백신과도 같은 식품이다. 자연의 모든 건 서로 연결되어 있고 그래서 너무나도 복잡하다. 모두 한 덩어리다. 수직농법이나 임파서블푸드와 같은 기업이 세계를 먹여 살릴 해답이라고 생각한다면, 방향을 잘못 잡았다고 말해주고 싶다.

마크 큐번 Mark Cuban, **TV쇼 <샤크 탱크> 출연자이자 야구팀 댈러스 매버릭스 구단주. 62세.**

20년 뒤에는 합성 식품, 즉 유기농법으로 재배된 식품을 본떠 실험실에서 개발한 식품이 초기 도입 단계에 이를 것으로 본다. 기후가 급속히 변화하지 않는다면 배양육은 10~20년 내로 출시되진 않을 것이다. 기후 변화가 날씨 전반에 큰 영향을 줄 만큼 가속화된다면, 식품을 만들고 소비하는 방식을 바꾸지 않으면 아주 심각한 일이 생길 것임을 모두 체감할 것이므로 배양육의 발전 속도도 더 빨라질 수 있다. 지금 우리가 탄수화물과 다양한 식단을 특정한 지수로 분류하듯 20년 후에는 환경에 끼치는 영향에 따라 식품을 분류하는 지수가 생길 것이다. 기후 변화는 이런 변화를 주도하게 될 것이다. 기후 변화를 부인하는 사람들조차 도저히 모른 척할 수 없을 만큼 상황이 나빠지면, 분류에 따라 환경에 부정적인 영향을 주는 식품에는 세금이 부과될 것이다. 구하기가 힘들어서 가격이 크게 오르는 식품도 생길 것이다. 미래에는 1달러도 안 되는 저렴한 가격으로 한 덩어리를 사서 먹으면 포만감을 얻고 맛도 좋으며 각 영양소의 일일 권장 섭취량을 모두 채울 수 있는 음식이 나왔으면 좋겠다. 그럼 식량 부족 문제도 해결될 것이다.

킴 시버슨 Kim Severson, **《뉴욕 타임스》식품 분야 기자. 59세.**

사육장에서 키운 동물의 고기는 우리 식탁에서 반드시 줄어들 것이다. 육류 소비는 전체적으로 줄어도 여전히 육류는 많을 것이다. 가공식품도 계속 존재하겠지만 화학물질은 덜 쓰게 될 것이다. '클린 라벨Clean

Label`*`은 계속 활용되고, 냉동식품은 계속 변화할 것이다. 사람들은 경험과 훈련을 통해 몸에 더 좋은 식품을 더 민첩하게 가려낼 수 있게 될 것이다.

현재 우리는 전에 없던 세대를 맞이하고 있다. 직접 통조림을 만들고 빵도 만드는, 모두가 요리사인 세대다…. 기술의 발전으로 사람들은 요리에 관해서도 더 많이 알게 될 것이고, 매력적이고 특정 문화를 명확히 대표하면서도 필요한 영양소를 얻을 수 있는 요리들을 만들게 될 것이다. 이 새로운 세대는 식품을 디지털 기술만큼 유연하게 받아들이고, 온라인 세상에서처럼 식품을 통해서도 자기 생각을 분명하게 밝힐 것이다. 그리고 세포를 배양해서 만든 식품을 두려워하지도 않을 것이다.

사람들은 진정한 음식을 갈구한다. 미래에도 그런 식품과 멀어지지 않고 오히려 더 간절히 바라게 되리라고 생각한다. [배양육] 기술은 식품 가공과 제조에 활용될 것 같다. 배양육이 그대로 판매될 가능성은 별로 없다고 본다. 고기를 먹고 싶지 않은 사람들은 결국 고기를 안 먹게 될 것이다. 그리고 점점 더 많은 사람이 진정한 음식을 더욱 간절히 찾게 될 것이다.

당연히 계급이 이 모든 변화에 분열을 일으킬 것이다. 기아를 해결하려는 노력과 식품 체계를 유익하게 만들려는 노력은 하나로 합쳐질 것이다. 건강을 지키려면 우수한 식품을 추구하려는 노력과 정부의 영

＊　　식품첨가물 무첨가나 글루텐 무함유, GMO 성분 무함유처럼 특정 성분의 유무를 밝히거나, 사용 성분을 이해하기 쉬운 단어로 표시하는 등 소비자에게 식품 정보를 더 투명하고 명확하게 제공하는 라벨 표시 방식을 두루 이르는 말이다. 인증제도가 따로 있는 건 아니며 제조업체가 자발적으로 참여한다.

양 보충 지원 프로그램Supplemental Nutrition Assistance program, SNAP 혜택이 농산물 직판장에는 두 배로 제공되는 것, 우수한 영양이 필수다. 미국 연방 재난관리청FEMA이 하던 일을 이제 비영리단체인 월드센트럴키친World Central Kitchen이 대신하고 있다. 식품업계는 "열량은 열량일 뿐 다 똑같다"고 주장하지만, 이렇게 되면 도움이 필요한 사람들도 신선한 양질의 식품을 공급받게 될 것이다.

우리 식생활을 옭아매는 맥도날드 같은 거대 패스트푸드 체인점의 영향력은 줄어들 것으로 예상한다. 이미 계급 분열의 양상이 나타나고 있다. 젊은 세대는 그런 음식이 나쁘다는 걸 알고 있다. 식품업계가 특정 식단에 맞춘 식품을 만들어내는 일도 없으리라고 예상한다. 다양한 식품이 놀라울 만큼 빠르게 나오고 사라질 것이다. 사람들은 진짜 식품으로 각자의 식생활을 훨씬 능숙하게 관리하게 될 것이다.

사람들이 좋아하는 음식이 계속 나오고, 푸드트럭의 정신이 계속 이어져서 체인형 음식점을 앞지르길 바란다. 체인형 음식점은 지역 단위로 더 많이 늘어났으면 좋겠다. 누구나 간편하게 먹을 수 있는 음식이 필요하고, 일하면서 먹고 살 방법이 있어야 한다. 지역별 음식을 중시하는 훌륭한 소규모 체인점이 생긴다면 정말 기쁠 것 같다.

J. 켄지 로페즈 알트J. Kenji López- Alt, 『더 푸드 랩』의 저자. 40세.

현재의 흐름으로 볼 때 육류 요리는 더 많아지리라 예상한다. 육류 소비량은 개발도상국을 중심으로 증가하는 추세다. 식물 재료로 만든 육류 대체품이 등장하고 세계 인구 일부가 육류 섭취량을 줄이더라도 인도와 중국 같은 나라의 증가 폭을 상쇄하기엔 부족하다.

내 생각엔 배양육이 주류가 될 것 같다. 그러려면 시간이 걸릴 것이다. 식물성 대체육은 현재 고급 식품으로 여겨진다. 패스트푸드 음식점에서도 일반 메뉴보다 더 비싸게 팔린다. 하지만 배양육이 시장에 나오면 그러한 대체육의 가격은 낮아질 것이다. 세대마다 차이도 있으리라 생각한다. 나이 든 사람들은 그런 식품이라면 근처에도 가지 않겠지만, 내 딸만 하더라도 임파서블 버거나 다른 식물성 고기가 나왔을 때 전혀 이상하게 생각하지 않았다. 배양육이 대량 생산되어 시장에 나와도 마찬가지일 거라고 확신한다.

더 먼 미래에는 고기를 많이 먹지 않았으면 좋겠다. 지구는 더 이상 감당하지 못할 것이다. 지금 우리가 과거를 돌아보면서 실내에서 어떻게 저렇게까지 담배를 피웠나, 하고 생각하는 것처럼 200년쯤 후에는 '고기를 저렇게나 먹다니 믿어지지 않아'라고 생각하게 될 확률이 높다고 본다. 한때는 아무렇지 않았던 일들이 시간이 지나면 믿기지 않는 일이 되기도 하니까.

내가 소망하는 식품의 미래는 기술보다는 정치와 더 관련이 있다. 자본주의의 특성상 사람보다 이윤에 더 큰 가치를 부여하고, '가진 자'와 '못 가진 자'를 나누는 불평등한 체계는 지속될 것이다. 현재 우리가 생산하는 식량은 모두를 먹여 살릴 수 있는 양인데도 굶주림에 시달리는 사람들이 너무나 많다. 식량 분배가 더 평등하게 이루어지고, 정부가 채식을 권장하고 육식은 지양하게 하면서 다양한 작물이 재배되도록 장려하는 정책을 마련하길 바란다.

알리 부자리 Ali Bouzari, **식품업체 렌더**Render의 공동 창립자. 33세.

로스앤젤레스나 샌프란시스코, 뉴욕에서 너무 오래 산 사람들은 식품의 급격한 패러다임 전환에 관해 너무 열광적으로 이야기하곤 한다. 육류는 중요한 문제고, 동물성 식품이 앞으로 어떻게 될 것인지도 중요하다. 육류 산업의 가치가 높아지면 우리는 동물성 식품을 덜 이용하게 될 것이다. 경제 구조가 그렇게 되어 있다. 그러다 단백질 섭취를 반대하는 역풍이 불 수도 있다. 저지방 식단이 다시 인기를 얻게 되더라도 놀랍지 않을 것이다. 미국인들은 아마 앞으로도 추수감사절에는 어떤 요리가 최고인지 이야기하거나 미국에서나 새로울 뿐 다른 데선 전혀 새롭지 않은 매운 소스에 큰 관심을 쏟을 것이다. 다량 영양소를 어떤 조합으로 먹어야 영원히 살 수 있는지에 관해서도 계속 열심히 논쟁을 벌일 것이다. 클린 라벨과 자연식품 중심의 식생활은 계속 발전하리라 예상한다. 변함없이 감자를 먹을 것이고, 우리가 사는 동안에 특정한 식품이 완전히 사라지는 일은 없을 것이다. 앞으로도 그런 일은 영원히 없으리라 생각한다.

나는 배양육이 어떤 면에선 이미 주류가 되었다고 본다. 임파서블 푸드와 비욘드미트의 도약으로 벌써 많은 이들이 치킨 너겟과 햄버거를 더 쉽게 먹을 수 있게 되었다. 배양육은 소비자가 미래 식품에 적응해 가는 측면에서 한 단계 큰 도약이 될 것이다. 사람들은 세포를 배양해서 만든 치킨과 식물 원료로 만든 치킨을 일일이 구분하지 않을 것이다. 사람들이 좋아하는 건 브랜드다. 배양육은 식물성 식품의 다음 세대로 등장한 식품이므로 배합 방식과 성분도 더 혁신적이지만, 형태와 재료의 혼합 방식으로 마치 오래전부터 먹어온 음식처럼 느끼게 만들 수 있다. 그렇게 되려면 스타트업들이 배양 기술부터 발전시켜야 하겠지만, 나는 앞으로 10~20년 내로 패스트푸드 체인점까지 진출할 가능성도 있다고 생각한다.

사람들은 지금보다 더욱 비판적으로 식품을 평가하게 될 것이다. 믿기 힘들 만큼 너무 훌륭한 대안이 마련되면 설탕 없는 컵케이크 같은 것들은 재평가될 것이다. 그러나 너도나도 앞다퉈 식품에서 설탕을 빼려고 난리를 치다가는 과거의 교훈을 놓칠 수도 있다. 세상에는 설탕의 일부 기능을 대신하는 것들이 너무 많다. 여러모로 현대판 연금술처럼 느껴지기도 한다. 앞으로도 점진적인 발전이 계속되고 새로운 아이디어가 등장하겠지만, 설탕이 아닌 걸 설탕처럼 쓰는 건 금이 아닌 걸 금으로 바꾸려는 시도와 아주 흡사하다. 설탕을 대체할 수 있는 건 없다.

미국의 경우 식품의 미래가 부유한 백인 남성들 손에 크게 좌우되리란 생각이 드는데, 그렇게 되지 않았으면 좋겠다. 내가 소망하는 미래는 축산업을 전부 없애고 실험실에서 햄버거 패티를 배양하는 세상이 아니라 가끔 비트를 먹으면서 사는 세상이다. 동물 없이 만들었다는 기후 친화적인 햄버거와 달걀, 닭고기를 우리 일상생활에 도입하려는 노력을 누군가가 바로잡아서 시장의 힘이 다른 쪽으로, 즉 과일과 채소의 장점을 최대한 살리는 쪽을 향하도록 만들었으면 좋겠다. 내가 꿈꾸는 식품의 미래는 실리콘밸리에서 나오는 수억 달러의 돈이 합리적인 목표, 가령 정말 맛있는 고구마를 개발하는 일에 투입되는 것이다.

지금까지는 생화학적으로 단순히 동물의 근육에 관심이 집중되었지만, 이건 잔디 깎는 기계일 뿐이다. 당근에 함유된 효소와 색깔 등 당근을 이루는 모든 것을 페라리라고 한다면, 지금까지 사람들은 페라리의 부품을 전부 분해한 다음 성능 좋은 잔디 깎는 기계로 만드는 일에 관심을 기울여왔다는 소리다. 하지만 필요한 과정을 전부 차근차근 거쳐서 완성된 멜론 한 통이 발휘하는 기능은 스테이크 한 덩어리가 할 수 있는 기능을 훌쩍 뛰어넘는다.

매리언 네슬, 『우리가 음식을 먹을 때 말하지 않는 것들』의 저자. 84세.

20년 뒤에는 우리 식탁에 '식품'이 올라왔으면 좋겠다. 내가 말하는 식품은 음식을 먹는 사람뿐 아니라 음식을 만드는 사람의 건강도 고려한 환경에서 지속 가능한 방식으로, 동물을 생각해서, 환경에 주는 피해와 온실가스 배출량을 줄일 수 있는 방식으로 재배되거나 자란 식용 식물과 동물을 말한다. 미래에는 전 세계 인구의 건강을 증진하면서 환경을 보호하고 지속 가능한 방식으로 사람들을 먹여 살리는 일이 식품의 과제가 될 것이다. 이 모든 요건에 맞는 식생활은 (무조건 그런 건 아니지만) 대체로 채식이다. 선진국 사람들에게 채식은 식생활에서 식물의 비중을 높이고 육류 섭취량은 줄이는 것을 의미한다.

내게 마법 지팡이가 있다면, 소득과 상관없이 지구에 사는 모두를 건강하고 지속 가능한 방식으로 먹여 살리고, 식품의 생산, 포장, 조리, 제공과 관련된 일을 하는 모든 이들이 적절한 보수를 받게 하고, 식품 안전도 보장하고, 환경도 보호할 수 있는 식품 체계를 세우고 싶다. 너무 이상적인 꿈처럼 들리더라도 목표로 삼을 필요는 있다고 생각한다.

민차이. 호도푸드 소유주. 50세.

미래의 식탁에서는 인터넷과 해외여행으로 전 세계가 하나로 연결되어 아프리카 향신료나 지중해 지역의 자타르za'atar*, 라스 엘 하누트ras el hanout** 같은 세계 각국의 맛과 요리를 더 많이 즐기게 될 것이다. 마찬가지로 고추장이나 젓갈 같은 아시아의 향신료도 더 많이 사용되리라 예상된다. 미래에도 새로운 음식의 수용 여부를 결정하는 핵심 열쇠는 맛이 될 것이고, 영양과 건강은 사람들이 자신이 먹을 음식을 정할 때 두 번째로 중시하는 요소로 남을 것이다. 맛이 좋은가? 건강에는 이로운가? 지구에도 이로운가? 소비자는 이 순서대로 따져보게 될 것이다.

기술로 만들어진 식품이 존재하고 수용되려면 목적이 있어야 한다. 이러한 식품들은 가까운 미래 환경을 구해야 한다고 주장한다. 기존 식품과 영양, 맛, 경제적 가치는 비슷한데 환경에 '더 나은' 식품이 있다면 그걸 택해야 하지 않을까? 기술로 만들어진 새로운 식품이 환경에 긍정적인 영향을 준다고 가정한다면, 영양과 경제적인 목표를 달성하는 것도 어렵지 않을 것이다. 그러나 그런 식품이 자리를 잡으려면 시간이 걸린다. 데이야Daiya에서 잘 녹는 치즈 대체품을 내놨을 때는 별로 호응이 없었던 소비자들이 미요코스크리머리에서 전통적인 치즈와 식감이 더 비슷한 치즈를 내놓자 만족스러워한 것도 그러한 예다. 비욘드미트의 초기 제품들은 맛이 별로였다. 그러다 배합 방식을 바꾸고 임파서블 버

---

* 말린 타임, 오레가노, 마조람, 구운 참깨와 소금 등의 다양한 향신료를 배합한 조미료.

** 커민, 생강, 강황, 계피, 고수, 후추 등을 혼합한 북아프리카 지역의 향신료.

거가 뒤이어 등장한 후에야 소비자들에게 서서히 수용됐다.

나는 배양육이 맛과 영양, 가격 등가의 측면에서 일정 수준을 달성하거나 일반 육류를 넘어선다고 하더라도 주류가 될 것 같지는 않다. 아직은 심리적으로 배양육을 주류로 받아들일 준비가 안 됐다고 생각한다.

육류든 식물이든 환경과 건강에 악영향을 주는 식품은 덜 먹게 되리라 믿고, 그렇게 되기를 바란다. 한 가지 작물만 재배하거나 밀집된 사육 시설에서 동물을 키우는 방식도 줄어들기를 바란다. 무엇보다 그런 방식은 장기적으로 지속 가능하지 않다. 사업 방식을 더 투명하게 공개하고 가공식품을 덜 쓰는 음식점은 맥도날드나 타코벨보다 더 빠르게 성장할 것이다. 젊은 세대는 지금보다 채식과 식물 중심의 식단을 더 많이 추구할 것이다. 육류 섭취량은 계속 줄겠지만, 육류는 인간의 식생활에서 가장 비중이 큰 단백질원으로 계속 남으리라고 생각한다. 사람들의 선택은 경제 상황에 좌우된다. 미국에서나 전 세계적으로나 자연식품을 더 많이 이용할 여유가 없는 사람들은 저렴한 가공식품을 먹는다. 이런 상황은 변하지 않을 것이다.

가까운 지역에서 생산된 농산물과 과일, 육류를 시장에서 구매하고, 음식점들도 지역 생산자들로부터 재료를 공급받는 지역 단위의 식품 모형을 늘 꿈꿔왔다. 소비자들은 자신이 먹는 식품의 투명성에 관심을 기울이기를 바란다. 지속 가능한 방식을 추구하는 생산자들이 지역 공동체를 위해 일한다면 정말 좋을 것이다. 그게 모두에게 유익한 전략이다.

세라 매소니, 식품 혁신 전문가, 오리건주립대학교 소속. 56세.

현재 우리에게 익숙한 저녁 식사는 격식을 차린 행사처럼 여겨질 것이고, 대다수는 지금처럼 음식을 조리하고 준비할 필요 없이 식용 포장지에 담긴 음식을 먹게 될 것이다. 사람들은 식품을 연료로 여기게 될 것이고 지금처럼 시간을 들여서 한 끼 식사를 준비하고 먹는 건 일상이 아닌 특별한 행사가 될 것이다. 연료가 된다는 건 살기 위해 먹게 된다는 의미다. 먹는 것 자체를 즐기는 것은 과거의 일이 될 것이다.

인구는 늘어나고 생산되는 식량은 제한적이므로, 미래의 사람들은 옛 조상들처럼 온 가족이 둘러앉아 함께 식사하거나 연회를 즐기는 것을 대부분 꿈처럼 여길 것이다. 생존을 위한 식품은 영양소가 풍부하고 아직 알려지지 않은 새로운 기술로 보존될 것이다. 애니메이션 〈우주 가족 젯슨Jetsons〉에 나오는 것처럼 가정용 자판기가 설치되고 거기서 각자 사 먹게 될지도 모른다. 버튼을 누르면 윙 하는 기계음과 함께 음식이 툭 나오는 것이다. 전 세계 규모의 거대 식품 기업 몇 곳이 이런 시스템을 관리하고, 대다수는 이 시스템에서 벗어나기가 어렵게 될 것이다. 밥 먹는 횟수가 줄고, 그러한 생존 식품은 포만감을 크게 느끼도록 만들어져서 밥을 안 먹어도 오랫동안 지낼 수 있게 되리라고 예상한다. 인체도 이를 새로운 일상으로 받아들이고 적응할 것이다. 식품 체계는 지금처럼 취미나 즐거움을 선사하는 측면 없이 일상생활의 일부로 완전히 통합될 것이다. 먹을 음식을 직접 기르고 생산하는 대항문화적인 생존주의자들이 모여서 만든 소규모 농장도 생길 것이다. 지금도 이미 존재하는, 자급자족이 가능한 지하 요새와 비슷한 형태가 될 수도 있다. 돈 많은 사람들은 지하에 인공조명을 설치하고 농업 체계를 갖추려고 할 것이다.

세포로 만든 배양육은 주류가 될 것 같다. 배양육은 낯선 식품으로 여겨지지 않고, 오명을 쓰지도 않을 것이며 필수품이 될 것이다. 나중에는 배양육이 아니라 그냥 스테이크, 닭가슴살 등으로 불릴 것이다.

식품의 기본 토대는 변치 않을 것이다. 즉 필요한 열량은 여전히 단백질과 지방, 탄수화물로 얻을 텐데, 이 성분들이 구성되는 방식은 바뀔 것이다. 우리 몸은 이 세 가지에서 열량을 얻어야 하지만 미래에는 이 세 가지가 식품으로 만들어지는 방식이 달라질 것이라는 의미다. 생존에 꼭 필요하다고 생각했던 영양소는 별로 중요하지 않은 성분이 되고, 덜 중요하다고 생각했던 영양소가 중시될 수도 있다. 거대한 호박이나 꼬마 사과 같은 건 사라질 것이다. 판매용 과일과 채소는 기술을 활용해서 재배 환경에 완벽하게 알맞은 크기로 생산될 것이다.

바다에서 얻는 것들이 미래 식품의 차세대 플랫폼으로 새롭게 부상하리라고 생각한다. 단시간에 자라면서도 영양소가 풍부하고, 생산하기 쉽고, 사람의 생명을 유지시키는 연료로 활용할 수 있는 식물이 활용될 것이다. 사람이 굶으면 온갖 나쁜 일들이 벌어지므로, 미래에는 전 세계를 먹여 살릴 수 있는 식품이 마련되길 소망한다. 먹는다는 건 생존이 달린 일이고, 굶주림은 지구상에서 가장 심각한 반문명적 문제이다.

프리티 미스트리 Preeti Mistry, **요리사이자 사회 운동가. 44세.**
더 다양한 식품이 등장할 것 같다. 나는 아프리카의 음식과 맛을 많이 경험했다. 모든 요리는 그곳에서 나왔다. 아프리카는 문명의 탄생지이고, 그곳의 수많은 향신료와 재료들은 우리가 먹는 음식에 도입되었다. 우리의 입맛은 늘 새로움을 갈망하므로 흑인과 원주민, 유색인종 요리사가 만드는 고유한 음식들이 다시 주목받는다면 음식 문화를 즐기는 모두가 더 다양한 기회를 누리게 될 것이다. 먼저 (다양한) 국가의 다양한 채소와 곡물을 받아들이고 활용하는 것으로 시작할 수 있다. 재배 방식도 평등해질 수 있고, 아시아의 다른 지역들, 임금 체계가 불안정한 지역에서도 일한 만큼 인정받고 돈을 벌 수 있게 될 것이다.

배양육은 주류가 될 것 같다. 나는 배양육을 좋아하지 않는다. 사실 좀 역겹다. 그냥 역겨운 게 아니라 식물로 만든 가짜 고기만큼 역겹다. 미국인들은 대체로 식생활이 다양해지도록 노력하는 대신 돈을 써서 게으르게 해결하려고 하는 경향이 있다. 자신이 먹을 음식을 스스로 선택해서 지속 가능성을 높일 수 있는데도 돈을 쓰는 방식에만 모든 노력을 쏟는다. 굶어 죽는 사람들이 있는데도 그런 식품에 수백만 달러를 쓴다는 게 믿기지 않는다. 게으른 어린아이들을 대하듯이 "아니야, 그러면 못 써" 하며 이들을 달래야 하는 건 아닌가 하는 생각마저 든다. 선택에는 결과가 따른다. 비쌀뿐더러 환경도 파괴하는 산업화된 육류도 그런 선택의 결과라고 생각한다. 버클리는 노숙자가 수두룩한 곳인데, 그곳 연구실에서는 새로운 지방 성분을 만들어내려고 애쓰고 있으니 말이다.

그래도 우리가 유익한 일을 해왔다고 생각하고 싶다. 정치에 관심 있는 젊은이들이 다른 방법도 있음을 깨닫길 바란다. 거대 농장과 거대 기업이 줄었으면 좋겠고 "칠레에서 재배된 유기농 샐러드를 홀푸드 매장에서 샀어, 유기농이니까 참 잘 산 것 같아"라고 말하는 사람들이 줄어들기를 바란다. 그리고 패스트푸드를 덜 먹고 사는 날이 오길 바란다. 형편없는 음식은 적게 먹고 가까운 지역에서 생산된 지속 가능한 식품을 더 많이 먹었으면 좋겠다. 나는 나이가 많든 적든 사람들이 텃밭에서 여러 가지를 키우는 모습들을 많이 봤는데, 앞으로도 그런 풍경을 많이 봤으면 좋겠다. 기술을 활용한다면 지속 가능한 방식으로 썼으면 한다.

좀 더 이론적인 측면에서는 최선을 다해 요리한 정직하고 좋은 음식이 최고급 음식점에서 파는 메뉴만큼 귀하게 여겨지길 바란다. 요리사를 우상처럼 떠받들고 고급 식당에서 외식하는 생활을 멋진 것으로 여기며 사는 분위기 속에서 다들 음식의 본질은 보지 못하게 되었다. 패션계와 비슷하다. 고급 음식점에 가는 걸 최고로 여기고 다들 어떻게든 그런 곳에 가려고 애쓰지만, 사실 그런 데 가는 사람은 소수에 불과하다. 전체 인구의 1퍼센트를 상대로 코딱지만 한 케이크를 제공하는 사람들을 혁신가, 대표적인 사상가라고 부른다. 어처구니없는 일이다. 일시 정지 버튼을 누르고, 자기가 먹을 빵을 직접 구워보거나 대파를 스스로 길러보면서 소비자가 어떻게 달라질 수 있는지를 생각해봤으면 좋겠다. 그런 경험을 통해 〔음식과〕 다시 유대가 생길 수도 있다. 모든 걸 자신이 원할 때 원하는 방식으로 얻을 순 없다는 사실을 깨닫게 될 수도 있다. 책임지고 이끌어야 할 주체는 누구인지, 누구를 리더로 봐야 하는지, 누구를 챔피언이라고 봐야 하는지 그 기준을 다시 세우길 바란다.

데이비드 네이펠드, 샌프란시스코 체 피코Che Fico의 요리사 겸 소유주. 37세.

　내 안의 비관론자는 아무것도 바뀌지 않은 채 지금과 똑같을 거라고 말한다. 지구온난화는 더 심각해지고, 환경은 더 파괴되고, 각종 건강 문제와 질병, 비만도 늘어날 것이다. 반대로 내 안의 낙관주의자는 동물에서 얻는 단백질이 꼭 필요한 사람들도 있지만, 모두가 매일, 매주 반드시 동물 단백질을 먹어야만 하는 건 아님을 다들 깨닫게 될지도 모른다고 말한다. 최소한 삼시 세끼 챙겨 먹어야 하는 음식은 아니라는 것 정도는 깨달을 수도 있다. 10년에서 20년 뒤에는 한 끼 식사의 85퍼센트가 채소와 곡류, 콩과식물로 구성되고 15퍼센트는 동물 단백질로 채워진다면 이상적인 변화가 될 것이다. 상황을 바로잡으려다가 모든 식품이 GMO가 되어버리거나 과거처럼 과도한 산업화가 필수라는 결론으로 향할까 봐 두렵다. 역사에서 교훈을 얻고, 식물과 작물의 윤작을 강화하고, 토양이 인간에게 제공하는 것을 먹는 게 옳다고 생각한다. 인간이 먹이사슬의 최상위 포식자라고 해서 제멋대로 변덕을 부려도 되는 건 아니다.

　배양육이 주류가 되면 어쩌나 걱정된다. 지금까지 우리가 장난치듯 손댄 것들은 전부 안 좋은 결과나 의도치 않은 결과를 낳았다. 나는 인간의 생존에 필요한 건 전부 지구가 알아서 제공한다고 굳게 믿는다. 인간은 지나치게 이기적이라 자제할 줄 알아야 한다는 생각을 못 하고 뭐든 원하는 건 다 만들어내려고 한다.

　어류는 식탁에서 사라질 확률이 꽤 높다고 생각한다. 참치만 하더라도 전 세계에서 소비되는 지금과 같은 상황을 막지 않는다면 나중에는 희귀한 물고기가 될 것이다. 그렇다고 실험실에서 모조품을 만들 수는 없다. 그런 방식에는 무조건 반대한다. 그냥 얼마 동안은 참치를 먹지 말아야 한다. 참치를 먹고 싶으면 어떻게 해야 하냐고? 제발 알아서 해라. 한동안 참치를 안 먹고 살아도 안 죽는다. 먹을 수 있는 다른 생선도 많다. 앞으로 5년만 참치는 먹지 말고 살아보자.

사람들이 알팔파와 아마란스, 완두콩 같은 피복작물을 더 많이 먹었으면 좋겠다. 모두 우리의 일상적인 식단에서 비중을 높일 수 있는 작물들이다. 나와 같은 요리사들은 새로운 채소가 더 알려지고 인기를 얻도록 도울 수 있다고 생각한다. 농민들에게도 도움이 되는 일이다. 고대부터 재배된 작물이 더 많이 쓰이고, 변형된 밀은 덜 쓰이기를 바란다. 장담하는데, 밀을 과도하게 가공한 식품이 사라진다면 글루텐 불내증을 겪는 사람들의 건강에도 변화가 생길 것이다. 밀은 멀리해야 할 적이 아니라 지속 가능성이 매우 우수한 식량임을 모두가 깨닫게 될 것이다.

나디아 버렌스타인, 식품기술 역사가. 41세.

20년 뒤 먹거리는 기후 변화에 크게 좌우될 것이라 예상한다. 내가 바라는 건 책임감 있는 식품업체들이 환경에 영향을 덜 가하는 농법과 제조 기술을 선택해 식품을 생산하는 미래다. 소비자의 요구와 필요성도 이러한 변화를 이끄는 동력이 되겠지만, 큰 힘은 정부와 정책에서 나온다. 식품 가격이 중요한 영향을 끼치리라 생각한다. 잘 사는 사람들은 "윤리적"이고 지속 가능한 식품이라면 비싼 값을 내고도 얼마든지 살 의향이 있다고 이야기한다. 형편이 빠듯한 사람들, 정부의 지원을 받는 사람들은 대부분 그런 선택을 할 수 없다. 사회는 지속 가능한 방식으로 재배된, 영양이 풍부한 식품을 누구나 이용할 수 있게끔 노력하게 될까? 평범한 시민들, 농장 노동자들, 식품 공급망 전반에서 일하는 노동자들의 이야기에 귀를 기울이고 그들이 필요로 하는 것과 그들이 보유한 전문 지식 및 기술을 진지하게 고려하게 될까?

미래에는 재생농업과 지속 가능한 농업이 합성 단백질이나 지방, 향신료, 맛 변형 물질 같은 최첨단 식품기술과 공존할 것이다. 기술로 만들어진 이러한 식품들은 비난의 대상이 되는 게 아니라 인간의 생존을 위해 필요한 동시에 인간에게 즐거움을 선사해 삶의 질을 높이는 맛있는 식품으로 여겨지며 식생활의 중심이 될 것이다.

나는 최상의 맛을 추구한다. 맛있는 딸기가 더 다양해졌으면 좋겠고, 인위적으로 만들어진 '가짜' 딸기 맛도 더 다양해졌으면 좋겠다. 맛있는 딸기를 언제나 얻으려면 환경과 노동에 관한 막대한 비용이 따르기 때문이다. 그런 점에서 나는 거대 식품 기업의 미래도 이 부분과 관련이 있다고 생각한다. 대기업이 사회와 환경에 무조건 해가 되라는 법은 없다. 거대 기업은 기술과 혁신, 규모의 경제를 사람과 지구 모두에게 이로운 방향으로 통합할 수 있다.

배양육이 식품 체계가 야기하는 여러 문제를 해결할 수 있다면 식품의 하나로 들어설 자리가 생길 것이다. 하지만 실험실에서 만들어진 티본스테이크나 안심스테이크가 과연 우리 저녁 식탁에 오르는 날이 올지 의구심이 든다. 그보다는 배양된 동물 단백질이 다른 합성 성분이나 천연 성분과 함께 지금은 상상도 할 수 없는 새로운 음식과 다른 고단백질 식품의 성분으로 쓰일 가능성이 더 크다고 생각한다. 배양육이 맥도날드 햄버거 패티나 치킨 너겟용 닭고기를 일부 대체하게 된다면, 잔인한 도축에 반대하는 부자 고객들이 엄청나게 비싼 회를 소비하는 것보다 기후 변화에 훨씬 더 큰 영향을 주게 될 것이다.

평범한 사람들이 가정용 생물 반응기나 그 밖에 다양한 DIY 생물 기술을 활용해 자신만의 합성 식품을 만들어내는 미래를 상상하면 정말 흥미롭다. 그런 식생활이 일상이 될 가능성은 없다고 생각하지만, 생물 기술과 세포 배양 기술이 주방에서 즐길 수 있는 놀이의 하나가 되고 사람들과 만나고, 공동체를 형성하고, 즐거움을 얻는 수단이 된다면 반가울 것이다. 사람들은 식품 체계와 정부, 우리가 먹는 음식의 안전을 보장하는 주체를 신뢰할 수 있어야 한다. 이는 지금도 우리의 발전을 가로막는 큰 문제 중 하나다. 이전에 덴 경험이 너무 많다면, 맛이 아무리 좋더라도 문제를 해결해주겠다며 우리 앞에 놓이는 식품들을 어떻게 다시 신뢰할 수 있을까? 신뢰 없이는 모험도, 공동의 미래도 존재할 수 없다.

타마르 해스펠, 《워싱턴 포스트》 칼럼니스트. 57세.

20년 뒤에도 우리의 저녁 식탁은 지금과 거의 비슷할 것이다. 대체되거나 기존의 인식이 바뀔 가능성이 가장 큰 식품 후보는 동물성 식품일 것이라고 생각한다. 달걀이 들어가지 않은 마요네즈와 유제품 성분이 없는 우유 대체품이 이따금 큰 인기를 얻을 수도 있다. 식물성 대체육이 분쇄육을 대신할 수는 있어도 부위별로 판매되는 일반 식육을 대신하지는 못할 것이라고 본다. 그 외에는 별로 큰 변화가 없을 것 같다.

식물로 만든 대체육이 공중보건에 부정적인 영향을 줄 가능성도 분명히 있다. 사실 그런 대체육은 육류와 영양학적인 조성이 매우 흡사한데도 사람들은 대체육을 먹을 때 스스로 우쭐해진다. 건강에 이롭다는 후광까지 생기면 사람들은 대체육도 과식할 것이다. 과거에도 그런 일이 반복됐다는 것을 우리 모두 다 알고 있다.

배양육이 주류가 될 수 있을지는 가격에 좌우될 것 같다. 식물로 만든 쇠고기 분쇄육 대체품과 경쟁할 만한 수준이 되려면 오랜 시간이 걸릴 것이다. 스테이크를 대체한다는 건 꿈 같은 이야기다. 육류 수요가 크게 바뀌지 않는 한, 쇠고기 생산을 목적으로 키우는 소가 감소하는 일은 없을 것이다. 부위별 육류에 대한 수요는 축산업을 만든 동력이고, 내 생각에 축산 방식을 대대적으로 바꾸기에는 우리가 너무 멀리 와버린 것 같다. 사람들은 맛, 가격, 편의성과 건강에 이로운지에만 신경 쓸 뿐 나머지 가치는 뒤로 밀려난다. 예를 들자면 다들 몸에 더 좋다는 생각에 유기농을 선호하는데, 사실 유기농의 주된 장점은 환경에 유익하다는 것이다. 사람들이 식물성 식품을 선택하게 하려면 그게 몸에 더 좋다고 생각하도록 만들어야 하지만, 실제로 더 중요한 건 그러한 식품이 농업에 주는 영향이다.

나는 주식 작물이 인간의 식생활과 지구의 기본 뼈대라고 생각한다. 통곡류와 콩과식물이 식생활의 중심이어야 한다. 둘 다 효율적인 재배가 가능하고 저장성이 우수하며 기계로 수확할 수 있고 우리에게 필요한 영양소를 거의 다 제공한다. 곡류와 콩과식물을 식단의 중심으로 하고 채소와 육류는 부가적으로 섭취한다면 훌륭한 식생활이라고 할 수 있다.

솔레일 호Soleil Ho, 《샌프란시스코 크로니클San Francisco Chronicle》의 음식점 평론가. 33세.

우리는 기후 변화와 부의 불평등, 모두의 평등이라는 까다로운 문제에 아직 답을 찾지 못했다. 20년 뒤에는 또 다른 대유행병이 발생하고 사회는 더 불안해질 것이다. 그나마 다행인 건, 이런 일들을 통해 사람들이 어떻게든 버틸 수 있으리란 생각에서 벗어나리라는 것이다. 온갖 악영향의 온상이 된 팁 문화, 건강보험, 백인 우월주의 등 지금까지 늘 이어져온 구조에 큰 변화를 일으킬 정도로 한계에 이를 것인지는 예측하기 어렵다. 그러나 사회 속에서 살아가는 한 방식으로서 사람들의 식생활은 지금과 달라 보일 것이고 식사하는 이유 역시 다르게 보이고 다르게 느껴질 것이다. 식생활에 드는 비용 또한 크게 달라지리라고 생각한다.

배양육이 어떻게 될지는 아직 알 수 없지만, 참 흥측한 일이다. 소에서 얻은 고기로 만드는 햄버거를 먹는 등 육식에는 매우 다양한 정체성이 담겨 있다. 과연 배양육이 대량으로 생산될지 의문이 든다. 문화 전쟁이 일어난다면 육류는 우익을 대표하게 될지 궁금하다. 배양육이 유행하게 될지, 갈등의 원인이 될 만큼 발전할지도 궁금하다. 내 생각에는 문화 전쟁의 여러 양상 중 하나가 될 것 같다.

20년 뒤의 식생활이 어떨 것 같냐는 질문에 대답하기 힘들다고 느끼는 이유 중 하나는 과연 누구의 식생활을 묻는 걸까, 하는 생각이 들기 때문이다. 마가린만 하더라도 홀푸드마켓에선 이제 팔지 않지만, 염가 판매점에서 사다 먹는 사람들이 아직 있지 않은가? 참 희한한 일이다. 사라진 줄 알았던 식품을 사 먹는 사람들이 분명히 있고, 어떤 음식이 몸에 안 좋다는 사실이 알려져도 소외된 사람들은 계속 그 음식을 먹는다. 우리는 음식이 사람들을 하나로 모은다고 생각하지만, 식품의 미래를 이야기할 때는 제발 지나치게 낙관적인 사고방식은 내려놓고 더 비판적으로 생각했으면 좋겠다. 분배는 정말 중대한 문제다. 최악의 식품을 먹고 사는 사람이 있고, 최상의 식품을 먹고 사는 사람들이 있다. 미래의 식품은 계층화와 부의 분배를 고려해서 재창조되길 바란다. 모두가 필요한 것을 얻고, 인간으로서 적절한 대우를 받게 되기를 희망한다. 부자도 가난한 사람도 없는 세상, 모든 사람이 훌륭하고 문화적으로도 적절한 음식을 먹고 사는 미래가 되기를 바란다.

먹을 것만 걱정하면서 산다면 주어진 시간을 어떻게 쓸 수 있을까? 인류는 지력의 상당 부분을 식량을 찾는 일에 쏟았고, 최근에 이르러서야 여가 활동을 생각할 수 있는 여유가 생겼다. 식품의 미래를 그려볼 수 있는 이상적인 환경이 이제야 마련된 셈이다. 식량 부족을 넘어서, 위대하고 부유한 사람들만이 아닌 모두에게 식량이 평등하게 분배되는 세상으로 우리를 이끌 수 있는 건 무엇일까?

조너선 도이치, 드렉셀대학교 요리학과·과학과 교수. 44세.

지금 우리 앞에는 워런 벨라스코가 『우리가 맞이하게 될 식사』에서 이야기했던 두 가지 해결책이 모두 놓여 있다. 배양육이나 임파서블 버거처럼 기술로 해결하는 방식, 그리고 채식으로 전환하거나 통곡류를 비롯한 먹이사슬의 하위에 있는 것들을 더 많이 먹는 인류학적인 해결

방식이다. 나는 이 둘 중에 어느 한쪽이 이길 수는 없다고 생각한다. 이런 양분된 접근 방식은 지속될 것이다. 인간은 먹는 양과 쾌락적인 만족을 계속해서 더 많이 누리려고 할 것이고, 따라서 육류, 설탕, 탄수화물 소비는 계속 늘고 비만도 더 늘어날 것이다. 지금의 추세를 보면 예상 가능한 일이다. 모든 그래프의 화살표가 위를 향하고 있다. 고기도 더 많이 먹고, 땅도 더 많이 쓰고, 더 뚱뚱해지고, 어린 나이에 죽는 사람들도 많아진다. 이런 상황을 바꾸려면 혁명이 일어나야 한다. 대유행병이 발생한 상황에서도 식품 판매량은 증가했다. 식물성 식품의 판매량이 늘어도 육류 판매량이 줄지는 않는다. 지금 우리는 소비의 굴레를 벗어나지 못하고 있다. 어느 곳에선 먹을 것이 부족한 반면 어느 곳에선 먹을 것이 넘쳐나는데도 더 먹으려고만 한다.

배양육은 판매될 것 같다. 슈퍼마켓에서 일반 육류와 배양육 중에 뭘 선택할지 고민하게 될 것 같진 않지만, 배양육은 특정 부위를 개별적으로 배양할 수 있으므로 아주 흥미로운 기회가 될 수 있다고 생각한다. 어쩌면 고급 특수 부위로 판매될 수도 있다. 동물을 잡아서 고기를 얻는 건 끔찍할 정도로 불편한 일이다. 대신 더 비싼 값을 내더라도 세포를 배양해서 만든 동일한 부위를 사 먹는 게 낫지 않을까? 고급 음식점에서 마블링이 기가 막히는 와규급 배양육을 80달러쯤 내고 먹게 되는 날이 비교적 빨리 올 것이라고 예상한다. 그게 남는 장사기 때문이다.

습관을 바꾸기는 쉽지 않다. 그중에서도 식습관은 매우 깊고 단단하게 뿌리내려져 있어서 더 시간이 걸리는 문제다. 당장 잃게 될 가능성이 가장 큰 건 해산물의 다양성이라고 생각한다. 지금 우리는 해산물을 공급량보다 더 많이, 마구잡이로 잡아들이고 있다. [한때는] 굴이 정말 풍족해서 술집에서 공짜로 주기도 했다는 것을 떠올려보라.

나는 식품 체계가 더욱 지속 가능해지고, 더 건강해지고, 더 평등해지길 바라지만 과연 현실적으로 가능한 일일지는 의구심이 든다. 소비자가 더 나은 식품을 지지할 수 있는 식품 체계가 구축되기를 바라는 마음도 있다. 쾌락적인 즐거움, 그리고 지속 가능성과 영양에 대한 책임감, 적당한 가격과 편의성이 교차하는 지점에 새로운 기회가 있다고 생각한다. 이것도 벨라스코의 책에 나오는 내용이다. 벨라스코는 편의성과 책임감, 정체성이 삼각 구도를 이룬다고 설명했다. 사람들은 신속하게 얻을 수 있는 음식과 맛있는 음식, 건강과 지구에 좋은 음식 가운데 하나를 선택한다는 의미다. 이 중에 두 가지를 동시에 추구할 수는 있어도 세 가지를 다 충족하는 식품을 찾기는 힘들다.

본 탠 Vaughn Tan, 『**불확실성을 다루는 사고방식**The Uncertainty Mindset』의 저자. **41세.**

20년 뒤 우리의 식탁에는 어떤 음식이 놓여 있을까? 누구의 식탁이냐에 따라 달라질 것 같다. 부유할수록 더 괜찮은 음식을 선택할 수 있을 것이다. 무엇을 먹고 싶은지 스스로 판단하고 구매할 능력이 있기 때문이다. 그 외 대다수의 식탁에는 산업화된 식품, 즉 산업적으로 재배한 재료를 산업적으로 가공한 음식이 올라올 가능성이 크다. 산업의 필요성을 물으면 대체로 식품 비용을 줄여야 한다는 것이 이유로 제시된다. 그러나 분명한 이유는 따로 있다. 우리 중 대다수는 경제적으로 형편이 어렵고, 건강에 유익한 식품을 접하지 못하고, 먹는 음식에 더 많은 돈과 시간을 투자해야 하는 이유를 제대로 배울 기회가 없다는 것이다.

배양육은 고기를 먹는 가장 어리석은 방법이라고 생각한다. 실험실에서 만든 고기를 먹어야 하는 이유는 딱 하나뿐이다. 지각이 있는 존재로부터 얻는 고기가 아니라는 것이다. 재생농법으로 운영되는 축산 농가에서 육류를 생산하는 것보다 배양육 생산 과정의 에너지 효율이 더 높을 가능성은 희박하다. 배양육 외의 선택지까지 더 폭넓게 고려해보면, 배양육의 지속 가능성이 더 우수한 것도 아니다. 그냥 산업화된 체계로 단백질을 대량 생산하는 것일 뿐이다. 기대를 품을 만큼 우수하지도 않고, 훌륭한 결과를 얻을 수 있는 것도 아니다. 그냥 고기를 1년에 두 번만 먹는 게 더 낫지 않을까? 그 돈으로 정말로 고기를 먹고 싶을 때 적절한 방식으로 길러진 동물의 고기를 사서 먹으면 된다.

미래에는 값이 심하게 저렴한 고기는 사라질 것 같다. 먹고 싶다고 해서 누구나 저렴하게 고기를 먹을 수 있는 상황은 비윤리적인 사치다. 그러려면 항생제가 엄청나게 사용되어야 하고 사육 시설에서 동물을 키워야 한다. 앞으로 5년 내로 산업적인 사육 시설은 점차 줄어들 것으로 예상한다. 그리고 아마도 현재 배양육에 막대한 자본이 흘러가고 있을 것이다. 산업적으로 생산된 고기는 계속 먹게 될 것이다. 산업적인 농업 시스템이 사라지지도 않을 것이다. 하지만 우리가 지금 소비하고 있는 '상품'들은 사라질 것이다.

미래에는 사람들이 뭐가 뭔지 다 아는 재료들로 직접 음식을 만들어서 먹고살았으면 좋겠다. 원재료를 구해서 대부분의 음식을 직접 요리해 먹는 단순한 행위는 소비 양상과 소비의 생태계를 변화시킨다. 이러한 변화는 식품이 생산되고 소비되는 생태계가 소비자, 생산자, 우리가 살아가는 사회, 지구 모두에 더 유익한 방식으로 바뀌어가는 바람직한 연쇄 작용을 일으킨다.

나는 평소에 절대로 미래를 예측하지 않는다. 위대하다고 느껴지는 것들을 그렇게 느끼게 만드는 한 가지 중요한 이유는 그것이 예측할 수 없는 것이라는 점, 우리를 놀라게 하고 즐겁게 만드는 것이기 때문이라는 생각을 줄곧 해왔다. 우리를 놀라게 하고 즐겁게 하는 자연의 위대한 먹거리를 모방하고 싶다면, 그 예측 불가능성부터 배워야 할 것이다. 지금은 아무도 이런 생각을 하지 않지만, 미래에는 꼭 필요하게 되리라고 생각한다.

소피 이건, 『의식 있게 먹고 사는 법 How to Be a Conscious Eater』의 저자. 34세.

지금보다 더 다양한 식품이 식탁에 올라올 것 같다. 20년 후에는 우리 식생활을 구성하는 생물과 작물의 종류가 가장 크게 변할 것이다. 다양성을 향한 순수한 열망보다는 기후 변화에 직면한 상황에서 식품 공급망의 회복력을 키우려면 농업 환경에서의 생물 다양성이 커질 수밖에 없다는 필요에 의한 결과일 것이다. 건강한 토양에서 건강하게 자라는 작물과 매년 같은 땅에 같은 종류를 키워서 얻은 작물을 비교해보면 맛과 영양학적 가치에 놀라울 만큼 큰 차이가 있다.

세포를 배양해 만든 단백질은 선택지가 될 수는 있어도 주식에 포함될 것 같지는 않다. 20년 뒤에는 여러 종류의 배양육이 대량으로 생산되어 적당한 가격에 판매될 것이다. 고기를 먹지만 동물 복지에도 신경을 쓰는 꽤 많은 사람들이 배양육을 먹게 될 것 같은데, 인구 대다수가 배양육에 전적으로 의존하는 일은 없을 것이다. 지금 우리가 목초지에서 자란 동물의 고기와 풀을 먹이로 공급받고 자란 동물의 고기 등 여러 선택지를 놓고 무엇을 자신의 단백질원으로 삼을지 선택할 수 있는 것처럼, 배양육도 선택지 중 하나가 되리라고 본다.

지구가 우리 식탁에서 치워버리는 식품도 생길 것이다. 팜유도 그런 예 중 하나다. 팜유를 먹지 않게 된다는 의미가 아니라, 삼림 파괴가 지금처럼 지속된다면 지구가 이를 더 이상 감당할 수 없을 것이므로 지금처럼 보편적으로 쓰이지는 않을 거라는 소리다.* 대구가 사실상 사라진 것도 그런 이유에서고, 지금도 과도한 어획으로 다른 여러 해산물마저 사라지고 있다. 바다에서 얻을 수 있는 생물이 계속 사라지는 건 안타까운 일이다. 우리 때문에 지구는 이런 힘든 선택을 하게 될 것이다.

지금으로선 의식 있는 식생활을 하려면 익숙한 방식에서 벗어나야 하지만, 미래에는 건강에도 이롭고 기후도 고려한 식생활을 누리기 훨씬 수월해질 뿐 아니라 그게 기본이 되는 세상이 됐으면 좋겠다. 지금은 장을 보러 가서 자신의 건강이나 동물 복지, 주변 지역 농가에 대한 지원, 노동자의 복지, 물 사용과 탄소 발자국의 최소화 등 각자가 중시하는 가치에 부합하는 식품을 만나려면 수많은 상품들 속에서 가치에 부

---

*   슈퍼마켓에 진열된 모든 식품 중 팜유가 함유된 식품의 비율은 거의 절반에 이른다. 식품에 사용되는 팜유의 85퍼센트는 말레이시아와 인도네시아에서 생산된다. 인도네시아의 경우 2003년부터 2015년까지 열대우림의 45퍼센트가 사라졌다. ― 지은이

합하는 상품을 탐정처럼 샅샅이 뒤져서 찾아내야 한다. 앞으로는 이러한 가치들을 반영한 식생활이 보편화되어 나와 다른 사람들은 물론 지구에도 좋고 가격도 적당한 상품이 시장에 넘쳐나는 세상이 오기를 소망한다. 어떤 식품이 그렇게 될 수 있을까? 생물 다양성을 더 많이 고려한 식품, 탄소 배출량과 물 이용량이 적은 식품, 사람들에게 필요한 영양을 공급하는 농산물을 생산하는 농업 체계의 식품이어야 한다! 그렇게 되면 농민들도 땅에서 뭔가를 찾아내기보다 땅이 하는 대로 따르는 방식을 선택하게 될 것이다.

건강에 유익하다는 사실이 수 세대에 걸쳐 입증된 식생활, 세대가 바뀌고 또 바뀌어도 여전히 생산될 수 있음을 자연이 증명해 보인 식품을 다시 발굴하려는 노력도 필요하다. 그러려면 원주민들의 식생활에 담긴 지혜를 배우려는 큰 노력이 필요하다. 기술이 할 일도 있을까? 물론이다. 하지만 미래에 필요한 것들 대부분은 원래 있던 것을 재발굴하는 데서 나올 것이다.

숀 셔먼, 요리사, '더 수 셰프 The Sioux Chef**'의 창립자. 45세.**

우리는 사람들이 토착 음식에 관해서 무지하다고, 원주민 공동체가 음식에 관해 어떤 지식을 보유하고 있는지에 관해서도 완전히 무지하다고 자주 이야기한다. 수천 년간 축적된 그러한 지식은 지역마다 식량으로 쓰기에 적합한 식물과 동물이 제각기 다르다는 사실을 알려주고, 지속 가능한 방식으로 살아가기 위해 참고할 청사진이 된다. "전통적 생태 지식"이라고도 불리는 이런 지식에는 원주민들의 생존 방식, 그리고 주변 환경과 직접적인 유대를 맺으며 먹고살아온 방식이 담겨 있다. 20년 뒤에는 지역사회가 중심이 되는 식품 체계와 지역 기반 농업, 자연에서 얻는 음식, 환경과 더 가까이에서 살아가는 방식에 관한 이해가 더 깊어졌으면 좋겠다. 땅을 원주민들처럼 다룬다면 우리는 더 많은 식량을 만들어낼 수 있다. 원주민들의 방식은 다양성을 포용하고 환경과 더 가까워지는 방식이므로 우리의 미래에도 더 긍정적인 길이 될 것이다.

유명한 식물성 식품들을 잘 살펴보면 건강에 이롭지 않다는 걸 알 수 있다. 나트륨 함량도 굉장히 높다. 미래의 식품이 발전하기 위해서는 건강에 더 중점을 두어야 하고 우리를 건강하게 만드는 게 무엇인지에 주목해야 한다. 동물 단백질에 지나치게 의존하는 미국식 식생활에서 벗어나야 한다. 진정한 자연식품을 중시하고 사람들이 자연식품을 많이 이용할 수 있게 만든다면 더 나은 가능성이 열릴 것이다. 식물성 식품 중에는 집에서 만들 수 없는 것들이 많다. 이건 접근성의 문제다. 식품 평등을 위해서는 자연식품과 지역 중심 농업, 각 민족의 식물학적인 지식, 영속적인 농업에 중점을 두어야 한다.

미래에는 패스트푸드와 편의 식품을 덜 먹고 살게 되길 소망한다. 우리에게는 그런 변화가 필요하다. 특히 식생활이 엉망인 미국에 꼭 필요한 변화다. 우리의 건강과 우리의 땅, 몸에 관심을 기울여야 한다. 해답은 거기에 있다. 원주민의 지식이 우리를 해답으로 안내할 것이다.

리사 페리아Lisa Feria, 스트레이도그캐피털Stray Dog Capital의 CEO 겸 전무이사. 44세.

식물은 더 많아지고, 전통적인 방식으로 얻는 육류는 줄어들 것 같다. 진균류, 식물, 배양한 세포로 만든 '고기'가 생겨나고… 지금 우리가 먹는 일반적인 고기는 줄어들 것이다. 식품의 물류와 유통의 방식도 달라질 것이다. 즉, 우리가 식품을 확보하는 방법이 훨씬 다양해질 것이다. 소규모 업체가 늘어나고, 지역 농가가 활발해지고, 일반적인 공급망에 속하지 않는 재배자들도 등장하고, 집에서 직접 만들어서 파는 식품도 훨씬 더 많이 접할 수 있게 될 것이다. 코로나19를 계기로 식품과 물류의 민주화가 이루어지리라고 생각한다.

20년 뒤에는 배양육이 주류가 될 것이라고 확신한다. 배양한 세포로만 배양육을 만드는 업체도 있고 식물로 대체육을 만드는 과정에 배양육을 활용하는 업체도 생길 것이다. 그리고 그 과정에서 식감과 풍미, 맛이 발전할 것이다. 배양육이 적당한 비율로 활용되면 대체육의 맛이 더 좋아질 수도 있고, 입맛에 따라 기름기가 더 많아져야 맛있다고 느끼는 사람들도 있을 것이다. 배양육 산업이 그 모든 요구를 충족시킬 수 있으리라고 생각한다.

지금과 같은 방식으로 동물을 길러서 얻는 육류와 밀집 사육 시설은 사라질 것이다. 지금은 몸에 나쁜 식품이 더 저렴하지만, 세대가 변하고 있으므로 미래에는 몸에 좋은 식품이 더 저렴해지리라 예상한다. 내 다음 세대인 Z세대와 밀레니얼 세대만 해도 이미 원하는 식생활이 이전 세대와는 다르다. 질병, 삼림 파괴, 오염과 같은 부정적인 외부 영향을 발생시키지 않으면서 문화적인 가치도 고려하는 방식으로 육류를 공급하려면 어떻게 해야 할까? 환경에 유익한 식물성 식품을 기반으로 재료를 조정해가면서 더 괜찮은 식품들을 생산해내는 것도 한 가지 방법이 될 수 있다.

미래에는 자신이 먹을 육류에 오메가 6를 포함하는 등 필요에 따라 세부 성분을 조정할 수 있게 될 것이다. 개인 맞춤형 식품이 등장한다면 유익한 성분은 늘리고 콜레스테롤처럼 유익하지 않은 성분을 줄인 식품을 섭취할 수 있을 것이다. 배양육 기술이 확립되어 동물의 특정 부위를 배양할 수 있게 된다면 사라진 동물의 세포도 배양할 수 있지 않을까? 공룡 고기도 만들 수 있지 않을까? 생각지도 못한 일들이 가능해질지 모른다! 상상도 못 했던 일들이 일어날 수도 있다. 나는 그런 미래를 꿈꾼다. 누구나 저렴하게 고기를 먹을 수 있어야 한다는 이유로 위기에 몰린 세상을 그대로 미래 세대에 물려줄 수는 없다.

폴 셔피로, 『클린 미트』의 저자이자 베러미트 CEO. 41세.

20년 내로 미생물을 이용해서 만든 단백질이 지금보다 식생활에 더 큰 비중을 차지하게 될 것이다. 특히 식품 성분으로 많이 쓰일 것 같다. 다른 어떤 방법보다도 이 방법으로 단백질을 훨씬 더 많이, 저렴하게 만들 수 있게 되리라고 생각한다. 20년 뒤에는 배양육이 지금의 식물성 대체육처럼 될 것 같다. 즉 슈퍼마켓에서 볼 수 있고 패스트푸드점 메뉴에도 침투하겠지만, 비중이 그리 크진 않으리라고 예상한다. 시간이 지나면 배양육이 주류 식품에서 더 큰 비율을 차지하게 될 수도 있다. 하지만 식물성 대체육이 시장에 나온 지 수십 년이 지난 지금도 시장 전체에서 차지하는 비율이 겨우 1퍼센트라는 점을 생각해야 한다. 이는 냉정하게 고려해야 할 사항이자, 미래에도 식물성 식품의 비중을 높이는 일이 힘든 과제가 될 것임을 명확히 상기하게 한다. 대체육 산업의 성장을 위해 할 수 있는 일들은 많다. 동물 단백질과 식물 단백질을 혼합하는 것도 한 가지 방법이 되겠지만, 잊지 말아야 할 사실이 있다. 육류 섭취량이 지금만큼 많았던 적은 없다는 것이다.

동물을 가장 잔혹하게 대하는 생산 방식은 상당 부분 금지되리라고 생각한다. 이미 미국의 여러 주 정부가 닭을 우리에 가둬서 생산한 달걀이나 축사에 갇힌 소가 낳은 송아지, 번식용 축사에 가둬 키운 돼지에게서 얻은 육류의 판매를 금지하고 있다. 이 밖에도 잔인하고 비인도적인 방식으로 생산한 농축산업 제품의 판매를 금지하는 사례는 계속 늘고 있다. 자원을 최대한 적게 사용하면서 최대한 많은 식량을 생산하는 식품 체계가 수립되기를 소망한다. 식품 체계는 ① 동물의 고통을 줄이고, ② 땅의 상당 부분을 야생동물이 머물 수 있도록 자연 상태 그대로 내버려 두고, ③ 전 세계의 기아를 예방하고, ④ 탄소 배출량을 줄이는 동시에 더 많은 땅에 삼림을 다시 조성해서 포집되는 탄소를 늘리는 방향으로 나아가야 한다.

친구 집에 놀러 가서 빵이나 아이스크림을 만드는 기계를 봐도 별로 놀라지 않듯이 대체육도 평범한 가정의 주방에서 직접 만들 수 있는 날이 왔으면 좋겠다. 티백에 담긴 줄기세포를 사다가 물에 던져 넣기만 하면 고기가 만들어지는 식으로 말이다. 몇 주 정도 시간을 투자하면 수

제 맥주를 직접 만들 수 있는 것과 비슷한 일이 될 것이다. 그렇게 만든 고기로 속을 채운 칠면조 요리를 만든다고 상상해보라. 티백 하나에 담긴 세포로 그런 일이 가능해진다면, 우리는 인류 역사상 누구도 경험해보지 못한 요리를 하게 되지 않을까? 정말 대단한 일이 될 것이다. 나는 IPA 맥주를 직접 만들어서 파는 술집들처럼 사람들이 자기가 먹을 고기를 맥주 만들듯 직접 만들게 될 날을 자주 상상한다. 돼지는 뒷마당에서 그냥 잘 지내고, 돼지를 해치지 않고도 돼지고기 요리를 마음 편히 먹을 수 있다면 어떨까?

벤 워개프트, 『고기에 대한 명상』의 저자. 42세.

나는 오랫동안 민족지학 연구를 하면서 사람들과 식품의 미래를 가볍게 추측해보곤 했다. 내 생각은 드러내지 않고 사람들의 의견에 귀를 기울여보면서 알게 된 건 다들 객관적으로 예견하거나 예측하기보다는 각자의 열망과 바람을 이야기하는 경우가 많다는 것이다. 그래서 내게 20년 후 식품의 미래를 묻는다면, 내 열망을 솔직하게 이야기하는 게 지금으로선 가장 정직한 대답이 되리라고 생각한다. 기후 변화로 인해 전 세계적으로 농사에 필요한 땅과 물을 포함한 자원이 줄어들 것이라는 건 거의 분명한 사실이다. 그러나 이 영향은 불균일하게 나타날 것이고, 나라마다 기업마다 각자의 힘과 영향력을 이용해서 식량을 확보하거나 이윤을 유지하려고 할 것이다. 농업 방식이 지금보다 덜 집약적으로, 즉 천연자원에 가해지던 스트레스를 줄이는 방식으로 바뀌는 게 우리에게는 더 이로울 것이라고 생각한다. 그러려면 받아들이기 힘들더라도 우리가 차지하는 땅이 더 좁아져야 할 수도 있다. 나는 성장 폭을 줄여야 한다고 생각한다. 특히 인구 성장을 줄여야 한다. 이를 '탈성장'이라고도 한다. 시장이든 인구든 지속적으로 성장하려면 농업 생산량을 늘리거나 기술로 땅을 대신할 새로운 기질基質을 만들어내야 하는데, 그런 걸 시도하는 건 어리석은 도박이라고 생각한다. 코로나19 대유행을 겪으면서 우리의 식품 체계에 대한 내 시각은 달라졌다. 미국의 육류 가공 시설에서 나타나는 것과 같은 식품 생산 공정의 병목 현상을 줄여야 한다는 사실을 그 어느 때보다 확신하게 됐다.

첨단식품기술업계의 내부 사정을 알 수 없었다면, 그리고 몇 번씩, 어떤 경우에는 5년이 넘는 시간 동안 여러 번 대화를 나눠준 분들이 없었다면 이 책은 나올 수 없었을 것이다. 나와 만나준 모든 분께 인내심을 발휘해주셔서 감사하다는 말을 전한다. 쳇바퀴처럼 돌아가는 출판계에 나를 끼워준 분들께도 감사드린다.

수년 동안 콘퍼런스를 찾아다녔다. 그런 행사는 인맥을 쌓고, 새로 생긴 업체들을 알게 되고, 창업자들과 만날 수 있는 기회였다. 코로나19 대유행으로 이동 제한이 생긴 후에는 콘퍼런스 장소도 온라인으로 옮겨졌다. 화상 회의는 더 많은 사람이 참여할 수 있다는 장점이 있지만 대면 만남을 대체할 수는 없다. 뉴욕시에 살게 되면서 미래 식품기술 박람회 참석은 한 번도 놓친 적이 없었다. 2018년 보스턴에서 열린 뉴하비스트의 연례 콘퍼런스, 2018년과 2019년 샌프란시스코만 지역에서 열린 굿푸드연구소의 연례 콘퍼런스에도 모두 참석했다. 이동 제한 명령이 내려져 집에 머무를 수밖에 없는 상황이 되기 직전까지 덴버에 있는 마이코테크놀로지를 방문하고 맨해튼에서 열린 푸드탱크 연례 콘퍼런스에 참석했으며 뉴저지주 뉴어크의 에어로팜스도 찾아갔다. 2019년 11월 샌프란시스코에서 열린 배양육 심포지엄에서는 세포 배양 기술로 만든 생선을 평가하는 행사의 사회를 맡았다. 같은 달에는 플렌티 사람들과도 만났다. 2019년 12월에는 샌디에이고로 날아가서 플랜터블과 블루날루 창립자들과 만났다. 2020년 1월의 멤피스미트 방문이 마스크 없이 갈 수 있었던 마지막 출장이었다. 2020년 2월 말에는 최종 원고를 제출하고 2주 동안 친구들도 만나며 신나게 돌아다녔다. 그러나 그 2주가 지나자 코로나19 대유행이 본격적으로 시작되어 하루아침에 모든 게 달라졌다. 그런데도 이 일을 무사히 마친 게 아이러니하게 느껴진다.

신생 식품을 이해하는 데에 정말 많은 분이 도와주셨다. 이 분야의 기술에 반대하는 사람들, 투자자, 학자, 창업자 들을 비롯한 전문가들, 신생 식품의 탄생과 관련된 사람들과 이야기를 나누었다. 이 책에 전부 소개하진 못했지만, 그분들과 함께한 시간이 너무 소중했다. 내가 만난 모든 이들을 무작위로 나열해보자면, 굿푸드연구소의 브루스 프리드리히, 베러미트의 폴 셔피로, 농무부의 타라 맥휴와 리베카 맥기, 세계자연기금의 브렌트 로켄, 다이어트아이디의 레이첼 치트헴Rachel Cheathem과 데이비드 캐츠, 라크나 데사이Rachna Desai, 옥스퍼드대학교의 알렉산드라 섹스턴, 킬패트릭 타운센드 앤 스톡턴 LLPKilpatrick Townsend & Stockton LLP의 바박 쿠샤Babak Kusha, 랜드연구소의 데버라 코헨, 뉴하비스트의 이샤 다타르, 인디바이오의 아빈드 굽타Arvind Gupta, 미국 공익과학센터의 라이언 베선코트Ryan Bethencourt와 리사 레퍼츠Lisa Lefferts, 로스앤젤레스 캘리포니아대학교의 에이미 로왓, 드렉셀대학교의 조너선 도이치, 요리사 댄 바버와 킴 시버슨, 데이나 코윈Dana Cowin, 케이트 크레이더Kate Krader, 브루클린브루어리의 개릿 올리버, 애리조나주립대학교의 크리스티 스팩맨, 털사대학교의 에밀리 콘투아Emily Contois, 케임브리지대학교의 아사프 차코르, 캘리포니아대학교 샌디에이고캠퍼스의 스티븐 메이필드, 마이코테크놀로지의 앨런 한과 조시 한Josh Hahn, FTW벤처스의 브라이언 프랭크, 피프티이어스의 세스 배넌, 킴 레Kim Le, 푸헝셰이, 이선 브라운, 팻 브라운, 마이클 그레거 박사, 미셸 사이먼Michele Simon, 스탠퍼드대학교의 크리스토퍼 가드너, 영양학자 지니 메시나, 매리언 네슬, 팀 가이스틀링거, 퍼펙트데이의 라이언 판디야와 페루말 간디, 클라라푸드의 아르투로 엘리존도와 란잔 파트나익, 멤피스미트의 우마 발레티와 데이비드 케이, 에릭 슐츠, 리뉴얼밀의 댄 커즈록과 클레어 슐렘, 캐럴라인 코토, 호도푸드의 민차이, 트로픽의 베스 조터, 스피라의 엘리엇 로스, 논푸드의 숀 래스펫, 잇저스트의 조시 테트릭과 앤드루 노이스Andrew Noyes, 플랜터블의 토니 마르턴스와 마우리츠 판 더 펜이다.

이 책을 쓰면서 정말 많은 책을 읽었다. 일부를 소개하면 벤 워개프트의 『고기에 대한 명상』, 댄 바버의 『제3의 식탁』, 워런 벨라스코의 『우리가 맞이하게 될 식사』, 데이비드 줄리언 맥클레멘츠David Julian McClements의 『미래의 식품Future Foods』, 어맨다 리틀의 『인류를 식량 위기에서 구할 음식의 모험가들』, 리즈 칼라일의 『렌틸콩 지하조직』, 폴 셔피로의 『클린 미트』, 프랜시스 무어 라페의 『작은 행성을 위한 식생활』, 존 M. 워런John M. Warren의 『작물의 특성The Nature of Crops』, 메이 우즈May Woods와 아레테 스워츠 워런Arete Swartz Warren의 『유리로 된 집Glass Houses』, 웨이벌리 루트Waverley Root의 『식품Food』, 폴 스테이메츠의 『균사체가 만드는 변화』, 마이클 폴란의 『잡식동물의 딜레마』, 체이스 퍼디의 『죽음 없는 육식의 탄생』, 루스 카싱어의 『슬라임』, 마크 라이너스Mark Lynas의 『과학의 씨앗

Seeds of Science』, 마이클 그레거의 『의사들의 120세 건강 비결은 따로 있다』다. 내가 다 기억해내지 못하는 책들도 분명 많을 것이고, 인터넷아카이브Internet Archive(모든 연구자에게 정말 귀중한 정보원이다. 모쪼록 이런 멋진 비영리단체에 기부가 많아졌으면 좋겠다)에서 찾아서 본 오래된 참고 자료들도 많다.

가장 최신의 정보를 전달하기 위해 새로 발표되는 연구 결과를 끊임없이 검색하고 또 검색했다. 대두의 역사에 관한 자료는 이 분야 최고의 정보원인 '소이인포센터SoyInfo Center'의 웹 사이트를 꼼꼼히 뒤졌다. 특허 신청서와 식품의 영양 정보, 성분 정보도 찾아서 읽었다.

신생 식품을 모든 측면에서 분석하고 여러 전문가의 생각이 균형 있게 전달되도록 최선을 다했다. 부족한 점이나 실수가 있다면 모두 내 몫이다.

감사의 말

프리랜서로 일하면 화분에 꼬박꼬박 물을 줄 틈조차 없구나, 하는 생각을 문득 떠올린 것이 이 책의 씨앗이 되었다. 인터뷰 일정을 맞추고, 각종 행사와 콘퍼런스에 참석하고, 글을 쓰고 편집하고, 이메일에 답장하며 정말 정신없이 지내던 그때 한 가지 프로젝트에만 집중해서 일하면 얼마나 좋을까, 하고 생각했다.

친구들과 동료들이 언제나 음식에 관해 궁금한 것들이 많다는 사실을 깨달았을 때 처음 책을 써볼까 하는 생각을 했다. 그리고 미래의 식품에 관한 책을 쓰면 내가 궁금해하고 관심을 두는 것들을 속속들이 파헤칠 기회가 될 수 있을 것도 같았다. 그래서 한번 해보기로 결심했고, 제안서를 썼다. 여러 출판 에이전트에 이메일로 제안서를 보냈지만 대부분 거절당했다. 그러다 2019년 2월에 요리사 알렉스 아탈라Alex Atala가 예전부터 주최해온 '프루토Fruto'라는 식품 콘퍼런스에 참석하려고 상파울루로 갔을 때 내 친구이자 진심으로 존경하는 저널리스트인 낸시 마쓰모토Nancy Matsumoto가 자신의 에이전트인 맥스 신샤이머Max Sinsheimer를 소개해주었다. 호텔 방으로 돌아오자마자 얼른 그에게 이메일을 보냈고, 맥스는 관심 있다는 답을 보내왔다. 내가 조사하려는 주제와 생전 처음 책을 쓰려는 나를 모두 긍정적으로 봐준 게 너무 감사했다. 맥스는 나를 고객으로 받아주었고, 그때부터 본격적인 작업이 시작됐다. 나는

348

맥스의 도움을 받아가며 제안서를 계속 다듬었고 마침내 에이브럼스프레스Abrams Press와 출판 계약이 성사됐다. 이 책의 잠재성을 믿어준 에이브럼스의 개릿 맥그래스Garrett McGrath에게 깊이 감사드린다. 이 책이 세상에 나오기 전 성심껏 귀 기울여준 업계 베테랑들, 앤 맥브라이드Anne McBride와 팸 크라우스Pam Krauss, 게리 타우브스Gary Taubes, 데이나 코윈, 로리 그웬 셔피로Laurie Gwen Shapiro께도 진심으로 감사하다.

제안서가 가장 큰 고비라고 생각했지만, 진짜 큰 산이 기다리고 있었다. 바로 원고를 쓰는 일이었다. 매일 편안하게 작업할 수 있었던 샌프란시스코 마린카운티의 여러 도서관, 샌안셀모의 마린 커피 로스터스Marin Coffee Roasters를 비롯해 몇 시간씩 죽치고 있도록 허락해준 여러 카페에 고마웠다는 인사를 전한다. 과학적인 내용에 관한 내 신랄한 질문에 일일이 답해주고 배양육에 관한 의견을 들려준 켄트 커센바움Kent Kirshenbaum 교수님께도 감사드린다. 샌프란시스코의 동료 저술가들, 자라 스톤Zara Stone과 다니엘라 블레이Daniela Blei, 앨런 에어하트Allen Airhart 등 제대로 다듬어지기 전에 내 원고를 읽어준 분들께도 정말 감사하다. 완성된 원고는 운 좋게도 로런 부어크Lauren Bourque가 검토해주셨다. 로런은 융통성 없이 마구잡이로 내놓는 내 원고를 빠짐없이 읽고 하나하나 글머리 기호를 달아서 수정할 부분을 정리한, 가히 논문이라고 해도 손색없을 만한 결과물을 이메일로 보내주었고 내가 고치면 또 읽어주었다. 책 전체는 물론이고 단어 하나하나까지, 세세한 부분부터 넓은 부분까지를 두루 살펴준 세라 팰런Sarah Fallon께도 이루 말할 수 없는 감사를 전한다.

에이미 톰프슨Amy Thompson, 세라 매소니, 레이철 휘턴Rachel Wharton, 케이트 링드퀴스트Kate Lindquist, 세스 솔로모나우Seth Solomonow 등 2020년에 전화로, 줌 화상 회의로, 이메일로, 문자로 이야기를 나눠준 분들께도 깊이 감사드린다. 동물 권리 분야의 홍보 전문가 케지아 조론Kezia Jauron 은 완전 채식주의 음식을 먹고 싶을 때 늘 함께해주었고 앨런 래틀리프Alan Ratliff는 이 책에 가장 완벽한 제목을 붙여주었을 뿐만 아니라 책을 쓰는 내내 끊임없이 조언과 응원을 선사했다. 그 두 분께 정말 고맙다. 집필 과정을 함께하며 곁에 있어 준 블라이스 스트래크먼Blyth Strachman도 빼놓을 수 없다. 여기 일일이 다 쓰지 않아도 내 투덜거림을 들어주고 잘 되고 있느냐고 물어보며 신경 써준 모든 분에게 고마웠다는 인사를 전한다.

나는 정말 많은 이들이 초고를 읽어주는 행운을 누렸다. 앨버트 켈리Albert Kelly는 함께 등산하면서 내 방청객이 되어주었고 헤이븐 부르크Haven Bourque는 뉴욕으로 가는 비행기 안에서 원고를 읽고 내가 놓친 큰 그림이나, 식품 분야는 전 세계적으로 나보다 먼저 비슷한 노력을 해온 사람들의 발자취가 남아 있는 곳이란 사실을 망각하고 쓴 부분들을 집어주었다. 데릭 듀크스Derek Dukes는 농담이 부족한 부분을 알려주었고, 내 사촌 라파엘 짐버로프Rafael Zimberoff는 제3자의 눈으로 봤을 때 "으악!" 소리가 절로 나는 부분을 집어주었다. 그 조언 덕분에 때로는 덜어내는 게 더 효과적임을 정확히 알 수 있었다.

제품을 시식할 기회를 제공해준 스타트업들, 에어로팜스, 비욘드미트, 저스트잇, 멤피스미트, 퍼펙트데이, 프라임루츠, 후레이푸드, 앳라스트, 스피라, 임파서블푸드, 미티푸드, 마이코테크놀로지, 플렌티, 리플푸드, 리그레인드, 리뉴얼밀, 펄프팬트리, 클라라푸드, 트리톤앨지 이노베이션, 뉴웨이브푸드New Wave Foods에 감사드린다. 블루날루와 알레프팜스, 플랜터블푸드 등 아직 시식 기회를 얻지 못한 곳들도 있는데, 조만간 가능해지지 않을까?

마지막으로, 도무지 끝날 기미도 없이 집필에 묶여 사는 나를 참고 견뎌준 가족들에게 감사드린다. 지칠 줄 모르는 응원과 열정, 인내심을 보여줘서 정말 고마웠다.

음식의 미래

제로 슈거, 곰팡이로 만든 단백질, 닭 없는 닭고기, 배양육...

입맛과 건강, 지구를 구할 현대의 연금술은 가능할까?

1판 1쇄 인쇄 2023년 10월 25일

1판 1쇄 발행 2023년 11월 1일

지은이 라리사 짐버로프 | 옮긴이 제효영

책임편집 김지하 | 편집부 김현지 | 표지 디자인 나침반

펴낸이 임병삼 | 펴낸곳 갈라파고스

등록 2002년 10월 29일 제2003-000147호

주소 03938 서울시 마포구 월드컵로 196 대명비첸시티오피스텔 801호

전화 02-3142-3797 | 전송 02-3142-2408

전자우편 books.galapagos@gmail.com

ISBN 979-11-93482-01-8 (03300)